CHARLES LECLERC

LE PRODIGE

RÉMI BOUDOUL

City
Biographie

Photo de couverture : © CHARLES COATES / Getty Images - Outside North America

ISBN : 978-2-8246-2136-4
Code Hachette : 78 0180 2
Catalogues et manuscrits : city-editions.com

Dépôt légal : Février 2023

Sommaire

Introduction

« Pour moi la vitesse,
c'est comme une drogue. »

« J'adore flirter avec le risque… Parce qu'on n'a pas le droit à l'erreur. Il y a énormément d'adrénaline. J'adore. En plus d'aimer le risque, il faut savoir ajuster ses sensations. Il faut être à l'écoute de la piste. » Voilà les mots de Charles Leclerc, livrés dans une interview à propos du Grand Prix de Monaco. Il n'a pas besoin de se demander le sens que cela a de tourner sur un circuit, ou si cela en vaut la peine : il fonce. « Je pense qu'il faut dédier toute sa vie au sport auto pour y réussir. Je ne fais que ça, je ne vis que ça. Le matin je me lève et je me prépare physiquement pour ça. Je ne pense qu'à ça. Enfin c'est comme ça tout le temps : sur mon téléphone je ne regarde que des vidéos de ça. C'est ma vie : ma vie, c'est le sport auto. »

Flirter avec les limites… Se balader partout sur la planète dans les plus grands hôtels et les plus belles voitures, côtoyer des stars, se battre pour des victoires… Cette vie de rêve qui a l'air cool et facile, c'est la vie de pilote de course, celle qu'on voit tous de l'extérieur en regardant la Formule 1 dans son canapé, à la télé : les palmiers, les yachts, les petits polos et les lunettes de soleil. Albert II lui-même aime assister à l'incroyable spectacle qu'offre ce sport et qui, année après année, marque l'histoire dans les rues de la Principauté et sur les circuits du monde entier. Mais est-ce vraiment le but ultime ? Est-il dans l'apparence, le glamour et les paillettes ? Ou y a-t-il autre chose, de plus complexe, de plus profond, de plus difficile à saisir ? Est-ce une histoire d'adrénaline ? Celle que l'on ressent lorsqu'on prend le départ d'une course dans les rues de Monaco par exemple, comme Charles Leclerc, le long des rails qui mènent au virage de Sainte-Dévote, au volant d'une Formule 1 de mille chevaux, cabrés s'il vous plaît ? Le sport automobile n'est-il pas comme l'amour ? Pour réussir, pour que cela fonctionne, il faut lui consacrer sa vie, s'engager sans compromis. C'est exactement ce que pensait le Brésilien Ayrton Senna – dont Charles et son père Hervé ont toujours regardé tous les films –, l'un des pilotes les plus inspirants, par son talent bien sûr mais aussi pour sa foi en Dieu et sa capacité à retranscrire ses émotions. L'idole de Charles. Un pilote extrêmement sensible et éduqué aux valeurs du christianisme comme l'a été Charles dont la grand-mère enseignait le catéchisme, un pilote qui a dit : « C'est une sensation unique, c'est comme une drogue, c'est une sensation tellement intense qu'une fois qu'on l'a ressentie, on passe le reste de sa vie à le rechercher. » Et Charles utilise les mêmes mots : « Pour moi la vitesse, c'est comme une drogue, dit-il dans une interview avec un sourire et les yeux étincelants. La vitesse, c'est juste incroyable et j'en ai absolument besoin dans ma vie. Depuis tout petit j'ai l'habitude de la vitesse. Il y a certaines personnes qui ne peuvent pas supporter ça, qui ont peur de ça. Mais pour moi, c'est vraiment quelque chose d'addictif. »

Peu de gens ont le bonheur de connaître ou d'avoir connu ces sensations extraordinaires, et ce n'est pas à bord d'une voiture de série, aussi puissante soit-elle, qu'on pourra rattraper Charles Leclerc sur un circuit. N'existe-t-il pas en chacun d'entre nous une singularité qui ne demande qu'à briller ? Charles fait partie des personnes qui ont su trouver la leur, l'exploiter et briller, mais pas de manière arrogante, avec humilité. Il brille discrètement comme une étoile, à défaut de briller quelque part dans le ciel, avec ceux qu'il aime, qui lui manquent et qu'il a perdus nous en parlerons. Une étoile filante pourrait-on dire : à la vitesse de Leclerc, il tourne en rond en rouge sur des circuits.

On le sent, c'est une histoire d'amour, l'amour de la course, l'amour de Ferrari, la passion. Mais ce n'est pas une histoire sans pleurs ni douleur que l'amour propose, où chaque jour tout ira bien. Non, ce genre d'histoire n'existe pas. C'est un long chemin, fait d'obstacles, de peines et de joies. Ce sont des hauts et des bas, des tensions, des rancœurs, des maux, des vérités, des moments de doute. L'histoire se construit avec le temps et finalement, ce qui fait la force de l'amour, c'est de réussir à surmonter ces épreuves.

Le moins que l'on puisse dire, c'est que Charles n'a pas été épargné : la vie lui a donné des épreuves, celles qui touchent en plein cœur. La première fut la mort de son ami Jules Bianchi. Comme nous allons le voir dans cette biographie, il a toujours su les traverser avec courage, maturité, dignité et un mental hors normes. Il y a aussi des moments de joie pure. Charles les analyse avec lucidité, prend du recul et surtout reste toujours les pieds sur terre. D'ailleurs, lorsqu'on lui demande le meilleur conseil qu'on ait pu lui donner, il est très clair : « Je pense depuis tout petit que c'est mon père, et plus spécifiquement Jules [qui m'ont dit] de rester toujours les pieds sur terre, et pas seulement si un jour j'arrivais en

Formule 1. C'est vrai que des fois il y a des moments dans nos vies où tout se passe super bien. Dans ces moments-là il faut essayer de rester les pieds sur terre et d'être le plus humble possible pour savoir où s'améliorer parce que pendant ce temps-là les autres travaillent deux fois plus pour essayer de récupérer l'écart, et ça, c'est un des meilleurs conseils que j'ai eus, que j'ai appliqué durant toute ma carrière et qui m'a souvent beaucoup aidé ».

La Formule 1 est la voiture la plus rapide du monde en courbes et la plus fragile, mais ne nous y méprenons pas : sous ses allures racées, avec la vitesse elle devient un monstre. Les flux d'air génèrent plus d'une tonne et demie d'appui (ou de déportance, la poussée verticale), soit 1 500 kg, le double de son poids, ceci afin de la plaquer et de faire en sorte que le contact de ce monstre au sol, qu'on pourrait imaginer musclé et félin, soit le plus fort possible. Les pneus, véloces pattes de cette voiture, doivent accrocher, ses griffes, à coups de traces de gomme, marquent les bordures des virages de leur passage – bordures qu'on appelle, dans le jargon, des vibreurs, souvent peints en rouge et blanc comme à Monaco, les couleurs du drapeau –, laissant sur la piste des centaines de boules de gommes lourdes et tièdes. Celui ou celle qui marche sur un circuit après une course se penche, palpe et sent l'odeur d'une de ces boules de gomme, peut commencer à comprendre de quoi il s'agit, ce que c'est que la course automobile. Ce n'est pas pour rien si Charles dit dans une interview : « La première fois que je me suis approché d'une Formule 1 juste après qu'elle a roulé, la chaleur qu'on ressent, l'odeur des pneus, des freins, d'absolument tout […] on voit que tout est poussé à la limite, on le sent, et voilà, ça donne la chair de poule ».

C'est au contact d'autres monstres du même calibre que chaque Formule 1 défend son territoire : celui de la vitesse, un temple où chaque pierre se gagne à coups de dixièmes, de centièmes, voire de millièmes de secondes pour faire la différence. Une année, trois voitures ont même réalisé le même temps au millième près, il s'agissait de Jacques Villeneuve, Michael Schumacher et Damon Hill au Grand Prix d'Europe 1997. C'est dire la subtilité qu'il faut pour se distinguer. Dans cet univers de la course automobile, l'homme et la machine ne doivent faire qu'un. « La voiture fait partie de vous-même, a révélé Ayrton Senna, c'est votre prolongement. Vous en faites partie car vous êtes attaché à elle. Plus vous en ferez partie, plus vous la ressentirez. » Plus vous serez. Et c'est bien cela la question pour un pilote : comment ressentir la voiture ? Ou plutôt : comment la ressentir mieux que les autres ? « Tous les pilotes sont des tueurs. Et, à chaque fois que je mets le casque, je le deviens aussi, a confié Charles dans une interview pour *Monaco Hebdo*. Les palmarès et les noms sur les voitures s'effacent, ils deviennent tous des pilotes comme les autres. Mon seul objectif est alors d'essayer d'être plus rapides qu'eux. »

D'autres chiffres ? 1 000 chevaux, 750 kg, 370 km/h… Soit plus vite que l'avion qu'on prend pour aller en vacances, au décollage, après la terrible poussée qu'on a la sensation de ressentir. Et une usine de 1 500 des meilleurs talents dans son domaine pour faire rouler deux de ces bêtes. C'est bien de cela que nous sommes en train de parler : un engin qui va vous faire monter l'adrénaline au cerveau, vous plaquer au siège, vous tordre le cou dans les virages, vous faire transpirer, perdre des litres d'eau, vous faire voler, la voiture la plus sophistiquée au monde, dont chaque élément est prévu pour être optimal en termes de poids et de performance, un bijou, un jouet à 2 millions d'euros. Un jouet qui peut paraître léger quand notre voiture de série, disons une RS pour les plus sportifs d'entre nous, pèse au bas mot souvent 2 tonnes…

Et même si vous venez de dépenser 1 million dans une super car à Dubaï, vous vous rendrez compte sur circuit que votre voiture est un cube comparé à la Formule 1 de Charles… N'allons pas jusqu'à dire que nous conduisons des tanks… Laissons ce plaisir à Alain Prost, viré pour l'anecdote de chez Ferrari en 1991 pour avoir comparé la direction de sa Formule 1 à celle d'un camion. Une Ferrari… Espérons que Charles ne cabre jamais de la sorte le cheval.

Alors voilà : il faut être capable de supporter des pulsations cardiaques qui peuvent monter jusqu'à 185/190 battements par minute, notamment lors des dépassements où le stress est maximal. Ce n'est pas pour rien que bon nombre de pilotes voient apparaître des cheveux blancs qui leur poussent sur la tête avant l'heure, tant le stress, la tension, le poids que l'on ressent sur les épaules, peuvent être énormes. Deux heures d'une intensité explosive et contagieuse. Un show planétaire et millimétré. La Formule 1 défie le corps et l'esprit, dans une magie qui vous pousse à vivre de manière intense, elle peut faire de votre vie un rêve. Charles Leclerc fait partie des peu d'élus qui ont su concrétiser ce rêve fou, et nous allons voir comment. Il a su se faire une place et accéder à ce monde souvent ingrat, toujours intransigeant, éprouvant, mais aussi envoûtant. On attend tout de ces chevaliers : détendus ou anxieux, on veut qu'ils s'affrontent. Mais Charles sait que « quand vous êtes soumis à une forte pression, dans un championnat ou dans une course, c'est celui qui arrive à combiner l'agressivité et le calcul qui obtiendra le meilleur résultat. Pour gagner le championnat, vous devez combiner ces deux éléments, les doser au bon moment, mais vous devez surtout garder les idées claires pour savoir exactement quand être agressif et quand être calculateur, quand il faut tout donner, et quand il faut tout retenir pour une autre opportunité ». Voilà encore des paroles d'Ayrton Senna que Charles a bues, enfant, à un âge où il ne pensait pas à calculer, un âge où il disait : « Quand j'étais tout petit, mon rêve, c'était de conduire une petite voiture, et quand j'ai vu ça, la première fois que je suis monté dans un kart ça m'a... » Charles ne trouve pas les mots, pour dire que ça lui a plu plus que tout. Mais il précise dans une autre interview : « dès que j'ai vu ça, j'ai dit à mon père : je serai pilote de Formule 1 ! »

Il n'y a pas d'adultes, il n'y a que des enfants qui ont grandi. Mais rêvent-ils toujours ? « Le seul fait de rêver est déjà très important », a posté Pascale, la mère de Charles, sur les réseaux. Bien sûr, cela ne se fait pas sans efforts. Beaucoup d'athlètes souffrent, se programment à un mode de vie sain, s'astreignent à de nombreuses règles strictes, c'est le lot de tous ceux qui y sont parvenus. C'est pourquoi de temps en temps ils ont besoin de rire, de sortir et de faire la fête, Charles n'échappe pas à la règle : il part en voyage avec sa bande d'amis monégasques, la « bande des huit », qu'il connaît depuis tout petit. Il aime poster des photos de rêve sur les réseaux, sur la magnifique plage du Larvotto par exemple où il avait l'habitude d'aller étant petit. Sans nier que Charles est aussi une bête de course, un acharné têtu qui ne pense qu'à toujours aller plus vite sur la piste, il y a aussi les difficultés qui vont avec la vie d'un pilote : les nombreux voyages qui peuvent paraître excitants mais qui s'avèrent extrêmement fatigants et donnent l'impression de ne jamais être chez soi. Avec les nombreux Grands Prix, les différents tests et obligations, Charles prend l'avion presque deux cents fois par an, ce qui est énorme. Pour autant, cette vie fait rêver, il suffit d'aller sur Wattpad pour voir combien Charles a de groupies qui s'inventent des vies avec lui, fantasment, et voudraient bien avoir la chance, s'il était libre, de sortir avec lui et de rouler dans la 488 Pista qu'il possède chez lui, à Monaco !

Monaco, c'est sa ville, l'endroit qu'il aime et où il est né, le « Rocher » : « C'est là que je me sens bien, c'est là que j'ai toute ma vie [...], que je passe du temps avec ma famille, mes amis, avec les personnes qui comptent pour moi. » Et la voiture qu'il préfère conduire, ce n'est sans doute pas cette Ferrari Pista, mais bel et bien sa chère Formule 1, ou plutôt celle qu'il préfère « piloter » – sacrilège d'utiliser un autre verbe pour désigner, pour un pilote de course, le fait de tourner un volant et d'appuyer sur une pédale d'accélérateur. D'ailleurs « conducteur » n'est pas un métier tandis que « pilote », dans l'idée commune, en est un.

Un métier qui ne paie pas vraiment, nous allons le voir, et qui en a même ruiné certains, sans plus de pitié que l'océan lorsqu'il emporte des marins... Les parents d'Olivier Panis n'ont-ils pas dû faire d'immenses sacrifices pour permettre à leur fils de réaliser son rêve, d'accéder à la F1 et de gagner sur l'un des circuits les plus mythiques du monde un certain 19 mai 1996, celui où Charles rêve de s'imposer un jour : Monaco... ? Un gouffre ! À moins, comme Charles ou Olivier Panis, d'accéder au Graal, à l'ultime échelon, au sommet de la pyramide du sport automobile : une catégorie dénommée « Formule 1 », la catégorie reine. Alors là, oui, tourner en rond à bord d'une voiture sur un circuit prend du sens. Les dollars pleuvent et à vous le glamour de Monaco !

Mais est-ce vraiment cela, le métier de pilote de Formule 1 ? Et comment Charles Leclerc a-t-il fait pour en arriver là ? Peut-on, si l'envie nous en prend, monter à bord d'une telle bête de course et la piloter, ou plutôt la dompter ? Comme on s'assiérait devant un piano : on enfoncerait des touches, on produirait des sons ? Et avec de la volonté, de l'entraînement, on jouerait comme Charles en joue parfois avec beaucoup d'application – une autre de ses facettes. On piloterait une Formule 1.

À un certain stade d'appropriation, l'instrument de musique devient le prolongement de votre corps comme le devient une voiture de course. Lorsque le cerveau donne une information, ce n'est plus pour commander le corps et ses extrémités, mais pour commander l'ensemble « homme machine ». Imaginez : vous vous retrouvez sur une piste, dans un stand, une Formule 1 pimpante vous attend sur la pit-lane. Vous vous équipez d'une combinaison ignifugée – on ne sait jamais, si la voiture prend feu cela peut vous sauver la vie, ainsi celle de Romain Grosjean au Grand Prix de Bahreïn en 2020, lorsqu'il a percuté un rail de sécurité de plein fouet : la voiture s'est retrouvée coupée en deux, puis s'est embrasée[1], formant une véritable boule de feu alors qu'il était coincé à l'intérieur… Il s'en est sorti grâce à son instinct et sa force de vie, comme Niki Lauda s'est extrait des flammes de sa Ferrari, un certain 1er août 1976 sur le circuit du Nürburgring, ou plutôt comme on l'en a extrait, car il était déjà évanoui[2]… Vous enfoncez des bouchons d'oreilles, ce serait dommage de devenir sourd ! Ainsi, les 145 décibels que produit le moteur ne devraient pas vous exploser les tympans. Vous enfilez des chaussettes, ignifugées également, ce serait dommage de vous brûler un pied. Puis des bottines de course, assez fines car le museau d'une Formule 1 est étroit : il faudra enfoncer les pieds dans l'espace restreint prévu pour les jambes. Vous attachez bien les lacets, afin qu'ils ne se prennent pas dans les pédales. Vous fermez la fermeture Éclair de votre combinaison, cagoule, casque. Enfin, le hans : ce truc en carbone que les pilotes ont sur leurs épaules, un système breveté. Ce serait dommage de vous faire le coup du lapin.

---

1. Une histoire racontée dans le magnifique livre de Romain et Marion Grosjean, *La Mort en face*, chez City Éditions.
2. Histoire racontée dans le film *Rush* de Ron Howard, qui retrace la vie et le destin de ces deux grandes légendes du sport automobile qu'ont été James Hunt et Niki Lauda.

Vous enjambez la carrosserie, vous vous installez dans le baquet. Vous sentez immédiatement dans votre dos la chaleur du moteur que les mécaniciens ont préchauffé à 80 °C, c'est-à-dire 1 000 CHEVAUX prêts à rugir, à exploser ! Seriez-vous plus à l'aise dans cette situation, dans un avion de chasse ou dans une fusée ? Un mécanicien pose une première sangle sur le hans qui entoure vos épaules, se penche pour attraper celles qui sont dans le fond du baquet. Il attache les sangles au maneton, puis les serre.

— Ça va ?

Faites attention qu'il ne vous compresse pas une « coucougnette » en serrant. Il glisse dans l'habitacle le volant sophistiqué qu'est celui d'une Formule 1, avec son écran qui s'allume avec un N pour dire que vous êtes en position neutral (point mort) et ses tonnes de boutons. Il l'insère dans la colonne de direction. Vous enfilez des gants. Voilà, vous y êtes… L'angoisse monte ? Le mécanicien vous fait signe d'allumer le moteur. Les yeux brillants, le sourire aux lèvres avec un mélange d'excitation et d'appréhension, vous mettez pour la première fois de votre vie le contact d'une bombe, dans un fracas sonore indescriptible et une bouffée de gaz d'échappements surchauffés à 600 °C ! Et là, vous enfoncez l'accélérateur… Des diodes rouges s'allument les unes après les autres au volant dans un rugissement de tous les diables, une apothéose, un bonheur total ! Vous vous laissez griser par la frénésie du moteur, des émotions longtemps contenues en vous se libèrent… L'air fait pression sur le casque et commence à vous écraser la tête dans vos cervicales, elle vous semble de plus en plus lourde dès que vous la bougez… Faites attention de ne pas faire comme Mohammed Ben Sulayem, l'actuel directeur de la FIA[1], qui, lors d'un essai de

1. Fédération Internationale de l'automobile.

ce type à l'autodrome de Dubaï, a trop enfoncé l'accélérateur au démarrage, le pied sur le patin, tout en faisant hurler le moteur : la voiture en pneus froids, une magnifique Renault F1 R28, a perdu subitement l'arrière et s'est violemment crashée dans le mur dès sa première ligne droite…

Faire démarrer une Formule 1, pour Charles, c'est le quotidien. On pourrait croire, en voyant son parcours presque « modèle », que tout était tracé d'avance, qu'il était « destiné » à réussir. Ce serait bien mal connaître le monde difficile et intransigeant qu'est celui du sport automobile, où chaque année il faut faire ses preuves, où tout peut s'arrêter du jour au lendemain, à cause notamment des budgets démentiels qu'il faut pour évoluer. Surtout, il a su rester simple : « L'argent, la gloire, les amours ne l'ont pas changé », a confié son ami Joris, de la « bande des huit ». « Je ne le connais pas intimement mais à chaque fois que je le croise, il est jovial, sympathique, modeste. Pour parler vulgairement, il ne se la pète pas », a confié Michel Boeri, patron de l'Automobile Club de Monaco. Et pour le prince Albert II de Monaco : « Un garçon décontracté, ouvert, d'une grande gentillesse. Mais sa détermination domine. » Il est vrai que la douceur de son regard, sa froide détermination, son côté latin et chaleureux dans la vie de tous les jours – il parle couramment italien – font de notre Monégasque un être qui charme et qui intrigue. « Je n'ai jamais pleuré devant un film… Honnêtement ! » a-t-il d'ailleurs avancé à dix-neuf ans.

Alors Charles qui joue du piano, Charles qui joue aux jeux vidéo, au football, au tennis, qui fait du surf, de la boxe, de la natation, du bateau, des sauts en parachute, Charles qui mange des glaces au volant, Charles qui voyage et se fait attaquer par un singe en Indonésie. Ce sont tous ces souvenirs que nous allons raconter au long de cette biographie, en tentant de comprendre ce qu'ont pu être ses doutes, ses espoirs, ses moments de joie, ses émotions, bonnes ou mauvaises, de démystifier peut-être certaines légendes qui planent autour de Monaco et des Monégasques, et finalement de nous immerger dans ce qu'a été sa vie et la formidable épopée qui a été la sienne, depuis sa plus tendre enfance jusqu'à ses incroyables années chez Ferrari, en passant par les épreuves les plus dures qu'il a eu à traverser.

I

31 mars 2019, Bahreïn, circuit international de Sakhir

« What's happening? »

Ferrari SF90

Nous sommes le 31 mars 2019, en plein désert de Sakhir, dans le centre du pays. Il n'y a que des roches cuites par le soleil et quelques arbres secs, c'est bientôt le crépuscule. Un pilote de Formule 1 qui se baladerait là, son casque sur la tête, en combinaison rouge, aurait l'air d'un extraterrestre, autant que Youri Gagarine en 1961 lorsqu'il sortit de sa capsule Vostok, après que celle-ci ait pris feu et atterrit en plein milieu d'un champ dans la région du Caucase. En combinaison brillante de cosmonaute, casque sur la tête, il a aperçu une paysanne, à qui il a demandé un téléphone pour appeler Moscou. « D'où venez-vous ? » « De l'espace », a-t-il répondu. Elle a pris peur et s'est enfuie… C'est ce qu'a fait Kimi Räikkönen en 2017, il n'a effrayé personne mais a marché dans le désert en combinaison Ferrari, le casque sur la tête. Vous pouvez encore voir les images sur Twitter. Il a quitté l'espace d'un instant les langues de goudron luisantes qui forment vu du ciel le circuit international de Sakhir, éclairé de milliers de sunlight artificiels dignes des plus grands stades de foot, pour faire quelques pas dans le sable de ce désert et peut-être en ressentir les énergies avant de reprendre la piste.

C'était dix ans après son sacre de champion du monde avec les Rouges, en 2007, le dernier en date pour la Scuderia. Cela ne l'a pas empêché, deux ans plus tard, de se faire voler la vedette par une certaine étoile montante monégasque qui débarquait, alors, d'une petite écurie : Sauber. Au terme d'interminables négociations – dignes d'un roman – au sein de la grande maison Scuderia et sa dynastie Agnelli, avec tous les enjeux politiques que cela représente et l'attente exigeante des nombreux tifosis, de la presse, bref de toute l'Italie, Charles Leclerc est passé d'une Sauber C37 à une Ferrari SF90 tandis que Kimi rétrogradait de Ferrari à Sauber, ou plutôt à Alfa Romeo, le nouveau nom de l'écurie. Deux mondes différents, tant on sait qu'en Formule 1 les différences entre les voitures peuvent être folles – le choix de l'écurie est primordial pour gagner. On peut imaginer l'attente immense qui pesait au début de saison sur les épaules de Charles, et les espoirs de tout un peuple : les tifosis ! Car on peut le dire, ce nom qu'on donne aux supporters de Ferrari est bel et bien un peuple à part entière, une tribu vouée à l'amour du rouge ! Voilà, on y est : Charles est dans une top-team, une écurie de pointe ! Il va peut-être enfin pouvoir montrer toute l'étendue de son talent et faire plaisir à tous ceux qui croient en lui : ses proches et quelques fans. En effet, nous ne sommes pas nombreux à le connaître en ce début d'année 2019, à connaître son parcours, et c'est sûrement à travers ce week-end de feu qu'énormément de monde va le découvrir. Mais que va-t-il se passer… ?

Quelques minutes avant le départ, Charles se prépare avec Andrea Ferrari, son préparateur physique, avec qui il parle italien. Il tape dans un ballon de foot, c'est devenu un rituel. Il fait des jeux pour éveiller les réflexes et les sens, tire des élastiques, bouge, souffle, déjà équipé, les bottines lacées, la fermeture de la combinaison peut-être pas encore remontée sur son haut de corps moulant en Nomex ignifugé, qui laisse voir sa carrure, ses pectoraux saillants et son physique d'athlète – qu'il est devenu au fil du temps à force d'entraînement. « Ce qui m'a bluffé, raconte Hugo Micallef dans *L'Équipe*, l'un des potes boxeurs de Charles de la « bande des huit », c'est de voir la condition physique des pilotes. Avec Charles, on a fait du cardio. Du home-training. Il m'a bluffé. Il est sacrément endurant et costaud. »

Passer du blanc de Sauber au rouge Ferrari… C'est ce que Charles Leclerc fait chaque fois qu'il ferme la fermeture de sa combinaison toute rouge, ses doigts glissant le long du petit drapeau de Monaco, à côté de son prénom sérigraphié. « Je suis très fier de représenter Monaco en F1. Pour moi, ça représente beaucoup. C'est le pays dans lequel je suis né, j'ai grandi. C'est là où j'ai toute ma famille, tous mes amis. Et Monaco a beaucoup fait aussi pour moi, pour ma carrière. Donc voilà, je suis très heureux de porter haut les couleurs monégasques en Formule 1 et ensuite de conduire pour la Scuderia Ferrari. C'est vraiment le top, depuis tout petit bien sûr je voulais être pilote de Formule 1 mais avec Ferrari, ça paraissait tellement irréalisable. Et maintenant d'avoir signé pour cette écurie, c'est un grand honneur. […] Il ne reste plus qu'à faire le boulot en piste. » Fièrement, les yeux pétillants, Charles ferme sa combinaison. Voilà, il se sent protégé du feu, prêt à en découdre. Un scaphandrier est hermétique à l'eau, une combinaison de cosmonaute aux rayonnements solaires, un équipement de pilote à la lenteur ! La vitesse est noble et sacrée. Le boulot, Charles l'a en partie fait : il a claqué la veille la première pole de sa carrière en Formule 1.

— YESSS ! a-t-il alors crié de tous ses poumons à la fin d'un tour qui était sans doute proche de la perfection, avec un chrono que personne n'a pu battre. *Come on, grandissimi !*

Et dans une lucidité qui est celle qu'on attend d'un pilote de ce niveau, ou plutôt celle de ceux qui se distinguent, il a poursuivi, plein de sang-froid :

— *Tomorrow is the race and it's where we score points, but it's a good beginning ! Thanks guys, car was amazing, I'll push to try and finish the job tomorrow. Demain c'est la course et c'est là qu'on marque les points, mais c'est un bon début ! Merci les gars, la voiture était incroyable, je vais pousser pour essayer de finir le job demain.*

Il reste donc à concrétiser… Charles le sait, la pole position est quelque chose de génial, mais « seule la victoire est belle », disait son idole Ayrton Senna. « Si vous gagnez, alors personne n'a été le plus rapide. Vous avez fait le travail, et mieux que quiconque », disait-il aussi. Avant même de sortir sur la pit-lane où les journalistes vont l'assaillir de questions, Charles commence à se mettre dans sa bulle. D'abord, il faut aller saluer les mécaniciens, les ingénieurs, déjà en train de préchauffer la bête dans le stand. Ensuite, s'installer dans le baquet, faire un tour pour aller positionner la voiture sur la grille de départ – en première position pour Charles ! – écouter l'hymne national de Bahreïn, attendre une vingtaine de minutes, puis le départ, enfin, sera donné.

Il y a combien de gosses sur les circuits de kart qui rêvent d'être les futurs Hamilton, les futurs Verstappen, les futurs Leclerc ? Combien qui rêvent d'être Thomas Pesquet ? Ces hommes, les cosmonautes comme les pilotes de Formule 1, sont choisis parmi des milliers d'autres. L'une de leur caractéristique est sans doute leur force mentale hors du commun, leur sang-froid à toute épreuve. Youri Gagarine, qui reste le premier homme à avoir effectué un vol dans l'espace et surtout à en être revenu sain et sauf, avait été choisi pour sa stabilité psychologique et émotionnelle, une des grandes forces et qualités de Charles également. On peut-être extérieurement froid comme Ice-man, le surnom de Kimi Räikkönen, ou latin comme Charles Leclerc, à l'intérieur d'une course il faut être le plus calme possible. C'est ce que nous enseigne Charles. Quand on lui demande quelle est la meilleure qualité qu'il faut pour affronter la vitesse, cela peut paraître paradoxal mais il répond sans hésitation : « Le calme. C'est un gros contraste entre la vitesse et le calme mais je pense que c'est ce qu'il faut parce que la vitesse, ça donne de l'adrénaline, mais [...] on ne peut pas se permettre de réagir aux réactions de la voiture, il faut savoir anticiper ce que la voiture va faire, et je pense que si on n'est pas calme, on n'y arrivera pas. Tout va très vite, tout se passe très rapidement, donc il faut [...] être serein mentalement pour pouvoir aborder les virages dans la meilleure des mentalités. »

Voilà l'état d'esprit de Charles, lorsqu'il va saluer ses mécaniciens dans le box, son patron d'écurie Mattia Binotto, son ingénieur piste le Britannique Jock Clear – trente ans de bouteille tout de même, il a travaillé pour Michael Schumacher en 2010-2011, a reçu un doctorat honorifique en génie de l'université Heriot-Watt « en reconnaissance pour son extraordinaire succès dans l'ingénierie des applications dans les environnements les plus exigeants et compétitifs et comme un modèle pour les jeunes ingénieurs ».

Jock, le crâne luisant presque dégarni, est devant un ordinateur portable, posé sur le museau de la voiture. Dehors il y a des journalistes, des commissaires, les organisateurs de la course, des stars qui se baladent sur la pit-lane, peut-être Hamad Ben Issa Al-Khalifa, le roi du pays, entouré de conseillers en dishdashas. « Le peuple veut la chute du régime », avaient manifesté des militants chiites lors de l'édition 2012 du Grand Prix, alors qu'il y avait une menace qu'il n'ait pas lieu. Des membres de l'écurie Force India avaient tout de même été stoppés sur le chemin de leur hôtel par une attaque au cocktail Molotov sur une voiture se trouvant devant eux. Tandis que l'année précédente, en 2011, le Grand Prix avait été annulé pour cause d'instabilité politique, avec des manifestants tués dans le cadre du « Printemps arabe ». Charles ne pense pas à tout cela. Comme toutes les personnes du paddock, il partage son temps entre le circuit et les palaces du centre-ville avec un emploi du temps millimétré du mercredi au dimanche. Il a la chance de faire partie d'un microcosme de luxe si l'on peut dire, un monde à part, ce qui ne l'empêche pas d'être conscient des événements qui se passent autour de lui. Depuis, les choses se sont calmées, tout s'est bien passé à son hôtel comme au circuit. Il se concentre, enfonce ses bouchons d'oreilles spécialement moulés aux siennes, munis d'une radio pour pouvoir communiquer avec l'équipe – principalement avec Jock, l'ingénieur piste. Cela gêne un peu et fait parfois mal aux cartilages, surtout avec le casque, mais c'est comme ça : une fois dans le feu de l'action, avec la chaleur des mouvements et l'adrénaline, ce sera très vite oublié et ne se ressentira même plus. « Quand je suis dans la voiture, tout ce qui est douleur n'existe pas, nous confie Charles. J'ai déjà été malade pendant une course, on ne ressent absolument rien. » Il enfile son hans, sa cagoule munie d'un petit micro, son casque, sans se préoccuper de ce que Jock est en train d'analyser sur son ordinateur portable. Un mécanicien se penche dans l'habitacle et maintient les sangles de côté pour que Charles puisse s'y glisser, avec l'agréable sensation de savoir que son siège, le « baquet », est parfaitement moulé à la forme de son corps. « J'aime bouger un petit peu et avoir un siège un petit peu plus gros parce que c'est comme ça que je ressens les sensations [...] et c'est comme ça que je comprends où sont les limites de la voiture. » Afin que le pilote soit confortablement installé et puisse sentir sa monoplace, une position de conduite optimale est indispensable. Charles s'apprête tout de même à prendre près de 6 G aux freinages et 5 dans les virages, soit à 5 à 6 fois son poids, c'est violent, sachant que la plus petite pression exercée au mauvais endroit peut provoquer des douleurs et gêner tour après tour. C'est pourquoi, durant l'hiver, il a posé les fesses dans un sac qui ressemble à un sac-poubelle, puis un mécanicien a rempli le sac d'une mousse expansive qui pue et vous chauffe tout le corps. Il a fallu attendre dans la position de conduite voulue, statique, un bon quart d'heure, que la mousse durcisse, puis il taille les boursouflures de la mousse au cutter pour que le baquet ainsi moulé s'insère parfaitement dans la cellule de survie en carbone.

Ainsi, voilà Charles allongé dans son siège baquet comme dans une baignoire ! Toute personne qui monte pour la première fois dans une Formule 1 ne peut qu'être surprise de se sentir si basse, si allongée, avec les fesses qui semblent racler le sol et la désagréable sensation à l'arrêt de ne pas bien voir devant, de ne pas voir les roues : on aurait envie de se relever pour mieux voir la route, comme dans son SUV ! Cela n'est pas possible, et tous les pilotes sont habitués à être gênés de la sorte, à ne pas pouvoir bouger la tête comme ils le veulent avec le casque qui frotte contre la carrosserie et les lanières du hans qui empêchent de trop la tourner, avec l'impression d'avoir les bras prisonniers du cockpit, les jambes coincées dans le museau. Cela paraît un détail, mais encore une fois il est important de se sentir confortablement installé pour faire un bon chrono. « On n'est pas si immobile que ça dans la voiture, explique Charles dans une interview, parce que ça bouge quand même beaucoup : on est pas mal secoués. » La Formule 1, c'est plus physique que ça n'y paraît ! Dans le cockpit pendant une course, avec le moteur qui vous chauffe le dos, la batterie et les multiples tuyaux des radiateurs qui passent le long de la coque et la chauffent, la température peut dépasser les 50 °C, c'est le cas en Malaisie par exemple. Température ambiante : 24 °C – courir de nuit réduit drastiquement la chaleur et allège les 40 °C qu'il y a la journée dans le pays à Bahreïn. Température piste : 27 °C. Beaucoup de vent. Ces détails encore peuvent paraître anodins mais sont transmis à Charles car ils peuvent s'avérer extrêmement importants pour la course. Les températures ont plutôt une importance pour les ingénieurs, afin d'établir la pression idéale à appliquer aux pneumatiques, le mode idéal à donner à la cartographie moteur. Quant à la puissance du vent et sa direction, cela peut être des paramètres dont le pilote doit tenir compte : sur certains circuits, en cas de vent, il est préférable de longer le muret des stands par exemple, pour s'abriter, quitte à prendre une trajectoire qui peut ne pas sembler naturelle – on sait que les Formule 1 sont des voitures extrêmement sensibles au moindre flux d'air. Comme de véritables avions, elles fonctionnent avec l'aérodynamique, c'est-à-dire avec cette matière faite principalement d'azote et d'oxygène qui s'appelle l'air, et qu'on ressent tous lorsqu'on fait du vélo. Mais au lieu d'être utilisé pour la portance comme en avion, l'air est utilisé pour son effet contraire : la déportance, qui plaque la voiture au sol d'autant plus lourdement que la voiture va vite – cela peut d'ailleurs donner l'impression de conduire un karting quand la voiture prend un virage lent, tandis qu'à haute vitesse le grip de la voiture est tel que le pilote doit être extrêmement agressif.

Voilà pour la technique… En attendant, Charles a déjà l'impression de crever de chaud dans sa combinaison, avec ses sous-vêtements en Nomex, sa cagoule et le casque sur la tête. Il va devoir affronter un effort physique intense, transpirer, mais il s'est bien préparé, s'est hydraté, a mangé avec une diététique précise et des sucres lents. Il inspire, expire calmement. Les exercices de respiration qu'on lui a appris à Formula Medicine, son centre d'entraînement en Italie, lui font du bien. Depuis l'âge de 13 ans, il fréquente assidûment cette structure fondée par Riccardo Ceccarelli. Ce dernier coache et suit de nombreux pilotes de course, il a par exemple formé Ayrton Senna, pour ne citer que lui. Dans une interview, il explique à propos de Charles : « Je dirai que Charles est un véritable athlète parce qu'il est très bon en endurance et dans beaucoup d'autres domaines, mais surtout, il sait gérer son énergie. Un athlète, pour beaucoup de gens, c'est celui qui gagnera un championnat de triathlon par exemple, parce qu'il sera très fort en natation et en cyclisme. Mais pour un pilote automobile il ne s'agit pas d'avoir le plus d'énergie, le plus de puissance, il s'agit surtout de savoir l'utiliser au bon moment et de la manière la plus intelligente possible. »

— *All good? Radio OK?* demande Jock, toujours très pragmatique et efficace.

— *All good, radio OK*, répond Charles calmement, en ajustant son micro dans son casque.

Il faut attendre, maintenant, le signal de départ pour aller se positionner sur la grille… Des ingénieurs devant leurs écrans d'ordinateurs, tels ceux d'une salle de contrôle au lancement d'une fusée, vérifient les températures et pressions du moteur. Jock glisse le volant dans le cockpit, Charles le clipse à la colonne de direction. Il ferme la visière, enfile ses gants équipés de petits capteurs qui renseignent en temps réel les équipes médicales sur son pouls et sa quantité d'oxygène dans le sang. Il serre le volant, le cuir des gants se compresse sous sa paume, reliant la mécanique de la voiture à la sensibilité du pilote. Le mécanicien numéro 1 vérifie que la voie des stands est libre, puis donne finalement le signal de démarrer, cela ne se fait pas attendre : VROAAAR ! Charles lâche l'embrayage, faisant patiner légèrement les roues arrière. D'habitude il quitte le box sombre pour se retrouver en plein soleil avec une luminosité qui éblouit, mais là la course a lieu de nuit, ce sont des projecteurs qui éclairent la piste et les stands alors que le soleil de Sakhir n'est pas encore couché. La voiture tressaute, le régime moteur se stabilise, bridé par le pit limiter pour maintenir la vitesse à 60 km/h dans les stands. En sortie des stands, pit limiter off : la voiture décolle ! Charles a l'habitude, il n'est pas grisé par cette sensation alors qu'une personne normale aurait déjà les cheveux dressés sur la tête ! Durant ce tour, il respecte une certaine vitesse pour économiser son carburant, si précieux pendant la course. Il termine le tour à très basse vitesse, puis positionne sa voiture sur l'emplacement numéro 1.

— *Radio OK, radio OK ?* lui demande à nouveau Jock.

— *Radio OK.*

Charles sera aux côtés de son équipier, Sebastian Vettel, quatre fois champion du monde, qui a réalisé le deuxième temps des qualifications. Derrière lui, Lewis Hamilton, multiple champion du monde également dans une Mercedes. À peine la voiture arrêtée, des mécaniciens installent d'impressionnantes boîtes sur les pontons de la voiture. Ce sont des systèmes qui pulsent de la glace carbonique devant l'entrée d'air des radiateurs pour refroidir au maximum ces « gueules » qui crachent de la chaleur. Cela permettra d'optimiser les performances de la voiture dans les premiers tours. D'autres mécaniciens emballent les pneus de couvertures chauffantes qu'il faudra retirer au tout dernier moment. Les ingénieurs procèdent aux derniers ajustements. C'est le moment pour les pilotes d'aller se soulager si besoin, car après il faudra tenir presque deux heures dans le cockpit et surtout, c'est gênant à dire mais il le faut : en cas d'accident grave, une vessie pleine peut éclater…

Tous les pilotes le savent, personne n'en parle mais une fois qu'on le sait, on peut dire qu'on prend garde à soi !

Charles se détache, s'extrait de la monoplace, il a vingt minutes pour se détendre, rentrer dans sa bulle, répondre aux journalistes avec le plus d'amabilité possible même si durant tout ce temps, il préférerait ne parler à personne et se concentrer ! C'est donc en pensant une énième fois à sa course, en se remémorant une dernière fois les endroits où il lui semble possible de dépasser sur ce circuit, en refaisant mentalement quelques trajectoires, en pensant aux différents scénarios qui peuvent se produire au premier virage en fonction des positionnements des adversaires sur la grille, en se demandant minute après minute ce que tout le monde se demande aussi : « Que va-t-il se passer... ?! » qu'il écoute l'hymne national de Bahreïn. Charles va vivre un terrible choc et un véritable rebondissement lors de ce Grand Prix, mais il ne le sait pas encore. Ce n'est pas, on peut le dire, le circuit le plus historique de la catégorie comme peuvent l'être Monaco, Monza ou Spa-Francorchamps. D'ailleurs une année, « les gradins étaient si vides que les pilotes auraient pu serrer la main de chaque spectateur une demi-heure avant la course », avait rapporté un journaliste. En cette année 2019 il y a en effet dix fois moins de spectateurs qu'à Melbourne par exemple. Peu importe pour Charles, qui reste concentré et qui a fortement envie de gagner la première course de Formule 1 de sa carrière. Après l'hymne où des enfants de grille sont invités et mis à l'honneur, il va s'asseoir, selon son habitude, près de sa voiture, contre le muret des stands, avec une gourde à proximité pour s'hydrater, un moment où il commence à ne plus être vraiment conscient du monde qui l'entoure, ou plutôt de tout ce qui ne concerne pas uniquement sa course : « Je ne réalise pas vraiment, a confié Charles à Canal+, le monde qu'il y a autour de moi quand je suis assis juste avant de rentrer dans ma voiture, parce que je suis dans ma bulle. J'essaie de me concentrer et de me répéter tout ce que les ingénieurs m'ont dit juste avant. J'ai quelques ingénieurs qui se rapprochent justement pour tout ce qui est infos : on revoit toutes les procédures qu'il y a avant le départ, parce qu'il y en a beaucoup, pour être sûr de ne pas en oublier une, parce qu'en oublier une voudra dire qu'on ratera complètement le départ. Tout ce que l'on dit avant de rentrer dans la voiture ne concerne que la technique. Je pense qu'on ne se rend vraiment pas compte de l'extérieur, à quel point il y a beaucoup de choses à faire et surtout que les communications radio sont interdites pendant le tour de formation juste avant le départ. C'est assez compliqué, surtout quand il y a la pression. Il ne faut pas se louper. » Andrea Ferrari – son préparateur physique – est là près de lui, présent sur la grille au cas où Charles aurait besoin de quelque chose de précis. « Je suis sur la grille seulement au cas où il aurait besoin de quelque chose, explique-t-il en effet. Je prends le casque et tout ce qu'il me donne, je ne dis rien, et j'attends. S'il a quelque chose, il me le dit, mais sinon je ne dis rien, parce que je veux juste qu'il reste concentré. De façon générale, Charles veut que je lui parle seulement de technique. Il n'a pas besoin d'aide psychologique. »

On le comprend, s'il y avait des *grid-girls*, ces filles choisies pour leur physique avantageux dont les talons hauts peuplaient auparavant les grilles de départ, Charles ne les regarderait sans doute même pas ! Mais ce n'est pas le genre du pays ottoman, et depuis l'année passée – en 2018 –, elles ont été chassées des circuits. « On a perdu notre travail », ont dit certaines. Liberty Media, l'organisateur de la F1, en a décidé ainsi, jugeant cette tradition « contraire aux normes sociétales modernes et défavorables à l'image de la femme ». Charles n'est pas vraiment de cet avis : lorsqu'on lui a demandé s'il ne trouvait pas la présence de *grid-girls* un peu sexiste, il a répondu : « Je ne suis pas du tout d'accord avec ça. Si on mettait des hommes sur la grille, l'effet ne serait pas du tout le même. » Mais nous sommes en train de dévier sur un sujet qui porte à polémique ! Revenons-en à nos moutons et à ce qui nous intéresse vraiment : les moteurs, les culasses et les boîtes de vitesses !

Pour cette course, l'équipe Mercedes est inquiète à propos de la fiabilité à cause des températures tout de même élevées de l'air, mais en réalité c'est le cas de toutes les écuries – y compris Ferrari : « Un certain nombre de composants, en particulier l'unité de puissance, la boîte de vitesses et les systèmes électriques, seraient endommagés si l'équipe devait les faire fonctionner au-delà de leurs températures limites pendant une période prolongée. Quand la W10 [Mercedes] roule à haute température, l'équipe doit ouvrir la carrosserie pour qu'il y ait plus de refroidissement, dans le but de prévenir la surchauffe de ces composants. Cependant, ouvrir la carrosserie a pour conséquence une perte de performance aérodynamique, puisque ces ouvertures additionnelles produisent de la traînée et perturbent l'écoulement de l'air autour de la voiture, ce qui affecte négativement l'efficience de l'aileron arrière et du diffuseur. La carrosserie peut être potentiellement ouverte durant un arrêt aux stands, si les capteurs de la voiture indiquent que certains composants surchauffent. Mais une voiture totalement fermée pourrait être plusieurs dixièmes au tour plus rapide qu'une voiture ouverte. » Voilà les informations très techniques dont Charles dispose sur la Mercedes de Lewis Hamilton, qui partira derrière lui. Son temps était 3 dixièmes moins bon, mais il faudra s'en méfier tout de même… Comme le dit Sun Tzu dans *L'Art de la guerre* : « Connaissez l'ennemi et connaissez-vous vous-même ; en cent batailles vous ne courrez jamais aucun danger » ! Car le sport automobile est bel et bien une guerre, dès qu'on ferme la visière : « Il faut être un chien, avoir bouffé de la rage enragée », disent certains directeurs de circuit ! De toute manière, il n'est plus temps de modifier maintenant les systèmes de refroidissement, s'il y a un problème, il faudra faire avec… Un autre défi qui rend délicat ce week-end est le sable que le vent peut disperser sur la piste. « Aucun filtre n'est requis pour empêcher le sable de s'introduire dans les voitures. Mais le sable, précise Mercedes, a un effet abrasif, qui a un impact négatif sur les surfaces aérodynamiques. » Heureusement, la piste « se nettoie relativement vite », surtout quand vingt-deux monoplaces la liment. « Cela signifie que le plus gros impact causé par le sable se situe au départ. » On le comprend, l'amélioration de la piste au fur et à mesure des tours sera donc un facteur crucial… Même s'il n'y pense pas, Charles a toutes ces données en tête avant de prendre le départ.

Voilà, c'est le moment, il s'installe de nouveau dans sa machine au numéro 16, cette fois pour ce qui constitue la véritable mission de son week-end, ce que son sang qui commence maintenant à bouillonner attend impatiemment : la course. Chaque pilote a droit à un numéro permanent lorsqu'il arrive en Formule 1, un numéro qu'il pourra garder tout le temps de sa carrière. « Le 16, a expliqué Charles, vaut le 7 : 1 plus 6, ça fait 7, mon chiffre favori. Kimi Räikkönen l'avait déjà, [Pierre] Gasly avait le 10 que j'aime aussi, alors j'ai pris le 16, mon jour de naissance. » C'est vrai que certains pilotes sont superstitieux, mais Charles pas du tout, et il n'a aucun rituel particulier avant une course hormis sa préparation, comme il l'a déjà dit en interview.

En s'installant dans la voiture, il prend soin de brancher le système qui lui permettra de boire, constitué d'un sac de boisson fraîche – qui devient vite tiède puis chaude pendant la course –, d'un tuyau qui passe sous sa combinaison et qui se retrouve sous son casque, au niveau de la bouche. Tuyau que Charles peut à tout moment serrer entre ses lèvres pour boire :

à l'aide d'un bouton qu'il actionne au volant parmi des dizaines d'autres, une pompe dans le sac fait monter le liquide jusqu'à sa bouche. La plupart des pilotes choisissent une boisson tonifiante, sucrée et riche en minéraux pour garder un peu d'eau dans le corps. Voilà, un feu vient de s'éteindre sur la rampe qui se trouve en hauteur de la ligne de départ, signe qu'il ne reste plus que trois minutes avant le tour de chauffe et qu'il n'est plus possible de toucher aux pneus. Tout le monde sort de la grille. Bientôt, les mécaniciens vont devoir retirer les couvertures chauffantes, il ne restera plus que le pilote, seul sur la piste dans sa voiture. Les minutes s'égrènent et finalement, les feux rouges s'éteignent les uns après les autres : une minute, quinze secondes... Cinq feux verts s'allument, signe que les pilotes peuvent partir pour le tour de formation : la *safety car*, une Mercedes AMG-GT, démarre et clignote.

Charles fait un léger burnout (patinage des roues arrière) pour laisser un maximum de gomme à son emplacement, ce qui augmentera un petit peu son grip au départ. Il tourne sèchement le volant de droite et de gauche, il fait aussi des accélérations franches suivies de freinages très secs qui propulsent son cou en avant, pour chauffer les pneus et les freins. « Nous effectuons un gros travail à l'usine autour des départs, raconte Alan Permane, ingénieur en chef chez Renault. La chose sur laquelle nous concentrons notre attention est la température des pneus et le bon état de l'embrayage. Les gains au départ en dépendent beaucoup. Les pilotes se concentrent sur le maintien des températures de leurs pneus. C'est aussi au pilote de connaître le nombre de burn-out à effectuer lors du tour de formation – c'est pourquoi vous voyez les pilotes allumer leurs pneus arrière... Nous essayons d'optimiser ces manœuvres de manière que les températures des pneus soient les plus justes possibles. C'est quelque chose de monitoré par ordinateur *via* les ingénieurs dans le camion.

Ils regardent attentivement les données et décident si oui ou non nous devons ajuster l'embrayage au départ. » Charles doit aussi penser à « caler » la boîte de vitesses, c'est-à-dire être sûr que les « synchros » passent au bon régime lorsqu'il actionne les palettes, bref, comme il le dit lui-même : « C'est assez compliqué ! » et « on ne se rend pas bien compte de l'extérieur à quel point il y a beaucoup de choses à faire... »

Le tour se termine... Il ralentit dans la ligne droite, les numéros des emplacements défilent sous les roues. Repérer le sien, avancer les roues au maximum, à la limite de la ligne blanche, voilà. Il n'existe pas de moment où un pilote se sent plus seul que sur la grille de départ. Parents, amis, sont dans l'autre monde. Le pouls bat au poignet, le pilote est seul, livré à lui-même pour vaincre. En sport automobile, les triomphes se partagent mais pas les angoisses, et le ventre se noue. James Hunt vomissait avant chaque départ... Les mains gantées saisissent le volant. À l'arrêt il est dur de le tourner, tout est d'acier. Mais la vitesse est comme le feu, si la voiture va vite, des fusions s'opèrent. Une fois soudé au corps, le volant répond dans la paume de la main, et les pieds sont reliés aux pédales, et les fesses au plancher, et la colonne vertébrale au moteur. Le V6 turbo hybride vibre terriblement dans le dos. Les mains sont un maillon de la chaîne, le volant, un autre. Charles est comme un forgeron qui travaille à froid, il tâte les pédales, les palettes de vitesse, le feu va incessamment monter, les maillons vont devenir incandescents, au premier tour la fusion commencera à opérer, au deuxième les pneus entreront en température, les derniers maillons se feront, fins, parfaits, continus, la chaîne deviendra un fil d'or ; corps et machine ne feront plus qu'un ; le pilote commencera ses mouvements répétés, travaillés depuis des années. La gorge est sèche, les moteurs dégagent au-dessus des carrosseries des vagues de chaleur, les sous-vêtements tiennent chaud, la cagoule empêche de respirer. Voilà, le dernier pilote a arrêté sa voiture, des feux verts s'allument sur les côtés, et les cinq feux rouges de la rampe de feux s'allument. Les moteurs vrombissent, se stabilisent au régime voulu par les ingénieurs. Charles a en main la palette d'embrayage, qu'il maintient à mi-chemin entre le point de friction et l'engagement total. Lorsque les feux vont s'éteindre, signe du départ, il s'agira de lâcher la palette et de gérer le patinage des roues arrière avec l'accélérateur de manière à bondir le plus vite possible tout en ne calant pas et en ne patinant pas. Plus personne n'existe, des tempes sont compressées dans des casques, des pieds posés sur des pédales d'accélérateur, des respirations bloquées, des gouttes de sueur tombent sur des sourcils, des yeux sont exorbités, rivés sur la rampe de feux – quand vont-ils s'éteindre ? Les loups doivent saisir l'instant, plus vite que la lumière des feux.

« VROAAAR ! »

Ça y est, la course commence, le départ est lancé ! Le temps est passé à la fois si vite et si lentement entre cet instant et celui où il y avait encore le temps de se préparer… C'est la magie d'un moment que tout le monde attend fiévreusement – spectateurs dans leurs fauteuils ou dans les tribunes, directeurs d'écuries sur le muret des stands, ingénieurs derrière leurs écrans de contrôle, mécaniciens assis dans les stands, commissaires derrière leurs barrières de sécurité. Il a lieu maintenant ! Du sable vole. Des monoplaces se faufilent comme des serpents et de la poussière passe sous les casques, que tous les pilotes respirent sauf un : Charles est en tête, mais peut-être pas pour longtemps – il sent que son départ est plutôt moyen. Un œil sur le côté : Sebastian Vettel est déjà en train de le dépasser avec les logos de ses sponsors Shell et Ray Ban sur le côté de sa Ferrari, sans que Charles puisse rien faire pour l'éviter. Un œil aux rétros : les formes noires et argentées des Mercedes semblent rester derrière, mais elles grossissent… Au premier virage, Sebastian est positionné à l'intérieur. Charles n'enfonce pas la pédale de frein, il attend un peu, pour tenter de prendre l'avantage par l'extérieur... Des bosses secouent sa voiture, il entend le fond plat racler le bitume de la piste, si fort qu'on pourrait croire qu'il a un problème... Puis, après une bosse qui lui sert de repère, il tape dans la pédale. Sa voiture se positionne à hauteur de l'autre Ferrari, mais Sebastian remet les gaz au bon moment, il reste devant... Charles se retrouve deuxième avec le cœur qui lui cogne la poitrine et l'impression d'être déjà en feu avec tous les muscles brûlants. Dans sa Mercedes, Bottas tente de passer au virage suivant, il est menaçant comme un tigre et Charles se doit de faire encore un freinage très tardif pour conserver, *in extremis*, l'avantage... Dans ses rétros, il voit Bottas complètement collé à lui dans la ligne droite qui s'ensuit. Au moment où Bottas déboîte, Charles fait un brusque mouvement de volant pour l'empêcher de passer, il déporte sa voiture le plus à droite possible de la piste pour être bien positionné au prochain virage. Tel un prédateur qui ne va pas lâcher sa proie, Bottas se déporte de l'autre côté tandis que les fonds plats des Formule 1 qui raclent le bitume, crachent de toutes parts des gerbes d'étincelles, ce qui offre un spectacle digne d'un feu d'artifice. Bien que dépourvu de DRS en ces premiers tours, Bottas a plus de vitesse, sa voiture dépasse lentement mais sûrement celle de son adversaire dans la ligne droite. Charles, le couteau entre les dents, a beau retarder son freinage au maximum, il se fait dépasser par l'extérieur... Le voilà troisième de la course après trois virages alors qu'il partait premier !

Cependant, il continue de garder la tête froide. Ce n'est pas toujours le chat qui gagne au jeu du chat et de la souris, ni toujours la souris. S'il a plus de rythme, il aura l'occasion de repasser dans l'une des grandes lignes droites du circuit. Le cœur bat fort dans un tel moment, nombreux sont les pilotes débutants qui commettent de grosses erreurs après s'être fait dépasser de la sorte, en voulant se rattraper tout de suite en signe de revanche, en voulant en faire de trop. Charles a l'expérience : la course est longue… « Perdre la tête de cette manière, déplorera-t-il dans l'interview d'après course, est toujours dommage mais j'avais aussi beaucoup de choses à gérer et il y a toujours des points à prendre donc je me suis très vite concentré sur ma course. » Il tente de repasser Bottas dans les esses rapides au bout du circuit. Ce n'est pas évident : « Il y avait beaucoup de vent, ce qui était extrêmement délicat, particulièrement au virage 4. » À la vitesse où il prend les courbes, l'air fait pression sur le casque mais Charles ne le sent presque pas : comme tous les pilotes de Formule 1, il a un véritable cou de taureau. Une bonne partie de son entraînement physique est d'ailleurs consacrée à lui muscler le cou, avec des exercices spécifiques en salle où, de la tête, il doit pousser de côté et d'avant en arrière. Citons, aussi Jean Alesi, qui regardait la télé allongé de côté dans son canapé avec son casque sur la tête, pour se muscler !

Finalement Charles perd du temps dans la manœuvre et se voit maintenant menacé par Lewis Hamilton qui se porte à sa hauteur… Pour défendre sa position, il est obligé de bloquer la roue avant gauche. Il est malmené, quel début de course compliqué… Mais pas le temps de se laisser abattre sur son propre sort ni de réfléchir, tout s'enchaîne très vite… « Tout se passe hyper-rapidement pendant la course, nous apprend Charles. C'est vrai que juste avant de rentrer dans la voiture on essaie de se mettre dans une bulle le plus possible, pour être hyper-concentré sur toutes les choses qu'il y a à faire pendant la course. […] Parce que si on n'est pas concentré dans un virage, l'erreur ne pardonne pas dans ce sport. Donc finalement […] quand on a fini la course on a l'impression d'avoir fait une course de dix minutes ! » Il est d'ailleurs probable que Charles oublie vite ce début de course ! Comme il le dit lui-même : « Même la mémoire fonctionne d'une façon un peu différente parce que bizarrement quand j'ai fini une course il y a des moments marquants de la course dont je ne me souviens absolument pas. » Pour l'heure, il se concentre pour bien négocier le dernier virage du circuit, c'est-à-dire accélérer le plus tôt possible car cela conditionne toute la ligne droite. Une meilleure vitesse de sortie sera donc avantageuse sur tout le temps que dure cette ligne droite, ce qui représente énormément de temps gagné ou perdu… Freiner tard, accélérer tôt… La devise de tout pilote, à chaque virage, une phrase qu'il faut se répéter mentalement à chaque instant de course telle une musique obsédante, le pied sur la pédale d'accélérateur lorsque les G sont au maximum en latéral et qu'on a le souffle coupé. Phrase tout aussi importante que « Regarder loin », pour essayer sans cesse, à chaque instant, d'anticiper le futur, de comprendre et de visualiser le virage suivant, de prendre la trajectoire idéale. Certains pilotes débutants sont en apnée pendant plus de deux tiers d'un tour circuit, tant les contraintes ressenties par le corps sont extrêmes. Les pilotes expérimentés apprennent à gérer la respiration. « Si l'on ne s'oxygène pas bien, notre vision peut devenir floue au bout d'une heure de course », a expliqué un jour Esteban Ocon. Dans un état enfiévré, Charles a réussi à accélérer très tôt, cela lui donne enfin un peu d'air dans cette ligne droite : Hamilton est quelque peu décroché… Il en profite pour regarder au tableau de bord si tout va bien, se détendre un peu les mains. En vérité, il a tellement bien négocié le virage qu'il a une vitesse d'avion de chasse ! À tel point qu'il se retrouve collé aux échappements de Bottas, presque en position de doubler au bout de la ligne droite, mais vu de l'extérieur, cela paraît impossible… Vu de l'intérieur, ça l'est tout autant ! C'est oublier la mentalité de Charles dans une voiture de course : « Je ne suis pas le même en dehors de la voiture et dans la voiture : je change vraiment. Dans la voiture, il est vraiment bon d'avoir un instinct de tueur où il faut être agressif. Hors de la voiture, je suis normal, calme.

C'est une passion, quand vous êtes passionné par quelque chose, vous donnez tout. » Dans cet état d'esprit, Charles y va, et donne tout. Les pulsations cardiaques de son cœur sont au maximum, ce qui rend difficile de garder la tête froide. Il ne freine pas, pas tout de suite… Encore un peu… Se faire violence… Voilà, son pied enfonce brutalement la pédale de frein ! Il pique très à l'intérieur tandis que Bottas prend une trajectoire académique, il rate d'ailleurs le point de corde. Charles bloque légèrement la roue avant droite, se porte à hauteur du Finlandais, mais il n'y est pas totalement… C'est le moment où il peut soit renoncer et perdre du temps, mais éviter l'accrochage, soit… continuer héroïquement. Attention, dans ce sport on passe très vite de héros à zéro, comme on dit. Il y va, il y croit, et tous les spectateurs qui voient ce dépassement ne peuvent qu'être impressionnés : en gardant davantage de vitesse de passage en courbe, et avec un rayon de courbure plus petit qui lui permet de parcourir moins de distance qu'à l'extérieur, sa voiture passe à l'intérieur devant celle du Finlandais, sous les applaudissements des spectateurs… Haut le cœur à l'accélération, la sueur commence déjà à mouiller la combinaison, des bouts de gomme s'arrachent des pneus, le sang pulse dans les veines, il irrigue les muscles. Corps et esprit tendus vers un seul but : la trajectoire parfaite.

Charles semble voler, la Formule 1 qu'il conduit commence à faire partie de son corps et de son esprit, il claque record de tour sur record de tour, prenant du plaisir dans les esses rapides, un vrai régal : la voiture est déportée à gauche puis à droite, le cœur est en suspension, le corps en apesanteur, les diodes s'allument au volant. En quatre tours, il recolle à Vettel qui avait profité des batailles derrière pour s'échapper quelque peu.

— *I'm quicker.* Je suis plus rapide, prévient simplement Charles à l'intention des membres de son équipe, pour les inciter à demander à Sebastian de le laisser passer, avec tout l'aplomb de quelqu'un qui n'a pas peur de bousculer l'ordre établi, celui censé faire de son équipier un leader naturel car plus expérimenté…

Un témoin lumineux s'allume au tableau de bord, celui du DRS. Dans la ligne droite, il appuie sur le bouton qui permet de l'ouvrir, c'est-à-dire d'aplatir l'aileron arrière et ainsi de réduire la traînée. Le boost de la Formule 1… Vettel, même à l'intérieur de la piste, ne peut rien contre cette arme puissante, il se retrouve obligé de s'incliner : voilà Charles qui, après un départ totalement raté, sans attendre une quelconque consigne d'équipe, repasse premier avec le courage d'un chevalier ! La bête est lancée, Charles a réalisé le meilleur tour en course et ne compte pas s'arrêter en si bon chemin ! Il appuie sur un bouton du volant pour boire un coup de boisson. « Quand j'ai vu Charles dépasser Vettel au Bahreïn l'an passé et s'échapper, racontera Jean Alesi en fervent supporter de Charles, je n'ai pas pu m'empêcher de rire. Je l'imaginais totalement serein dans la voiture, avec Seb incapable de le suivre. La logique voudrait que lorsque tu doubles un champion du monde et que tu prends la tête d'un Grand Prix pour la première fois, le poids des responsabilités te tombe dessus. Mais là, son "irresponsabilité", c'était tout son talent qui ressortait. »

Irresponsabilité ou pas, la suite est un festival… Charles caracole en tête. Il semble si fort qu'on ne voit pas quel adversaire pourrait être en mesure de lui barrer le chemin… Son équipier Sebastian Vettel, après un regain d'énergie ? Au trente-huitième tour, celui-ci part en tête-à-queue en voulant résister à la Mercedes de Lewis Hamilton… Un coup dur pour l'Allemand qui ne peut que difficilement bien vivre le fait d'être dominé par son équipier… Charles accélère, tourne le volant, avec une obsession : appuyer sur les pédales, passer les rapports aux moments parfaits, c'est comme une danse, il faut être en rythme avec sa voiture et les tours minutes pour se surpasser. Si le pilote est un funambule, la piste est un fil, un terrain où sa nature, ses qualités et ses dons trouvent un intense moyen d'expression. Nous l'avons compris, à ce stade la victoire semble promise à l'enfant de Monaco, des Condamines, qui se baigne sur les plages du Rocher… C'est compter sans la cruauté des dieux de ce sport intraitable qui peuvent à tout moment et en tout lieu sévir sans qu'on s'y attende…

— *Hamilton pace : 35.0,* annonce Jock Clear à Charles au quarante-sixième tour des cinquante-sept que compte ce Grand Prix, pour tenir informé du rythme de son adversaire.

The… There's something strange with the engine… Il y a quelque chose d'étrange avec le moteur… répond Charles à la radio.

— Houston, nous avons un problème… ! Pardon : *Maranello, abbiamo un problema !*

— *OK copy that, we are checking it.* OK, entendu, nous regardons ça.

— *THERE'S SOMETHING STRANGE WITH THE ENGINE F**K !* IL Y A QUELQUE CHOSE DE BIZARRE AVEC LE MOTEUR MERDE ! crie Charles sur un autre ton mêlé de colère et de désespoir, alors que son ingénieur l'entend avoir du mal à respirer, puis descendre des rapports de boîte de vitesse en cascade.

— *Driver default Charlie Fourty Six. Driver default Charlie 46*, répond Jock pour dire à Charles de se régler sur le mode Charlie 46 en question.

Alerte rouge ! Tel l'astronaute d'une fusée en perdition, seul face aux tonnes de voyants du tableau de bord, Charles doit se débrouiller pour se remémorer sur quels boutons du volant appuyer, ou quelles molettes tourner, chose qu'il a passée énormément de temps à travailler à l'usine, sur le simulateur de Fiorano. Cela est loin d'être simple, car tout en pilotant à la limite à plus de 200 km/h, plusieurs difficultés se présentent : ce ne sont pas des moufles mais sentir les boutons avec des gants n'est déjà, en soi pas évident. Le faire avec des contraintes latérales et longitudinales extrêmes le devient encore moins. Enfin, il faut savoir qu'on perd deux tiers de ses capacités mentales dans une voiture de course en action, réfléchir et faire ne serait-ce qu'une simple soustraction s'apparente déjà à un défi ultime… !

— *We need K2 OFF, and OK Button, K2 OFF, OK button*, continue Jock dont le crâne commence à sérieusement s'imprégner de sueur même s'il garde son sang-froid. *And we need SOC Nine, SOC 9. Engine Twelve, Engine 12.* Nous avons besoin de K2 Off, Bouton OK. Et SOC9. Moteur 12.

— *How many laps left?* Combien de tours encore ? demande Charles en se débrouillant comme il le peut et en tripotant les boutons colorés de son volant.

— *Multifunction STRAT SIX*, semble être la seule réponse qu'il obtient initialement : quel truc de fou, Jock veut-il emmener Charles sur la stratosphère… ? Puis il ajoute : *Eleven laps to go.* Onze tours.

— *WHAT'S HAPPENING?* QU'EST-CE QUI SE PASSE ? crie Charles, dont l'état de colère et le sentiment d'exaspération ne s'amenuisent pas : il transpire à grosses gouttes et ressent une sorte de panique, presqu'un sentiment de mort à la perspective de ne pas gagner cette course tant la victoire rend vivant.

Ces mauvais sentiments sont bien présents en lui tandis qu'il pilote et négocie des courbes… Pendant ce temps c'est horrible mais son rythme est inévitablement plus lent, Lewis Hamilton se rapproche dangereusement : Charles le voit grossir dans les rétros…

— *We have no H Recovery.* Nous n'avons plus de MGU-H, annonce Jock – un système qui permet de récupérer ou fournir de l'énergie grâce au turbo.

Quelle super nouvelle ! Si le moteur électrique est en panne, c'est 160 chevaux de perdus…

— *Hamilton 5 seconds behind.* Hamilton 5 secondes derrière. *And we go to the end, we go to the end.* Et nous allons au bout. *And we need Driver Default DELTA 15 ON, DELTA 15 ON. And we need Driver Default DELTA 15 OFF, DELTA 15 OFF. Driver Default DELTA 15 ON, DELTA 15 ON. Go to mode RACE, MODE RACE. And we need Driver DELTA 15 OFF, 15 OFF.*

C'est insensé, Charles doit presque changer de mode à chaque virage ! Cette communication n'est pas un *fake* : ce sont les véritables paroles de Jock qu'il a débitées en à peine trente secondes…

— *Nine laps to go.* Neuf tours restants. *Bottas behind 30 seconds.* Bottas 30 secondes derrière. *The gap behind Bottas is fine, we should finish like this.* L'écart avec Bottas est bon, nous devrions finir la course comme ça. *And follow the numbers on the dash, fuel numbers on the dash. And we need big lift off. Follow the numbers on the dash.* Et suis les chiffres au tableau de bord, les nombres correspondant au carburant. Nous avons besoin de grands lâchers d'accélérateurs.

En effet, si le MGU-H est hors service, cela est synonyme d'énergie gratuite en moins fournie par la batterie, donc pour rouler au rythme prévu, Charles a théoriquement besoin de plus de carburant pour compenser… C'est un gros problème, car la quantité de fuel est calculée au gramme près avant le départ de manière que le réservoir soit quasiment vide à la fin d'une course… Il est d'ailleurs arrivé que des voitures tombent en panne en fin de Grand Prix… Le 11 juin 1995, Jean Alesi remporte son unique course en Formule 1 et sa Ferrari tombe en panne d'essence lors du tour d'honneur, c'est sur le capot de Michaël Schumacher qu'il rentrera aux stands… Pour ne pas en arriver là, la solution que propose Jock à Charles est d'utiliser la technique du « lift off », qui consiste à relâcher l'accélérateur bien avant les zones habituelles de freinage, et à laisser ainsi la voiture en roue libre un instant. Une technique efficace qui permet de ne pas trop perdre de temps tout en économisant une bonne quantité de carburant.

— *Yes but, I can't. OH my GOD... I will try.* Oui mais, je ne peux pas. OH mon DIEU… Je vais essayer.

À ce stade, dans le stand Ferrari, un des mécaniciens de l'équipe rouge se tient la tête dans les mains, ou plutôt le casque, l'air abattu comme si le ciel venait de lui tomber sur la tête… Un autre se gratte le visage, inquiet et tendu comme un diable sans fourche, presque l'air coupable… Pour l'anecdote, voici comment s'est passé l'atterrissage de Gagarine lors de sa rentrée dans l'atmosphère : les rétrofusées n'ont pas fonctionné, sa capsule Vostok s'est mise à tourner à trente degrés par seconde et a surchauffé. « Tout tournait. Je voyais d'abord l'Afrique, puis l'horizon, puis le ciel […] Le vaisseau spatial était entouré de flammes, une lumière violette […] j'étais un nuage de feu qui fonçait vers la terre. » Il a tout de même atterri sain et sauf au beau milieu d'un champ. La suite, on la connaît : il a fait peur à la paysanne… S'il tombe en panne sur le circuit, Charles ne fera peur à personne en combinaison de pilote mais espérons qu'après toutes ces instructions, il n'ait pas la tête qui tourne autant que Gagarine dans sa capsule en feu… Pour l'heure Charles tient, Charles est toujours là, toujours en vie même s'il a avoué après la course : « Pour être honnête, j'ai vraiment cru que tout aller exploser après quelques tours ! » Au moment où il passe la grande roue illuminée qui longe la ligne droite, Hamilton déboîte pour tenter de le doubler… Que va-t-il se passer ? Charles va-t-il réussir à tenir et garder sa première position ? Ou au contraire, va-t-il lâcher et cruellement dégringoler au classement, voire abandonner ? Nous le saurons bientôt, mais avant de poursuivre ce récit qui s'annonce excitant, voici les origines de l'histoire…

2

Il était une fois… La genèse d'un destin

« J'étais sur un kart accroché avec une corde ! »

Si le sport automobile a une histoire, il faut sûrement remonter loin dans le passé pour connaître celle de Charles, dont la vie est intimement liée à celle d'une grande famille au destin tragique. Une famille qui a marqué l'histoire de ce sport, la famille Bianchi. Des liens d'amitié, mais pas seulement : Jules Bianchi est un véritable parrain : « Quand j'ai commencé la course, témoigne Charles, il voulait être mon parrain dans la course, donc il pensait à tout pour moi, et quand j'avais un problème, je l'appelais. » Qui ne connaît pas le garage Autobianchi… ? Et la fabuleuse R5 Bianchi suralimentée par un moteur Alpine maison ? C'est l'œuvre de Mauro Bianchi, le grand-père de Jules. Un sacré travailleur. Il a créé le service Essais et Développement à Dieppe, là où sont toujours fabriqués les nouveaux modèles Alpine. À la tête de plusieurs techniciens, il dirigeait la mise au point des voitures. Il a aussi inventé la suspension contractive, un système qui lui a été volé. Dans un manuscrit, il met en cause des gens importants, des grands constructeurs, des écuries de F1 prestigieuses qui lui ont joué de sales tours, des coups fourrés, des entourloupes. C'est pourquoi cela restera secret : « Ce livre ne sort pas de la famille ! » dit Mauro d'un ton ferme dans une interview. Mauro était aussi pilote de course.

Il faut sûrement revivre les aventures de ce fou de mécanique, qui raconte avoir vu lui-même les os de ses propres mains noircis mis à nu, alors qu'il était en train de brûler dans des flammes suite à un terrible accident au Mans, coincé dans sa carlingue... C'était en 1968, à bord d'une Alpine A220, alors que le jour même son frère gagnait les 24 Heure du Mans sur une magnifique GT40. Mais pourquoi parler de cela, direz-vous ? Tout simplement parce que sans la famille Bianchi, Charles n'aurait sans doute jamais pu accéder à la Formule 1, et nous allons voir pourquoi... Il aurait fait du karting sûrement, un peu de monoplace peut-être, et l'histoire se serait arrêtée là comme celle de tant de gamins qui rêvent de toucher les étoiles ou de caresser un animal sauvage...

Ainsi, la genèse du destin de Charles a peut-être lieu en Italie, à Milan, d'où Mauro Bianchi et son frère Luciano sont partis pour s'installer en Belgique, à Bruxelles, quittant une belle maison sur la Riviera près du lac de Garde. Leur père Roberto, un mécanicien incroyablement reconnu dans le monde de l'aéronautique et de l'automobile, gérait un garage et a transmis sa passion de la mécanique à ses fils, Mauro et Luciano. Il officiait avant guerre comme mécanicien chez Alfa Romeo, notamment au sein de la Scuderia Ferrari qui alignait les voitures de compétition de la marque au trèfle dans les années 1930 pour des pilotes de la trempe de Tazio Nuvolari. Plus que cela, les deux frères vont se découvrir des talents de pilote, leur pointe de vitesse et leur capacité à régler finement une voiture de course ne vont pas tarder à être remarquées, notamment par le prestigieux RACB – Royal Automobile Club de Belgique – pour lequel ils vont piloter durant des années, ce qui est aussi glorieux que piloter pour la Royal Air Force à une époque où nombre de pilotes d'avion dans leurs Spitfire ou Messerschmitt ont sacrifié leur vie à la folie de la Seconde Guerre mondiale. Mais que ce soit en avion, en fusée ou en voiture, les accidents restent nombreux même en temps de paix... Et voir une voiture flamber comme une boule de feu suite à un crash est presque quelque chose de commun...

Ce triste sort va s'abattre sur Luciano, alors que Mauro est juste en train de se remettre de ses brûlures aux mains : il a passé deux mois au service des grands brûlés de l'hôpital Cochin, puis quatre mois de convalescence. Voici l'histoire : pour l'édition du Mans 1969, Luciano pilote une Alfa 33/3 qui ne lui plaît pas beaucoup. « Une catastrophe sans nom », d'après ses propres dires, tandis que Mauro a retrouvé le volant d'une Alpine après être passé tout près de l'amputation. À 9 heures du matin sur le circuit du Mans, tandis que Mauro bavarde avec des journalistes, toutes les voitures rentrent aux stands les unes après les autres. En général cela signifie un gros pépin sur la piste. « Une voiture rouge brûle tout au fond de la ligne droite des Hunaudières », apprend-il de la bouche de son coéquipier. Mauro sait qu'il n'y a que deux voitures rouges : une Ferrari et l'Alfa de son frère Luciano. Lorsqu'il voit la Ferrari arrêtée à son stand, l'angoisse commence à l'étouffer. Dans un état second, il prend le volant d'une Alpine qui n'est même pas la sienne et fonce rejoindre son frère sur le circuit. Au début de la ligne droite, il aperçoit au loin une épaisse colonne de fumée... Le cœur serré et le corps rendu groggy par les émotions, des larmes jaillissent de ses yeux avant même qu'il arrive sur les lieux.

— Le pilote ? Le pilote… ? demande-t-il à l'un des commissaires du poste de Mulsanne.

— C'est fini pour lui, malheureusement c'est fini.

Deux commissaires ont été témoins de l'accident : la voiture de Luciano avait un problème. Il a fait des appels de phare dans la ligne droite, a levé les bras pour l'annoncer. Puis son Alfa, sans freiner, sans prendre le virage, a tiré tout droit et percuté à pleine vitesse un poteau télégraphique. La voiture s'est désintégrée puis enflammée.

Le visage déformé par la tristesse, Mauro rentre aux stands en comprenant qu'il ne reverra plus son frère. « Je ne suis pas un surhomme, ma femme et mes enfants ont bien plus besoin de moi que le public d'une idole casse-cou. » Telle était la philosophie de Luciano Bianchi que sa femme ne reverra plus, ni ses trois filles âgées de 13, 12 et 9 ans.

Avant que ne survienne ce triste événement, les frères Bianchi ont sans doute participé à toutes les courses possibles aux calendriers des années 1960, allant du rallye Liège-Rome-Liège aux mythiques 500 miles d'Indianapolis, en passant par les 1000 km de Montlhéry, l'East African Safari, les 24 Heures du Mans, les 24 Heures de Daytona et même le Grand Prix de Monaco où Luciano a terminé troisième, son meilleur résultat en Formule 1. Vraiment, la liste est longue, et elle aurait pu continuer de s'allonger si Mauro, en voyant la tristesse de ses parents devant le cercueil de son frère et face à ses mains encore meurtries par le feu, n'avait pris une décision radicale : « Malheureusement on ne peut pas revenir en arrière, mais je ne pourrais plus supporter de vous faire de la peine en continuant à vivre de ma passion. Alors voilà, je vous promets que je vais arrêter la course automobile. »

C'est ce que Mauro déclare à ses parents avant les funérailles… Il continuera de travailler dans la mécanique, mais ne pilotera en effet plus jamais. Son fils Philippe suivra également cette voie, celle de la sagesse. En 1975, Mauro décide de s'installer dans le sud de la France, sur la Côte d'Azur. Philippe Bianchi a alors 12 ans… Quelque temps plus tard, peut-être par le fait que Mauro continue de faire du business dans le monde de l'automobile, notamment à Monaco, Philippe fait la connaissance d'un certain Hervé Leclerc, futur papa de Charles et coureur automobile lui aussi : Hervé fera vingt-deux courses en Formule 3 entre 1983 et 1988, il roula même avec Jean Alesi qui n'était, à l'époque, pas encore chez Ferrari.

Des années où les accidents continuent de blesser, de tuer, où la sécurité avance mais à pas lents, des années où le papa de Charles roule en F3. Alain Prost se souvient de l'accident mortel d'Elio De Angelis, un pilote sensible qui, comme Charles, jouait très bien du piano. C'était lors d'un essai privé, au Castellet. « À l'époque il n'y a pas d'ambulance ni d'hélicoptère sur les circuits pendant l'entraînement, pas même de centre médical, pas de commissaires de piste, explique Prost. Il y a quelques personnes dans un bureau et c'était normal. Et quand il a son accident la voiture se retourne. Il n'est pas accidenté dans la voiture, il est retourné. Et je m'arrête bien sûr. Je ne comprenais pas : je vois juste des traces sur la piste, et un morceau d'aileron (il avait perdu son aileron arrière). Je cours vers lui, et je n'arrive pas à lui enlever la ceinture de sécurité avec le poids : je n'arrive pas, et là la voiture commence à se consumer, je ne peux pas rester tellement il fait chaud, tellement il y a de la fumée. Malheureusement il décède à cause de ça. Et c'est à partir de ce jour-là, en 1986 qu'on a commencé à avoir la sécurité sur les circuits en essais privés. » Voilà le genre de choses qui ne donnent pas envie à Philippe, alors âgé de 23 ans, de piloter « Pour moi, avouera ce dernier, ce fut trop compliqué parce que la famille ne voulait pas subir d'autres malheurs », et on le comprend. Ainsi son esprit est conforté dans le choix familial dont Mauro est à l'origine, de s'écarter du monde du pilotage, sans toutefois s'écarter du monde du circuit – au contraire il va mettre les deux pieds dedans, en dirigeant d'abord un petit circuit de karting tout près de La Siesta à Cagnes-sur-Mer – là même où Alain Prost entama sa carrière –, puis un autre près de Gap et enfin le célèbre circuit de Brignoles, où Charles a commencé, où Angelina Jolie et Brad Pitt sont déjà venus, et bien d'autres stars du monde du show-business ou de la Formule 1 !

On le comprend, le sport automobile est risqué. Pour autant, Hervé ne ressent pas la même crainte que son ami Philippe, il veut à tout prix percer. Durant ses jeunes années, son rêve est de vivre dans un camion, comme le rapporte très agréablement et avec chaleur l'auteur monégasque Sylvie Bourgeois sur son blog : « J'ai rencontré Hervé Leclerc au Cap-d'Ail lorsque j'avais 18 ans. Son beau-père Charles Manni était l'ami d'enfance de ma maman. Hervé voulait vivre dans un immense camion rouge comme ceux dans lesquels l'écurie Ferrari transportait ses F1 au Grand Prix de Monaco où nous avions la chance, grâce à Zizi, le directeur de l'Automobile Club de la Principauté, d'avoir des pass pour aller dans les stands. J'adorais m'y promener avec mon short en daim et mes bottes plates assorties, en daim également, puis pendant la course, m'asseoir dans un coin où je ne gênais personne et admirer la rapidité avec laquelle les mécaniciens, tous en combinaison assortie, changeaient en quelques secondes les pneus des voitures et la vitesse avec laquelle les pilotes repartaient sur le circuit. [...] J'embêtais souvent Hervé en lui répétant que son rêve de vivre dans un camion devait certainement venir de sa peur que la possession d'une maison lui tue son imagination comme si, en n'ayant rien, il aurait toujours le désir de créer la maison idéale, quoi qu'il en soit, son rêve de camion rouge, c'est son copain Serge qui l'a réalisé, il a acheté une camionnette J7 beige dans laquelle il a installé très sommairement un lit et un bureau. Moi, je sautais souvent dans leur camion-maison-bureau et j'allais voir Hervé Leclerc qui me parlait de sa passion pour les voitures et de son rêve d'être pilote de F1. Il vivait chez sa grand-mère, une dame excessivement élégante qui l'aidait financièrement dans son désir de futur champion. J'ai revu Hervé, un an plus tard, lorsque je suis allée vivre au Cap-d'Ail. Je voulais gagner ma vie, être indépendante, je travaillais comme hôtesse à Monaco et prenais des cours du soir pour apprendre à dessiner des habits. Entre-temps, Hervé Leclerc avait beaucoup tourné en F3, il était très rapide. Le manager du circuit de La Châtre croyait en lui et voulait le pousser à réussir, mais un autre coureur, qui avait une plus grosse expérience que lui en karting, devint leur coureur officiel. »

Cela s'est passé dans le cadre du « Volant Avia La Châtre F3 », en 1982. En sport automobile, on appelle « Volant[1] » une compétition permettant au vainqueur de remporter une saison tous frais payés, c'est une sorte de tremplin. Le genre de compétition qui a lancé nombre de grands pilotes, comme Alain Prost ou Olivier Panis. Alors, être finaliste est un moment terriblement stressant tant l'enjeu peut être grand. Comme le rapporte un article d'*Auto Hebdo*, Hervé est sans doute le pilote le plus prometteur de ce Volant, il est le plus rapide sur un tour. Mais cette année-là, un concurrent détruit la voiture de la finale. Une nouvelle série de tours sur une voiture plus ancienne permet en effet à un Suisse du nom de Koch de l'emporter, laissant Hervé dans un désespoir immense.

1. Voir le livre *Formule 4* de Rémi Boudoul aux éditions Delahaye (coll. « Signe de piste »), qui raconte l'histoire d'amitié de deux jeunes pilotes qui participent à un Volant et nous immerge dans leurs émotions et leurs ressenti.

« Hervé fut terriblement déçu. Il continuait les entraînements et les courses, mais sa souffrance de ne pas avoir été choisi se transforma en obsession. Il s'installa chez sa maman, Monique, une très belle femme, qui avait refait sa vie près de Monaco avec Charles Manni. Charles était pauvre, enfant, peut-être le seul pauvre de Monaco. Il avait fait fortune en fournissant des pièces mécaniques à l'industrie automobile et avait construit son usine à Fontvieille, un quartier de la Principauté situé sous le zoo où un éléphant pleurait nuit et jour, et à deux pas du vieux port où mes parents et Charles avaient leurs voiliers. »

Charles Manni, le beau-père d'Hervé, a en effet créé Mecaplast, une entreprise qui se revendique aujourd'hui comme « l'un des leaders européens de l'équipement automobile » dans le domaine des injections plastiques, avec un chiffre d'affaires de plus d'un milliard d'euros. Thierry Manni, le fils de Charles Manni, « oncle » de Charles et très proche de la famille, en est le président. Hervé verra cette entreprise grandir, et dans le même temps il dispute en 1983 sa première course de F3 en Italie, au volant d'une Anson de l'écurie Avia-La Châtre. Gagner le Volant l'aurait sans doute mieux aidé, car le sport automobile coûte cher… Très cher, surtout à ce niveau. Il doit attendre 1986 pour disputer une saison complète. Puis il se classe huitième à Monaco, derrière un certain Damon Hill, pour sa seule course en 1988. On le comprend, même s'il ne gagne pas, sa connaissance des difficultés de ce sport et son réseau de relations – notamment avec la famille Bianchi – vont s'avérer cruciaux pour la carrière de Charles, carrière qui est déjà en train de se construire à ce moment alors qu'il n'est pas encore né !

« Un matin, Hervé vint me voir au Cap-d'Ail, m'offrit un chien, un Braque de Weimar, magnifique. Tous les jours, nous marchions au bord de la mer. J'écoutais son obsession, sa déception, sa frustration. Puis ce fut le mois de mai, le Grand Prix de Monaco arriva. La maison de Cap-d'Ail se remplit de jeunes pilotes de Formule 3 qui s'entraînaient à La Châtre avec mon frère Hervé (un autre Hervé), passionné également d'automobiles, qui, la nuit, au volant de la Talbot Sunbeam GTi noire de ma mère qui aurait préféré une voiture moins sportive, m'apprenait les trajectoires dans les chicanes du circuit et les talons-pointes[1], me tapant dans l'épaule que je ne devais pas conduire comme une fille, alors que mon statut de fille lui convenait très bien quand je nourrissais, chaque soir, ses copains affamés en leur cuisinant des immenses quiches et pissaladières, et aussi des gâteaux au chocolat que je ne faisais pas beaucoup cuire afin qu'ils soient coulants au centre.

C'est ainsi qu'entre les camions rouges Ferrari qui faisaient rêver Hervé, la camionnette J7 beige de Serge qui ne ressemblait en rien à ceux de la Scuderia, néanmoins Serge, en bon Italien, arrivait à mettre suffisamment d'étoiles dans ses yeux pour arriver à embrasser des filles dedans, les jeunes pilotes de F3, les espoirs déçus d'Hervé Leclerc, l'usine de pièces automobiles de Charles Manni […], les dizaines de pâtes à tarte que je faisais suivant la recette de ma grand-mère, farine, levure de boulanger, eau et huile d'olive, mon chien qui me protégeait de ces nombreux mâles envahissants, toutes ces histoires de voitures, qui tournaient en rond, m'ont fatiguée.

Il était drôle, gentil. […] Je ne voulais pas tourner en rond avec sa frustration de comprendre qu'il ne serait jamais champion. J'ai quitté Hervé sur un rocher au bord de l'eau. Il a pleuré dans la mer. Une dizaine d'années plus tard, Hervé

1. Talon-pointe : technique qui consistait, dans le temps, au freinage, à synchroniser le régime du moteur avec celui de la boîte de vitesse – et éviter ainsi des blocages de roues. Vous pouvez essayer de le faire avec votre propre voiture : concrètement vous devez appuyer sur l'embrayage du pied gauche, en même temps que vous freinez du pied droit et accélérez du talon. Vous appuyez donc sur les trois pédales en même temps !

Leclerc s'est marié et a projeté son amour des voitures, sa volonté, son talent, ses désirs de F1, son humour, sa bonne humeur et sa gentillesse sur ses fils qu'il a initiés très tôt au karting. Le fantôme de la victoire de l'ancien coureur de karting (le Suisse), qui lui a coûté son destin de champion, y était certainement pour quelque chose. »

Des années plus tard, Hervé se marie avec Pascale Leclerc. Une femme qui aime rêver, douce, romantique, discrète, qui a une sensibilité artistique certaine et le goût de la poésie, en témoigne un de ses posts sur les réseaux : « Je vous souhaite des rêves [...] et l'envie [...] d'en réaliser quelques-uns. Je vous souhaite d'aimer ce qu'il faut aimer et d'oublier ce qu'il faut oublier. Je vous souhaite des passions, je vous souhaite des silences. Je vous souhaite des chants d'oiseaux au réveil et des rires d'enfants [...]. Je vous souhaite de résister à l'enlisement, à l'indifférence et aux vertus négatives de notre époque. Je vous souhaite enfin de ne jamais renoncer à la recherche, à l'aventure, à la vie, à l'amour, car la vie est une magnifique aventure et nul de raisonnable ne doit y renoncer sans livrer une rude bataille. Je vous souhaite surtout d'être vous, fier de l'être et heureux, car le bonheur est notre destin véritable. »

Si le destin véritable d'Hervé Leclerc n'est pas celui de pilote de course, il est déjà la personne drôle et sensible qu'il sera plus tard dans les paddocks, une personne sociable qui apprécie aussi de fréquenter les gens qui ont ce goût pour l'esthétique et les bonnes choses de la vie. Vivre dans un camion, n'est-ce pas une vie d'artiste ? En dehors de la course, Hervé aime rire, bien vivre et faire la fête. Il aime aussi barrer et naviguer sur la Méditerranée, manœuvrer des voiles face au vaste horizon. Un plaisir de la navigation qu'il transmettra à ses fils. Charles Perceval Leclerc naît le 16 octobre 1997, neuf ans après son demi-frère Lorenzo Tolotta Leclerc – le premier fils de Pascale naît quant à lui en 1988. Viendra ensuite Arthur, le

14 octobre 2000. À 3 ans et demi, Charles découvre quelque chose de moins calme que le voilier et dont le rythme n'est pas le même que celui des vagues qui peuvent bercer : le bruit impressionnant des Formule 1, leur odeur, du haut d'un balcon d'où on voit le circuit dans la montée vers le Casino, juste après Sainte-Dévote. Hervé s'est lié d'amitié avec Olivier Berreta, un autre pilote monégasque qui a roulé en F3 en 1989 puis en Formule 1, et qui possède un balcon au premier étage d'un immeuble avec vue sur le circuit ! Il n'hésite pas d'ailleurs, lors des Grand Prix, à y faire pendre des drapeaux pour encourager Charles.

Ainsi, sans encore trop comprendre ce qui lui arrive et sans avoir encore percé tous les mystères de la vie, Charles se retrouve sur une terrasse, à quatre pattes en train de jouer avec des petites voitures, dans un environnement qui fait un bruit démentiel. Mettre un casque, fermer la visière, et se retrouver dans un autre univers en train de piloter sur une piste, qu'est-ce que cela peut bien faire ? « Je me souviens, raconte Charles, d'être chez un ami, j'avais peut-être 3-4 ans. Son immeuble était situé après le premier virage du circuit de Monaco. Je jouais aux petites voitures avec mon meilleur ami (l'un de ses amis est Riccardo, le fils d'Olivier Beretta). On devait avoir 3 ans, c'était en 2000. Nous étions sur le balcon mais nous n'avons pas dû suivre grand-chose. On regardait les F1 passer tout en jouant aux petites voitures sur la terrasse ! Je me rappelle que nous nous imaginions tous les deux au volant des bolides qui évoluaient sur la piste. Je ne me souviens que de la voiture rouge, qui était ma favorite. C'était la Ferrari de Schumacher. »

Il est vrai que Charles est bercé par les exploits de Michael Schumacher et de Jean Todt, qui vont commencer à tout gagner ensemble à partir des années 2000. Charles aura même l'honneur de rencontrer le champion en personne quelques années plus tard, un moment qui restera à jamais gravé dans sa mémoire : « Alors que j'étais en test à l'époque du karting, Michael effectuait des essais sur le circuit F1. C'était vraiment un moment très spécial. Je me souviens quand nous sommes entrés dans le paddock et avons eu la chance de le voir pour de vrai, c'était très excitant. Heureusement, il n'y avait personne du tout, il a pris le temps de nous parler. Il a signé nos combinaisons, discuté un peu avec nous avant de retourner dans son stand. C'était vraiment très gentil, j'ai été très impressionné. J'ai regardé sa combinaison rouge, je l'ai regardé comme un enfant normal. Je ne me souviens pas exactement de quoi nous avons parlé, parce que la seule chose dont je me souvienne, c'est que j'ai vu sa combinaison toute rouge. Je l'ai beaucoup suivi et comme tous les autres enfants pilotes, c'est Michael qu'on suivait le plus. Je n'ai jamais pensé que je piloterais dans l'équipe pour laquelle il pilotait. »

Un pilote qui inspirera beaucoup Charles, lui qui grandira en rêvant aussi des prouesses d'Ayrton Senna : « Et puis, mon père était un grand fan d'Ayrton Senna, donc j'ai été bercé par ses exploits, même si je ne l'ai pas vu courir. Il m'a donné pas mal de livres, j'ai vu des documentaires et le film Senna. C'était un mythe de la F1 dont il est difficile de ne pas s'inspirer. C'est un exemple pour moi. » Comme nous allons le voir, Charles s'est enfin beaucoup inspiré de Jules Bianchi, son modèle, son parrain et futur grand ami – ils vont avoir un parcours vraiment similaire avec huit ans d'écart, Jules étant né en 1989. « Je pense que nos pères ont toujours plaisanté sur le fait que nous avions eu une carrière très similaire. Et étrangement également, quand Jules courait et que je courais, s'il faisait une très mauvaise course lors d'un week-end, ce même week-end j'allais en faire une également. Ils s'amusaient toujours sur ça et je pense que nos carrières sont évidemment assez similaires. » Jules est presque du même âge que Lorenzo, et pendant que Charles joue aux petites voitures avec Riccardo, lui et Lorenzo tissent une amitié qui deviendra forte, puisqu'ils deviendront meilleurs amis. Avant cela, vers 3 ans et demi, Jules commence son apprentissage du sport automobile : sur un petit quatre-roues motorisé, un karting. « J'avoue, raconte Mauro, le grand-père de Jules, avoir eu un peu peur lorsque je vis Philippe courir derrière le kart – beaucoup trop grand pour Jules, qui avec toute une série de coussins derrière le dos arrivait tout juste à toucher les pédales – et retenait par sécurité le kart avec une corde en criant : “Freine Jules, non pas cette pédale, tourne le volant, etc.”. » Huit ans plus tard, en 2000, alors âgé de 3 ans et demi comme Jules à l'époque, Charles va vivre la même expérience : il n'a pas envie d'aller à l'école. Son père propose alors de l'emmener sur un circuit... à Brignoles dans le Var, le circuit que dirige à l'époque son ami Philippe Bianchi. Le monde est petit...

« Un jour, j'étais malade, raconte Charles avec amusement – en fait, je faisais semblant d'être malade pour ne pas aller à l'école (rires). Mon père devait aller voir son meilleur ami, Philippe Bianchi, le père de Jules. Je me suis fait porter pâle et comme ma mère travaillait, mon père m'a emmené avec lui à Brignoles, car il ne pouvait pas me laisser seul à la maison. C'est sur cette piste que j'ai fait ce jour-là mes premiers tours de karting, à 3 ans et demi. »

En effet, arrivé sur place, tout à coup Charles n'est plus malade et pète le feu ! Philippe Bianchi fait exactement la même chose que pour Jules huit ans avant : il attache un kart à un autre avec une corde, puis lui et Hervé briefent Charles avec quelques consignes... Philippe a prévu de rouler avec le petit Charles, tout blond à l'époque tel Anakin de la saga Star Wars. Pas pour tester son taux de « midi-chlorien » ou voir s'il sait piloter un module comme dans le film, mais simplement pour s'assurer qu'il est capable de tourner le volant et de freiner. Pas le temps de poser trop de questions : il faut monter dans le kart avec au fond de soi de l'excitation mais aussi des incertitudes, des appréhensions, grisé d'être livré à soi-même. Tout de suite, Charles se sent dans son élément. « J'ai aimé immédiatement », se souvient-il avec le bonheur d'avoir eu cette chance de rouler si jeune dans un karting. Il tourne le volant d'un côté et d'un autre, commence à apprivoiser les sensations de la piste en prenant conscience de la rigidité du châssis, de la difficulté de tourner avec une direction qui semble dure, d'appuyer sur les pédales, mais qu'est-ce que c'est bon ! Il fait de son mieux pour montrer qu'il peut freiner et tourner le volant seul : « J'étais sur un kart accroché avec une corde à celui de Philippe pour savoir si j'étais capable de tourner et de freiner. Après le premier tour, on a coupé la corde et j'ai continué tout seul. » Quelles sensations extraordinaires !

« Ne pas déraper, ne pas déraper… » faut-il se répéter sans cesse fiévreusement, accroché au volant : grâce à son père, Charles sait qu'il ne faut pas déraper pour aller vite. Petit à petit il affine sa manière de freiner. Au début on peut vite envoyer des coups de patin, mais une fois qu'on a compris quelle force appliquer aux pédales, il faut doser, faire en sorte que l'adhérence ne soit plus un mystère. Ce n'est pas inné de manipuler un poids plat et carré dont on ne connaît pas les limites… Quand braquer, quand accélérer, où se placer ? S'il avait pu parcourir l'équivalent du tour de la terre, puis les 300 000 km qui nous séparent de la lune, Charles l'aurait fait ! « J'ai roulé jusqu'à ce qu'il n'y ait plus d'essence ! » avoue-t-il. Que le temps passe vite, dans un karting ! Et en Formule 1 ça s'accélère encore, pas besoin de demander à Einstein ou de faire de théories sur la relativité ! « Finalement quand on a fini la course on a l'impression d'avoir fait une course de dix minutes ! » nous apprend Charles qui aimerait bien, s'il le pouvait, aller à la vitesse de la lumière ou franchir le mur du son !

Au lieu de se retrouver sur la lune, le voilà au club-house du circuit avec Philippe et Hervé, les bras et le cou qui lui tirent et la sensation d'avoir les paumes des mains qui brûlent ! Il repense à l'agréable impression de vitesse, aux trajectoires, à l'adhérence. On pourrait s'attendre en karting à être plaqué contre le volant aux freinages, comme quand on pile en voiture, la ceinture nous retient. Rien de cela n'est arrivé, lorsqu'il freinait fort, le kart glissait.

Voilà, le petit « Charlot » est né – le surnom donné par ses proches, ou encore « Pin's à roulettes » comme son père aimait l'appeler... Mais il est temps de rentrer... « Sur le chemin du retour, j'ai dit à mon père que c'était ça que je voulais faire quand je serais grand. Je serai pilote de Formule 1 ! » On s'en doute, après une telle expérience, le petit Charles ne tarde pas à revenir sur les circuits pour continuer de rouler et rouler ! « Pendant un an, j'ai roulé en entraînement avec un kart prêté par Philippe. » À partir de ce moment, on peut imaginer qu'il ne regarde plus les Grand Prix de Formule 1 de la même manière. « On regardait tous les Grand Prix à la télévision, même le matin très tôt, se remémore Arthur, le petit frère de Charles, pour *Monaco Tribune*. Mon père était fou d'Ayrton Senna. On regardait aussi tous les films sur lui. Je pense qu'il vivait sa passion à travers Charles et moi. » Charles confirme : « Moi, j'ai grandi en regardant les voitures rouges à la télévision. Le rêve ultime, c'était de me glisser un jour dans l'une d'elles. À égalité avec celui d'être un jour champion du monde. »

Lorenzo lui aussi a été initié très tôt au karting, catégorie connue pour être la véritable pépinière de pilotes de Formule 1. On peut imaginer que tous les dimanches, jours de Grand Prix, la famille a les yeux rivés sur l'écran de leur télé. En pyjamas ou déjà habillés, pieds nus ou en baskets, il y a Hervé, Lorenzo, Charles, Arthur. Les caméras embarquées donnent presque autant d'adrénaline que si l'on était soi-même dans la voiture ! À n'en pas douter, le cerveau de Charles enregistre les mouvements des pilotes comme un véritable microprocesseur. Une voix dont il n'a pas conscience lui dit : « C'est important ; il faudra les reproduire un jour sous le casque. » La manière de tourner le volant dépend du style du pilote : certains transmettent de l'agressivité, d'autres une sorte de sérénité. Il faut que le pilotage soit fluide, précis. Les partiels, le jeu des ravitaillements, tout cela est compliqué pour un enfant… À chaque dépassement, se cramponne-t-il au siège comme s'il vivait de l'intérieur ce que ressentent les pilotes ? Quel sang-froid semblent avoir les coureurs ! Piloter paraît tellement plus excitant qu'aller à l'école !

Mais la vie d'un pilote, c'est quoi ? pourront alors se demander des milliers de personnes, fans ou pas de Formule 1. Passer son enfance à barouder sur les circuits, souvent au prix de sacrifices immenses et avec l'impossibilité d'avoir une vie normale, n'être que rarement disponible pour l'anniversaire ou les fêtes de ses amis, lorsqu'on est pris dans un week-end de course avec une seule idée en tête : la persévérance, y arriver, un jour. Gagner. La plupart du temps, cela signifie même devoir quitter sa famille pour aller vivre dans un pays plus propice à la détection des talents – Charles ira en Italie. C'est souffrir, faire des efforts, des sacrifices. Bien souvent, il s'agit d'apprendre des langues étrangères pour pouvoir communiquer avec les différentes personnalités qui peuplent un paddock de Grand Prix, ingénieurs, directeurs d'écurie, sponsors, mécènes, et différents talents qui viennent du monde entier – Charles au fil de sa carrière a appris l'anglais et l'italien, il a dû travailler dur et se faire une place dans ce monde parfois hostile, peuplé d'égos surdimensionnés, où il est difficile de se faire des amis : « Dans le karting, enfin, dans le sport automobile, je pense que c'est toujours très difficile de se faire de très bons amis, mais j'ai des copains, puisque je m'entends bien avec tout le monde », a dit Charles un jour avec maturité, dans une interview, alors qu'il évoluait encore en karting.

Beaucoup d'enfants, d'adolescents tentent leur chance et participent à des courses, à des compétitions, avec plus ou moins de succès. Pour la plupart, le parcours s'arrête avant qu'ils ne puissent avoir la chance d'accéder au Graal, à l'ultime palier qui permet de faire de sa vie un rêve, au sommet de la pyramide : le Championnat du monde de Formule 1 – le rêve de Charles depuis tout petit. Et puis il y a des êtres à part : ces quelques-uns qui réussissent, qui se comptent chaque année sur les doigts d'une main. Peut-être est-ce Dieu qui choisit ses élus, ceux qui ont, comme le disait Ayrton Senna, le « droit » de gagner ? Chaque chemin est fait de coïncidences, d'événements, de rencontres et d'opportunités, qui alimentent et éclairent notre foi, ou au contraire la consument. Ce sont les sacrifices des parents aussi, qui doivent conduire leurs petits prodiges sur les circuits, souvent très loin, et qui bien souvent ne comptent pas leurs heures pour coacher ou chercher des financements. Et finalement, tout cela pour quoi ? Tout compétiteur digne de ce nom répondra sans doute : « La victoire, la plus belle chose qui puisse exister sur terre ! »

Ce n'est pas une question d'orgueil, sinon on pourrait gagner dans un autre sport. C'est bien l'amour de ce sport, le plaisir de piloter, et l'âme du sport automobile qui ont toujours animé Charles, en le faisant vibrer, le poussant toujours à donner le meilleur de lui-même tout en tentant de suivre les traces de ses idoles, Ayrton Senna et Jules Bianchi.

Bien sûr, à cet âge où il regarde passer les voitures du haut d'un balcon, un gouffre le sépare du rêve qu'il a de devenir pilote de Formule 1, et qui le pénètre lorsqu'il regarde les Grand Prix à la télé. Pour cela, il faut s'entraîner, se préparer… Ce monde dur et impitoyable qu'est celui du karting, la manière dont Charles a pu y évoluer et s'y distinguer à ses débuts, nous allons le raconter… Mais avant, retournons dans le futur, à Bahreïn ! Et n'oublions pas que : « C'est pour ça que je fais de la course, parce que j'aime ça plus que tout. » Paroles de Charles.

3

31 mars 2019, Bahreïn, Circuit international de Sakhir

« And we need multifunction TURBO 6. »

Ferrari SF90

— *Yes but, I can't. Oh my God... I will try.* Oui mais, je ne peux pas. Oh mon Dieu… Je vais essayer.

Voilà où nous en étions du récit de cette course de Bahreïn 2019… Depuis la Formule 2, Charles a bossé comme un dingue pour se préparer à ce genre d'événements. « Entre une Formule 2 et une Formule 1, a-t-il expliqué dans une interview, le pilotage n'est évidemment pas le même. Pour moi, la plus grosse différence concerne tout ce qu'il y a sur le volant. Ce sont des éléments qui aident à la performance au tour lors des qualifications ou même pendant la course. Avec l'expérience, ça s'apprend. Mais sans cette expérience, difficile d'être tout de suite à l'aise avec toutes ces procédures et tous ces boutons sur le volant. » Malgré tout le travail qu'il a fait pour comprendre son volant, malgré tous ses efforts pour maintenir un rythme soutenu, Hamilton double Charles, impuissant, qui ne peut opposer la moindre résistance… Cela paraît tellement cruel, et pourtant c'est la dure loi du sport automobile. Il faut l'accepter, y être préparé… comme les marins acceptent le risque qu'une tempête fracasse leur bateau sur des rochers, ou les cosmonautes celui que leur fusée explose au lancement.

— *Keep calm, we need the car home*. Garde ton calme, nous avons besoin de la voiture à la maison, dit Jock Clear, comme si Charles était membre d'Apollo 13, chargé de ramener la fusée en perdition sans encombre sur terre.

— *Yes I will try, I'm keeping calm.* Oui je vais essayer, je garde mon calme, accepte Charles d'une voix maintenant effectivement calme et presque résignée, où la colère a disparu : il a compris qu'il ne gagnerait pas…

Mais que va-t-il se passer ? Va-t-il décrocher malgré tout son premier podium ou ses espoirs vont-ils être réduits à néant ? C'est un suspens intenable pour toutes les personnes qui ont regardé la course ce jour-là : va-t-il tenir, ou craquer… ?

— *How many laps to go?* Il reste combine de tours ?

— *Eight laps to go. Target lap time : 38.0.* Huit tours restants. Objectif : 38.0, dit Jock pour dire que le rythme de Charles doit être d'1 minute et 38 secondes au tour pour le podium.

— *I can't.* Je ne peux pas, interrompt Charles, puis il répète encore trois fois : *I can't, I can't, I can't. Believe it I can't.* Croyez-le je ne peux pas. *Because by going so slow we are spending a lot of time in the straight.* Parce qu'en allant si lentement on perd un maximum de temps dans les lignes droites. *So very difficult to fuel save anything now.* Donc très difficile d'économiser quoi que ce soit comme carburant maintenant.

— *Copy, understood. Reçu. SOC 7. SOC 7. Pace you are doing now should be OK for P3.* Le rythme que tu es en train de tenir devrait être OK pour la troisième place. *And we need Driver Default BRAVO 57, BRAVO 57. Et nous avons besoin du pilote par défaut BRAVO 57.*

— *Are we OK with the fuel?* Est-ce qu'on est bon avec l'essence ?

— *We are not at the moment. Not OK with fuel.* Nous ne le sommes pas pour le moment.

— *What should I do?* Que dois-je faire ?

— *Big lift off, big lift off end of the straights.* De gros lâchers d'accélérateurs en fin de lignes droites.

— *How far is the fourth place?* À combien sommes-nous de la quatrième place ?

— *Fourth place 38 seconds.* Quatrième place à 38 secondes.

— *And third? To finish third?* Et la troisième ? Pour finir troisième ?

— *11 seconds, but we need to think about the fuel. And check the fuel numbers on the dash.* 11 secondes, mais nous devons penser à l'essence. Pense à l'essence. Et checkes les nombres du carburant sur le tableau de bord. *Press OIL Button, Press OIL Button.* Appuie sur le bouton d'huile. *What you are doing with the fuel is good. Bottas behind 1.4 seconds.* Ce que tu es en train de faire avec l'essence est bien. Bottas est à 1,4 seconde derrière. *And four laps to go. Four laps to go.* Et quatre tours encore. *Next car behind is Verstappen, 6.5 seconds.* La prochaine voiture Vesrtappen est à 6,5 secondes derrière.

Avec Max Verstappen à seulement 6,5 secondes, et vu le rythme de Charles, personne ne le voit en mesure de sauver le podium… On aurait envie de le pousser, qu'un ange mette du carburant dans son réservoir, il ne peut pas faire rouler plus vite sa voiture… C'est sans doute à une triste quatrième place qu'il est voué à finir ce Grand Prix, si tant est qu'il arrive à suffisamment économiser son essence... Il y a eu Mansell en 1984 dans la fournaise de Dallas, qui tomba en panne à quatre-vingts mètres de l'arrivée. Tel un acharné, il descendit de voiture pour tenter de la pousser lui-même à pied, jusqu'à la ligne... Il tomba sur le côté de sa voiture d'épuisement puis roula au sol, évanoui, tant l'effort fut intense malgré l'adrénaline qui le galvanisait... « La lumière s'est éteinte et je me suis réveillé à l'hôpital, sous perfusion dans un lit réfrigéré. » À l'époque, les ingénieurs ne pouvaient pas voir en direct les données du carburant, comme c'est le cas maintenant. Évidemment, personne chez Ferrari ne souhaite le même sort, tout le monde est anxieux, se voyant perdre un podium si mérité pour Charles qui, sous leurs yeux, se fait maintenant doubler par Bottas dans la ligne droite sans rien pouvoir faire... Il se retrouve troisième, les mécaniciens sont dépités... Mais c'est oublier, encore une fois, le pouvoir des dieux des sports mécaniques : à trois tours de l'arrivée, Jock annonce :

— *And we have yellow at turn 1 and 2!* Et nous avons un drapeau jaune aux virages 1 et 2 ! *Double yellow now! Stay out. Stay out!* Double drapeau jaune maintenant ! Reste en piste !

Les bruits du circuit, les pilotes ne les entendent pas, ils ne voient que des commissaires agiter des drapeaux sur le bord de la piste. Derrière la visière, ils apparaissent comme de petites créatures des sables qui sortent de leurs cachettes seulement pour prévenir d'un danger. Charles en voit un du coin de l'œil. Et pour cause : coup sur coup, les deux Renault viennent tout juste d'abandonner, l'une est dans des graviers, l'autre sur une voie de dégagement. Cela pourrait nécessiter l'intervention d'une *safety car*... Ce serait miraculeux, car Charles pourrait alors terminer tranquillement la course à la position qui est la sienne, c'est-à-dire troisième… Au cinquante-quatrième tour, le miracle se produit : l'indication « SC » apparaît sur les panneaux qui bordent le circuit, signifiant que la *safety car* est déployée… ! Charles ralentit pour économiser du carburant, et entend clairement, maintenant que les vrombissements du moteurs se sont tus, son souffle et sa respiration.

— *How many laps left?* Combien de tours encore ? demande-t-il.

Three laps including this. Stay… Trois tours avec celui-ci. Reste…

Charles interrompt la conversation :

— *So two left after this one?* Donc deux tours après celui-là ?

— *Stay mode RACE.* Reste en mode COURSE.

— *Is after this the last lap?* Est-ce qu'après celui-là, c'est le dernier tour ?

— *That is correct.* C'est ça.

— *We need finish under the safety car?* Nous devons finir derrière la *safety car* ?

Charles est derrière Bottas, en train de regarder les feux orange clignotants sur le toit de la *safety car* pour voir s'ils ne vont pas s'éteindre. Une dernière inquiétude : que la *safety car* rentre avant la fin du Grand Prix et qu'il ne puisse sauver sa troisième place…

— *Race will finish behind the safety car.* And that is the last lap. La course va finir derrière la *safety car.* Et ce tour est le dernier.

On le comprend, ça y est, la course de Charles est sauvée… ! C'est dans un incroyable soulagement de l'âme et des nerfs que chaque membre de l'équipe Ferrari et chaque supporter de Charles se réjouit d'être délivrés de ce moment qui fut des plus angoissants.

— *Fuel then we are OK?* On est bons avec le carburant ?

— *All OK.* Tout est bon.

Voilà, Charles franchit la ligne d'arrivée au ralenti derrière la voiture de sécurité.

— *Oh, yeah*, souffle-t-il dans la radio, vraiment soulagé, alors qu'un feu d'artifice impressionnant éclate tout autour du circuit en plein désert, pour saluer cet exploit de bombes rouges, vertes et violettes !

Obtenir son premier podium en rouge, pour la mythique maison Scuderia Ferrari, ce n'est tout de même pas rien... Ferrari n'est pas seulement une marque, c'est une âme, un cœur, un sang commun fait de passion et de courage, celui de la course qui coule dans les veines de chaque passionné, celui de l'Italie ! Voici le message de Charles à son équipe lors du tour d'honneur :

— *Wow guys I'm sorry.* Wow les gars je suis désolé. *I don't know what to say.* Je ne sais pas quoi dire. *What a shame, what an amazing race we've had.* Quel dommage, quelle course incroyable nous avons eue. *Ma qualche volta è così. Fa anche parte della Formula 1 e del motorsport.* Mais quelquefois ça arrive. Ça fait aussi partie de la Formule 1 et du sport automobile. *Imagino cuanto siete... Si un grandissimo peccato... Anche per me molto difficile però dai ne ritorneremo più forti, sono... Ne sono sicuro.* J'imagine combien vous avez... Oui c'est un tel dommage... C'est pour moi très difficile mais nous reviendrons plus fort, j'en suis sûr. *Grazie mille comunque la machina era molto buono fino al problema. Vi ringrazio e sono sicuro che torneremo più forti.* Merci beaucoup dans tous les cas, la voiture était très bonne avant le problème. Je vous remercie et je suis sûr qu'on reviendra plus fort.

— *We need multifunction TURBO 6, TURBO 6, répond Jock Clear. And you did amazing job.* Nous avons besoin de

Multifonction TURBO 6. Et tu as fait un travail fantastique. *We did what we had to do. And we'll be even stronger.* Nous avons fait ce que nous avions à faire. Et nous reviendrons encore plus forts.

— *Yeah thank you. I'm sure.* Ouais merci. J'en suis sûr.

La course et l'angoisse furent si intenses que Mattia Binotto, le directeur de l'équipe Ferrari, se sent obligé de dire un mot à la radio :

— *Charles bravo comunque. Hai ragione ci rifaremo. Ehm. Ti sei meritato comunque il podio. Sei stato un grande.* Charles bravo dans tous les cas. Tu as raison nous reviendrons… Quoi qu'il en soit tu mérites ce podium. Tu as été super.

— *Grazie mille Mattia, grazie.* Merci beaucoup, merci. *Should I go to the grid?* Dois-je aller sur la grille ? *Oh I can't remember what do I need to do now. Never been in this position. I think they will make me signs, right?* Oh je n'arrive pas à me souvenir de ce que je dois faire maintenant. Je ne me suis jamais retrouvé dans cette position. Je pense qu'ils vont me faire des signes, pas vrai ?

C'est le premier podium de Charles en Formule 1 que nous nous apprêtons à vivre… Le voici si ému sous le casque qu'il a du mal à connecter : il ne se souvient pas de la procédure de rentrée aux stands pour les trois premiers ! Ils vont devoir garer leur voiture chacun devant un panneau dans le parc fermé, comme dans l'ordre du podium. Ils vont s'extraire de leurs voitures. Et derrière les grilles qui entoureront les voitures, il y aura tous les mécaniciens et les membres des deux équipes sur le podium – Mercedes et Ferrari. Le cœur en joie, ils vont acclamer et prendre dans leurs bras, s'ils le peuvent, comme s'ils étaient des héros, ces personnes uniques qui représentent tous les membres de l'équipe : les pilotes… !

À la radio, Lewis – quatre fois champion du monde – n'en revient pas d'avoir gagné et salue la course fantastique de Charles, visiblement impressionné :

— *Oh guys it was such a great race!* Oh les gars c'était une telle course ! *That was extremely fortunate. But Charles he did such a great race.* C'était très chanceux. Mais Charles a fait une si belle course. *We've got work to do, to try keep this guys in our tails.* Nous avons du pain sur la planche, pour essayer de maintenir ces gars dans nos ailerons arrière !

« Super Championnat. Super conduite avec la machine que tu avais. Absolument terrible… Charles avait cette victoire en poche depuis le deuxième tour. » Voici ce qu'a posté, avec émotion, un fan sur la page Twitter de Charles. Hamilton lui-même sur un tweet confirmera cette idée que Charles pourrait être dévasté, mais qu'il ne doit pas l'être : « *It was a really, really hard race today. Charles did such a great job so it must be devastating for him. #BahrainGP.* »

Même Sebastian Vettel, cinquième à l'arrivée, est désolé pour Charles. Il lance à la radio :

— Je ne suis pas sûr de ce que j'ai vu à la télé mais je suis vraiment désolé pour Charles… Il a fait une excellente course, très solide, et aurait dû la gagner.

Voilà, Charles se gare en parc fermé, sort de sa voiture, salue ses mécaniciens dépités en leur disant d'une voix claire, en face d'eux :

— Je ne vais pas oublier ce week-end. Il restera inoubliable. Déjà, cette première pole grâce à votre travail incroyable. Vous m'avez donné une super voiture durant tout le week-end et vous pouvez être fiers. Nous étions extrêmement solides. C'est terrible de ne pas finir où nous méritions de finir, mais nous devons nous montrer heureux de tout ce que nous avons réussi. Nous allons trouver le problème, le traiter et revenir plus forts.

« La scène est étonnante, stupéfiante même, écrira Jean-Michel Desnoues pour *Auto Hebdo.* Alors qu'il devrait être effondré, c'est lui qui prodigue les soins. Mais en quoi est-il fait ? D'où lui vient cette force qui lui permet de ranger dans un tiroir la plus cruelle des déconvenues avant de le refermer et d'ouvrir celui de l'espoir ? » C'est vrai que Charles vient de réconforter ses mécaniciens sans s'apercevoir que plein d'autres pilotes n'auraient pas fait cela. Il se pèse, enlève son casque, puis monte dans la salle d'attente avant le podium. Là, il voit Lewis et Valtteri, encore rouges de l'effort qu'ils viennent de fournir. Ils ont encore les marques de la cagoule sur les joues… Lewis lance, spontanément :

— *You drove great this week-end man.* Tu as super bien conduit ce week-end, mec…

— *Yeah…*

Lewis ne semble pas tout à fait d'accord avec ce simple « *Yeah* » de Charles qui, à sa surprise, ne semble pas si dévasté et même plutôt serein. Le Monégasque est modeste, les honneurs, il ne les savoure que du bout des lèvres. Lewis insiste :

— *You really drive fantastic, man, until the problem…* Tu as vraiment conduit de manière fantastique, mec, avant le problème…

— *Yeah...* redit Charles !

Lewis n'en croit pas ses yeux. Il insiste encore :

— *Hey man, you've got a long future ahead of you so...* Hey mec tu as un grand futur devant toi, donc…

— I hope so! *Je l'espère !*

— *No I know it sucks in this moment but you got a long long way to go so...* Non, je sais que ça craint sur le moment mais tu as une longue longue route à faire donc…

— *Thank you so much.* Merci tellement.

Charles est sincère dans ses remerciements, ce que vient de dire Lewis l'a touché. Dans la nuit de Bahreïn, haut sur le podium face à la grande roue illuminée, il écoute le *God Save the Queen* puis le *Deutschlandlied* en se disant que bientôt, peut-être, il pourra entendre l'hymne monégasque… Il débouche sa première bouteille de champagne en Formule 1, fait un large sourire malgré la tristesse de ne pas avoir gagné et ne se prive pas d'arroser copieusement Lewis et Valtteri tandis que *Carmen* de Bizet résonne, comme à chaque podium, même s'il n'y a pas de toréador… ! C'est toujours un moment émouvant pour tout amoureux de sports mécaniques… Charles n'est pas allé dans l'espace, Charles n'a pas marché sur la lune, ni dit « Un petit pas pour l'homme, un grand pas pour l'humanité », mais à sa mesure il vient de réaliser un exploit digne des plus grands ! Comme le dit Jean-Michel Desnoues : « Il est des défaites qui valent bien des victoires. Celle qu'a subie le Monégasque sur le tracé de Sakhir, alors qu'il avait course gagnée, a fait de lui un héros. Si c'est dans l'adversité que se forgent les plus grands destins, Charles Leclerc peut être aujourd'hui certain que le sien s'annonce hors norme. »

En l'espace de deux jours, Charles est devenu le premier Monégasque de l'histoire à décrocher une pole position en Formule 1. Le deuxième à monter sur un podium, le premier étant Louis Chiron qui avait également terminé troisième au Grand Prix de Monaco 1950. Hamilton n'en revient toujours pas d'avoir gagné, se sentant presque coupable d'avoir pris une place que Charles méritait. Il dira après la course : « J'ai passé Charles dans la ligne droite, et j'ai levé ma main vers lui, parce que je ne pouvais pas m'en empêcher. Après tout, moi je n'ai eu aucun problème. Ça fait vraiment étrange, franchement, et vous ne réalisez pas à quel point vous êtes chanceux à ce moment-là. Que pouvais-je faire ? Vous devez quand même-continuer à faire ce que vous faites. C'est toujours bien de voir le verre à moitié plein : malgré son problème, il a décroché la troisième position. Il a marqué de gros points et il a été beaucoup plus rapide que son coéquipier. » Lewis Hamilton souligne ici l'importance, en Formule 1, d'être devant son équipier. Il est vrai que, tel un gladiateur, pour survivre dans ce milieu dur et cruel qu'est celui du sport de haut niveau, il faut être capable d'être un tueur – ainsi que l'a dit Charles –, c'est-à-dire être capable de s'élever le premier. Être devant tous, surtout ses équipiers, est quelque-chose de crucial, ou on a vite des problèmes, la pression, dans le pire des cas on finit par se faire évincer. « Sebastian est un pilote incroyable, a dit Charles après les qualifications, tandis que celui-ci avait la moustache bien basse, et j'ai beaucoup appris. J'apprendrai beaucoup (avec lui) au fil de l'année mais je suis heureux d'être devant lui. Merci aux gars parce que la voiture est incroyable. »

La voiture n'a pas tout fait… Le pilote aussi a été incroyable, sinon, pourquoi le directeur d'une écurie aussi prestigieuse que Mercedes aurait-il, lui aussi, un mot de sympathie pour Charles ? « Je connais beaucoup de pilotes qui ont le lion en eux, comme il l'a, qui auraient réagi d'une manière différente, auraient été en colère, et auraient affiché ça. Et nous n'avons pas vu ça. » On le devine, Toto Wolff a été complètement impressionné autant par le pilotage de Charles que par son attitude… Celle d'un Charles serein sur le podium et qui a trouvé la force de réconforter ses mécaniciens, un Charles qui dira dans une interview, en anglais : « Je pense que sur l'ensemble du week-end il y a beaucoup de positif à prendre. Malheureusement les problèmes nous ont stoppés pour la victoire, mais d'un autre côté, des problèmes arrivent toujours dans une saison […]. Aujourd'hui n'était pas notre jour. C'est triste parce que bien sûr j'étais proche de réaliser un rêve de gosse, mais j'espère que ce jour viendra. Je vais travailler pour ça, et je suis sûr que l'équipe travaille pour ça mais ils doivent être fiers de ce qu'ils ont accompli ce week-end. Quelques fois ça arrive que rien n'aille dans le bon sens. Mais personne ne pouvait rien y faire [...]. Dans la voiture j'ai essayé de mettre la déception de côté, et de me concentrer sur ma course. Nous avons perdu une victoire mais vingt minutes après c'était oublié et je n'y ai plus pensé. Ce qui est plus dur à oublier, c'est quand vous faites une erreur. C'est frustrant mais la Formule 1 ne dépend pas d'une seule personne. Je veux gagner beaucoup et des fois vous devez montrer votre caractère, ce que je ferai quand j'en aurai l'opportunité. Mes valeurs sont que la famille est très importante, bien plus que tout le reste. »

« Non, décidément, Charles Leclerc n'est pas un pilote ordinaire, a écrit Jean-Michel Desnoues. Ni même un homme ordinaire. Ça ne lui a pris que quelques minutes pour surmonter sa détresse et se recaler sur le nouvel objectif de ramener la voiture. Le Monégasque ne s'écoute pas, ne se lamente pas. Quand son esprit est en mode "course", seule l'efficacité compte. Il ne se laisse pas guider par ses émotions, il les maîtrise. Il n'est pas une machine insensible. Il traverse les plus grandes joies et les plus grandes détresses avec la même sérénité. Des épreuves, il en a connu. Elles ont fait de lui ce qu'il est aujourd'hui, ce champion dont on devine qu'il va être d'exception [...] Ce dimanche, c'est à la naissance d'une star que nous avons eu le privilège d'assister, à l'éclosion d'un champion qui sait que le talent ne suffit pas. »

« Je n'étais pas content de moi après Melbourne où j'avais fait pas mal d'erreurs, expliquait encore Charles le soir de la course. Je n'en ai pas fait ici et j'en suis heureux. J'ai toujours un peu tendance à me concentrer sur les aspects négatifs de mes week-ends, car il y a toujours des choses à améliorer. Beaucoup même. Je n'en suis qu'à ma deuxième saison de Grands Prix, et il y a un long chemin devant moi. L'expérience est quelque chose qui ne s'apprend pas, qui se construit course après course. »

L'expérience... Elle s'acquiert avec le travail. « Je n'ai pas d'idole, j'admire le travail, le dévouement et la compétence », disait Ayrton Senna. Charles partage cette philosophie d'aimer les gens pour leur qualité et leur travail. Sa propre mère, Pascale, a d'ailleurs posté un jour sur les réseaux : « Je vous souhaite de respecter les différences des autres, parce que le mérite et la valeur de chacun sont souvent à découvrir. » On le voit, même s'il reste des choses à apprendre et à améliorer, cette course a été une véritable révélation pour Charles comme pour le public qui a réellement découvert ce jour-là de quel bois il était fait... Et finalement, après tant d'émotions, tout le monde reste sur cette question avec l'envie d'en découvrir les secrets : comment Charles fait-il pour être si fort mentalement ? Comment, à son âge, peut-il impressionner le patron de l'une des plus grandes écuries ? Comment peut-il impressionner le journaliste Jean-Michel Desnoues d'*Auto Hebdo*, un homme qui lui aussi en a vu, des pilotes, qui a de la bouteille et du vécu ? Ce sont ces mystères que nous allons, en continuant de remonter le temps, tenter de percer au fil de cette biographie...

4

2005-2013. Les années karting

Enfance, famille et Monaco

« On vous dit d'accélérer aux 25 mètres. Ce n'est pas aux 100 mètres ! »

« Monaco, 28 °C à l'ombre… C'est fou, c'est trop. On est tout seuls au monde. Tout est bleu, tout est beau. Tu fermes un peu les yeux, le soleil est si haut. » Les douces paroles de Jean-François Maurice, et sa voix grave dans la chanson… On peut s'imaginer sur la plage. C'est la douceur de vivre d'un pays chaud, la douceur de l'Italie, tout près à quelques kilomètres. De la bonne humeur peut-être, ou des râleurs de cœur, mais des gens à la fois vivants et discrets, voilà l'esprit qui semble régner sur le Rocher. Charles grandit sur les hauteurs de la ville, dans le quartier de la Condamine, près du jardin exotique. Un jour, ses parents achètent une petite jeep en plastique, une Peg Perego, comme tant d'enfants en ont eu. Ils immortalisent le souvenir dans un jardin ensoleillé avec une belle photo où les deux petits blonds, Charles et Arthur, torse nus et harnachés avec des ceintures comme dans une véritable voiture, sourient. Lorsqu'il est tout petit, Charles passe beaucoup de temps chez sa grand-mère – la femme de Charles Manni – qui a une charmante propriété au milieu d'un parc, avec une piscine. « La maison de ma grand-mère est un lieu plein de souvenirs, rapporte Charles. Je pense que c'est là que j'ai passé le plus de temps quand j'étais vraiment tout petit. » Il retrouve des photos : l'une où il fait ses premiers pas devant un transat, s'accrochant à un piquet comme il le peut. Sur une autre il est avec un bob devant la piscine. Un petit bateau à voiles d'enfant se trouve dedans, de la taille d'un optimiste, dans lequel il a peut-être navigué tel un moussaillon, domptant les vagues de la piscine ! On comprend qu'il ait eu le goût plus tard de naviguer pour être comme un capitaine : la famille Manni possède un magnifique bateau sur lequel Charles aimera passer du temps, notamment avec ses amis : « Ah ! cette sortie en mer dans le bateau de l'oncle de Charles, relate un jour son ami Joris Trouche pour *L'Équipe*, avec un skippeur jusqu'à Saint-Tropez ! Et surtout avec un cuisto, c'était préférable. »

Sur une autre photo, lui et Arthur grimacent comme des fous. « Nous avons toujours été en compétition, spécialement quand nous étions jeunes, rapporte Charles dans une interview à propos de son frère Arthur. Quand nous étions petits, Arthur voulait toujours faire les mêmes choses que moi. ». Il y a aussi quelques souvenirs au palais princier puisque, comme le dira Charles : « Je ne dirais pas que j'en connais les moindres recoins, mais vu que tous les enfants d'ici sont conviés de 3 à 14 ans à l'arbre de Noël, le Rocher est un peu comme une seconde maison. » À l'école élémentaire de Fontvieille, Véronique Caselles, la directrice dont le fils Alex fait maintenant partie de la confrérie des amis – la « bande des huit » –, se souvient de Charles comme d'un enfant sage : « Charles a toujours été un bon garçon. Pas bagarreur. Bien élevé. Pas pénible du tout. Arthur, son frère, était plus turbulent. »

Charles en chaussettes et en combinaison au circuit de Brignoles après un entraînement, Charles dans sa petite Peg Perego, Charles sur les épaules de son père sur un circuit, Charles en vacances à La Clusaz, et Lorenzo la bouche pleine de chocolat en train de manger une Danette, déguisé en Père Noël ou dans l'eau sur un panda gonflable. Voilà des souvenirs d'enfance que la famille immortalise avec d'autres photos. En mai, oranges, citrons et petits abricots sont dans les jardins. Des géraniums sont aux balcons de façades colorées, des lilas dans les rues à l'ombre de palmiers. Des voiliers glissent sur la Méditerranée, toute la journée. Le sable est chaud. Et beaucoup de gens attendent impatiemment le Grand Prix de Monaco, ou participent à son organisation. Mais peu d'élus ont la chance de le vivre à bord d'une voiture de course, comme c'est le cas des pilotes avec leurs casques en couleur. Charles habite à 150 mètres de la ligne droite du circuit où chaque année les Formule 1 rugissent.

Alors qu'il n'a pas encore 4 ans, il a déjà commencé à apprivoiser les sensations d'un kart sous le soleil du circuit de Brignoles tenu par Philippe Bianchi, nous l'avons vu… « C'est vrai que j'ai fait démarrer Jules en kart, témoigne Philippe Bianchi dans une interview. J'ai fait démarrer Charles aussi. Ils ont été élevés ensemble puisque nos enfants étaient élevés ensemble avec la famille Leclerc. Il y a d'énormes traits de caractère qui se ressemblent, il est très gentil Charles, très talentueux, et je pense qu'il a un très bel avenir évidemment. Cette agressivité dans son pilotage où il ne lâche jamais rien, c'est vrai que ce sont des similitudes mais c'est la marque des grands pilotes. Ce n'est pas un milieu très facile, et il est très important de rester humble. Charles a cette qualité et il a les pieds sur terre. » La ressemblance entre les deux pilotes va jusqu'au physique : « Une fois dans une interview, j'ai appelé Charles Leclerc "Jules" par erreur, relate Nathalie Pinkham, journaliste pour *Sky*. Tu rougis et tu t'excuses. Charles m'a répondu : "Pourquoi vous excusez-vous ? C'est le meilleur compliment que je puisse recevoir". » « Jules était quelqu'un de simple, humble, généreux, poursuit Philippe. Quelqu'un de beau physiquement mais aussi beau à l'intérieur, quelqu'un de très attachant. » Tout comme Charles. Thierry Manni, le fils de Charles Manni que Charles appelle « oncle Manni », confirme : « Charles est une bonne personne. Il est bien construit. Il a la chance d'être beau gosse en prime. Il est sociable. Franchement, avec tout ce qui lui tombe dessus depuis quelques années, son salaire de fou, Ferrari, sa vie d'exception, il aurait pu péter un câble. Moi j'aurais craqué. »

L'interview date de 2022… Mais nous sommes dans les années 2000… À cette époque, Jules se lance dans des compétitions avec un moteur venant d'un préparateur local et peu de moyens. Il se heurte à des parents qui viennent avec des camions-ateliers entiers et plusieurs moteurs… Certes son grand-père a une grande expérience en automobile, mais pas en karting. L'argent, le nerf de la guerre, comme on dit dans le milieu des sports mécaniques… Et il a des problèmes de châssis. Cela ne le décourage pas, au contraire il est hypermotivé, tout comme Charles ! Lorenzo aussi est très motivé, lui qui se lie d'une belle amitié avec Jules, mais il s'aperçoit avec réalisme qu'il vaut mieux laisser la place à Charles : « Dans un sens, tout est arrivé un peu par hasard. Hervé et Philippe étaient des amis d'enfance et nous sommes allés les voir un jour où il pleuvait. C'est à ce moment-là qu'on a rencontré la famille Bianchi, dont Jules, qui avait 13 ans à l'époque mais évoluait déjà sur une autre planète », se remémore Lorenzo.

Une planète à laquelle il n'a pas accès, où Jules sera appelé à intégrer les paddocks de F1 en tant que pilote : « Je n'étais pas mauvais, mais Jules me mettait toujours 3 ou 4 dixièmes. Dans les bons jours, j'étais à 2,5. J'ai fait quelques compétitions, j'aimais bien ça. Mais j'ai rapidement compris que je ne ferais pas une carrière de pilote, car il y a une problématique de budget assez conséquente. Ce sport a toujours été très cher et il est assez difficile d'en faire et d'arriver à en vivre. En étant lucide, je voyais qu'il me serait impossible d'aller en F1. J'ai donc arrêté, car le pari familial était de trouver coûte que coûte des solutions pour que Charles réussisse. Car lui, à 11 ans, il sortait déjà du lot, avec des pilotes comme Esteban Ocon et Pierre Gasly. »

Il est vrai que Charles à cette époque, a commencé à tout gagner, il parvenait même à rivaliser avec Jules. C'est ce que rapportera Nicolas Moni, qui fut le mécanicien de Jules, puis de Charles : « Quand on passe après Jules Bianchi, c'est difficile d'idolâtrer quelqu'un. S'il n'y avait pas eu Jules, on aurait dit de Charles "C'est un phénomène !". Ils étaient du même niveau, ils avaient un mental d'enfer. » « Il y avait une légèreté dans sa manière de piloter son kart qu'il n'y avait pas chez les autres », relate Pascale, sa maman. Et elle ajoute : « Charles sur un circuit et Charles à la maison, ce n'est pas le même homme. Avec son papa, il ne parlait que de voiture. Pour Hervé, la course, c'était sa vie. C'était un pro. Il avait ça dans le sang. Charles a eu de la chance. Il a beaucoup reçu de son papa. Avec moi, rien de cela. Charles a été un petit garçon de son âge. »

Si c'est une enfance douce que vit Charles, élevé par l'amour bienveillant de sa mère et de son père, l'éducation est plus dure sur les circuits où la mentalité d'Hervé n'est guère différente de celle de son ami Philippe. Un jour Jules a un petit incident avec un pilote sur le circuit. Lorsqu'il rentre au stand, il se fait apostropher violemment et passer une véritable soufflante. Jules, très émotif et vexé, se retrouve en pleurs. Alors Philippe lui dit : « Arrête de pleurer, cela ne sert à rien ; ces affaires-là doivent se régler sur la piste. Fais-toi respecter, retourne en piste et montre-lui ce que tu as dans le ventre. » Jules sèche ses larmes, reprend la piste, gonflé à bloc. Ce sont les genres de paroles que le père de Lewis Hamilton disait aussi à son fils, lui qui souffrait dans sa jeunesse du regard des autres à cause de sa couleur de peau. Ce sont le genre de paroles qu'on dit aux champions, et Charles est élevé dans cette atmosphère.

Et il le faut, car la génération de Charles n'est pas celle de son père. À l'époque on pouvait débuter tard, comme ce fut le cas de Keke Rosberg qui ne commença sa carrière en Formule 1 qu'à 30 ans. Les pilotes actuels battent tous des records de précocité. Max Verstappen a débarqué en Formule 1 à 17 ans et demi, alors qu'il n'avait pas encore le permis de conduire ! C'est le nouveau baby boum ! « Maintenant les pilotes commencent de plus en plus tôt », constate lui-même Charles dans une interview. À cette époque, lui et son père en sont conscients. Il s'entraîne donc dur et roule très souvent à Brignoles. Il y est fourré tous les mercredis et tous les week-ends, dans l'attente de pouvoir faire ses premières courses. « J'étais sur les pistes presque tous les week-ends dès que j'ai commencé à courir », se souvient-il.

Cela sera en 2005, Charles est alors âgé de 7 ans, l'âge minimum pour débuter en compétition. C'est Jules qui s'occupera de sa mécanique, les week-ends où ce dernier sera libre – lorsqu'il n'a pas lui-même de courses. Un mécanicien de premier choix pour Charles, un modèle ! En effet, depuis les années 2000, Jules a brillamment résolu les problèmes qui étaient les siens face aux parents fortunés – en changeant tout simplement de châssis. « Ça y est papa, je sais pourquoi cela ne marche pas. C'est le châssis du kart de Jules qui est nul ! » s'exclame un jour Philippe à Mauro. Il ne faut pas longtemps à Philippe pour changer de châssis. Depuis, Jules a commencé à se forger un palmarès impressionnant avec un titre de vice-champion d'Europe à Braga en Italie en 2004, pour ne citer que cela. En 2005, il est encore passé au cran supérieur : il roule dans l'élite du karting mondial, avec la crème de la crème : en Formula A chez Maranello, une équipe très reconnue. Cela n'a pas été facile : Nicolas Moni se souvient : « Quand on a commencé avec Jules on est allé voir quelques constructeurs, ils nous ont tous fermé la porte : pas d'argent. Le seul qui nous a donné notre chance, c'était Maranello. Avec Charles, on s'est connu quand Lorenzo a commencé. Notre travail était de les entraîner, les amener aux courses, leur faire faire du sport. On travaillait avec des centres, mais pour Charles c'était vraiment léger car il avait déjà une très bonne condition physique : il faisait beaucoup de jogging, physiquement il était au top. Par contre en piste, ça reste des enfants donc ils ne font que des erreurs. Hervé participait aux debriefings, donnait son avis, il était tout le temps là. Quand Charles gagnait il était content pour lui, quand ça ne marchait pas il le soutenait. »

On peut imaginer l'admiration et la fierté de Charles lorsque Jules, qui vient de passer professionnel pour une grande équipe, pousse le chariot sur lequel repose son kart dans les paddocks de la catégorie minikart… ! « Jules est souvent venu à des courses. Il m'a aussi appris à ne pas laisser les choses me déranger, parce qu'il avait remarqué que c'était le cas. Ma plus grande faiblesse était mon attitude. J'étais très émotif, mais j'ai travaillé très dur là-dessus et maintenant c'est l'un de mes points forts. » Voilà ce que dira Charles bien plus tard.

Sur les circuits français, il rencontre notamment Pierre Gasly, Esteban Ocon, Anthoine Hubert, des pilotes qui iront comme lui jusqu'en Formule 1 ! (Ou Formule 2 pour ce qui est d'Anthoine Hubert.) Ils sont alors quatre minots avec des rêves plein la tête, ils parlent de conquérir le monde ! Quatre mousquetaires qui rêvent tous de F1 ! On peut ajouter Jules pour obtenir le cinquième. « Notre premier duel, se souvient Esteban Ocon, c'était en finale de Coupe de France de minikart, à 6 ou 7 ans. Nous ne nous connaissions pas : j'étais champion du Nord, il était champion du Sud, et au final, tout le monde se rencontre pour la Coupe de France. »

Cette année-là, la Coupe de France se déroule à Magny-Cours, en juin. Les concurrents sont répartis dans des groupes, des poules. Ils s'affrontent d'abord entre poules lors de manches, puis les trente meilleurs se retrouvent classés pour une course dite de préfinale, dont l'ordre d'arrivée détermine l'ordre de départ de l'ultime course, celle de la finale. Charles et Esteban se retrouvent dans deux poules différentes qu'ils gagnent toutes, sauf celle qui les oppose : il y a une grosse bataille : « Nous avons tous deux remporté toutes les manches chacun de son côté, relate Esteban Ocon, et à un moment, il y a eu une manche à laquelle nous participions tous deux, avec une grosse bataille. Je ne me rappelle pas qui l'a gagnée. » Vient ensuite la finale où nos deux protagonistes se retrouvent à ferrailler l'un contre l'autre en tête de la course : « Ensuite, il y a eu la finale, où c'était lui et moi, et Anthoine Hubert un peu derrière. » Là encore, la bataille est rude, cela jusqu'au dernier virage où c'est très chaud : « Au dernier virage, je suis à l'intérieur, il est devant moi et il me percute. À moins que je n'aie freiné trop tard… » C'est alors que le rêve de remporter la Coupe de France de minikart s'envole en même temps que le petit bolide que pilote Charles s'écrase contre un mur de pneus qui borde la piste. « Nous nous sommes touchés, et avons heurté le mur de pneus. J'ai pu repartir et j'ai fini sixième. Et Charles a abandonné. » Hervé n'en croit pas ses yeux... Pas plus que Jules, son mécanicien pour cette course... Un drame chargé d'émotions autant qu'un nuage d'orage est chargé de pluie, quand on n'a que 7 ans, comparable à un cataclysme qui s'abat sur vous... et vécu ainsi par Charles comme par son rival du jour – qu'il croise encore aujourd'hui dans les paddocks de Formule 1 ! Charles pleure. Inconsolable. Le bout de chou peine à contenir le flot de larmes qui inonde ses joues. Jules n'y est pas insensible, il vit intensément les émotions que vit son petit « Charlot », ce sont des liens d'amitié forts qu'ils sont en train de tisser au fil des courses et des moments passés ensemble. « Je me souviens de mon premier Championnat de France, raconte Charles, où il s'est occupé de ma machine. Il s'est souvent occupé de moi quand il en avait le temps. Et quand je galérais ou que je rencontrais un problème, il était toujours là pour m'aiguiller. » « On a passé la fin de la journée à pleurer avec nos parents ! » se souvient quant à lui Esteban avec amusement.

La Formule 1 est encore très loin... Ce jour-là, Anthoine Hubert était le plus fort, un petit Lyonnais lui aussi programmé pour accéder aux plus hautes marches des podiums. Des années plus tard, lorsqu'on a demandé à Esteban s'il avait été en colère, il a répondu : « Oui, c'est clair ! C'est clair que j'avais envie de le tuer (rires). À l'époque, j'étais un gosse, mais je pense qu'il a sûrement ressenti la même chose. Et Jules était son mécanicien pour cette course... Quand on s'accroche alors qu'on se bat pour la victoire au dernier virage du dernier tour, ça vous marque à vie. »

On le voit, les trois se battaient déjà comme des chiffonniers... Heureusement, il y eut des événements à l'issue moins terrible : « Un jour en 2005, raconte Jean-Jacques Gasly, le père de Pierre Gasly, on est descendus dans le Sud sur une course qui s'appelle la course de Menton, une course de bottes de paille organisée par Philippe et Hervé, qui avait lieu sur un parking près de la plage. Lors de cette course où ils ont terminé premier, deuxième, troisième entre Esteban (Ocon), Charles et Pierre (Gasly), le papa de Charles a offert aux gamins des bonbons, des confiseries en chocolat. Mon gamin était heureux comme tout. Il y avait du monde autour de la piste, il faisait beau et il était monté sur le podium. » Les trois furent même invités à monter à bord d'un magnifique cabriolet rétro. Ils firent un tour d'honneur devant la foule et les palmiers de Menton, comme s'ils étaient déjà sur une course prestigieuse comme en Formule 1 ! « Ils ont commencé à être un peu copains et à passer du temps ensemble, poursuit Jean-Jacques Gasly. Moi j'ai sympathisé avec son père et sa mère. Les deux mamans ont sympathisé aussi – toutes les deux ont le même prénom, Pascale –, et à partir de ce moment-là je dirais qu'on ne s'est plus vraiment quittés sur les courses de kart, ce sont de très bons amis. Ils ont suivi à peu près le même parcours que nous, chez les mêmes managers. Hervé était quelqu'un de très drôle, très vive la joie avec qui on rigolait tout le temps, c'était plutôt sympa. »

Quand il évoque un « manager », Jean-Jacques Gasly veut peut-être parler de Ludovic Veve, préparateur moteur reconnu qui a fait rouler Charles en 2008 dans son équipe Ludo Racing, en catégorie Cadets : « Ludo organisait des barbecues, poursuit Jean-Jacques Gasly, on était dans les mêmes hôtels. » « J'ai eu Gasly et Charles en tant que pilotes, explique Ludovic Veve, et ils ont toujours été un cran au-dessus. Charles était au-dessus du lot. Il n'avait que 10 ans et on ne faisait pas de séance d'essais, rien. On posait le kart, on s'occupait de lui mais il a toujours été plus fort que les autres. Il a tout gagné de toute façon. Vous savez, Charles c'est un garçon gentil, poli, travailleur, bref il a toutes les qualités. » L'exploit le plus mémorable qu'ait réalisé Charles à cette époque fut probablement à Soucy, dans l'Yonne, lors de la dernière manche du championnat de France minime en 2008.

Soucy est un tracé vallonné dont l'originalité est une parabolique au sommet d'une butte. Elle propulse les karts dans une descente. Charles n'a pas tardé à le mémoriser, c'est d'ailleurs, comme le rapporte son mécanicien en Minimes Nicolas Moni, l'un de ses points forts : « La différence, c'est qu'il était très travailleur, il avait une bonne condition physique, et il apprenait les pistes super vite. » Si Charles a une bonne condition physique, c'est aussi qu'il vient de faire connaissance avec Andrea Ferrari, son entraîneur qui le suivra jusqu'en en Formule 1 : « Je l'ai connu quand il était jeune, je pense qu'il avait 11 ans », rapporte ce dernier. Ainsi, Charles fait déjà du jogging, du sport, il se sent prêt. « J'étais le genre d'enfant qui changeait de sport toutes les deux semaines ! » reconnaît-il, lui qui saura même marcher sur les mains ou s'essaiera au piano sans pérseverer plus que cela dans un premier temps : « J'avais pris quelques cours quand j'étais enfant, après j'ai abandonné. » Il comprend vite que sa vocation est sur quatre roues, derrière un volant : lorsqu'on lui demande s'il aurait aimé pratiquer d'autres sports ou participer aux Jeux olympiques comme le prince Albert en bobsleigh, il répond : « Pas à la course à pied en tout cas (rires) ! En fait, j'ai rapidement compris qu'il fallait que je me concentre sur le sport auto et que je ne perde pas trop mon temps avec d'autres sports. Maintenant, si j'avais eu le talent de […] participer aux JO, je ne me serais pas fait prier. Ça doit être une expérience incroyable. Je suis admiratif des performances des athlètes, je les regarde, mais pour moi, ça a été une évidence dès 3 ans et demi quand mon père m'a mis dans un kart pour la toute première fois. »

Nous sommes le 24 août 2008. Âgé de 10 ans, les cheveux mi-longs et le regard vif, la bouille craquante, vêtu d'une combinaison bleue aux manches rouges, il a bien roulé en préfinale de cette course de Soucy – il a terminé troisième derrière un certain Jérémy Lopes et Benjamin Gérard. Pourtant, il ne fait pas de bruit, n'affiche pas plus d'exubérance qu'il n'en faut dans les paddocks : « Charles était très sérieux, poursuit Nicolas Moni, il ne jouait jamais, il était tout le temps dans son coin, poli, comme un petit normal, aucune particularité. Il était très posé, comme un pilote qui a envie de réussir, toujours à l'heure, très sérieux. Il apprenait très vite et il s'adaptait très rapidement aux circuits, sa grande force, c'était ça. Il a toujours eu une vision et une construction de la course qui était bien à lui. Jamais anxieux, jamais stressé, toujours des questions intelligentes et il savait déjà motiver son entourage au maximum. »

Dans un entretien, Charles confirme lui-même qu'il est de nature sérieuse et un enfant normal, même s'il ne se montre pas réticent à rire quand il le faut : « Je suis capable de déconner quand je suis à la maison ! Je rattrape le temps perdu. Après, je suis d'une nature sérieuse. Même très jeune, quand j'avais 6-7 ans en karting, j'étais concentré pour faire du mieux possible. Bien sûr, c'est une passion et je prends beaucoup de plaisir, mais je faisais les choses de manière très soignée et appliquée. À la maison, j'étais un garçon normal et cela n'a pas beaucoup changé aujourd'hui, à savoir que je suis d'une nature assez tranquille, facile à vivre. Je suis un gars normal de mon âge. »

Le départ de la course commence ainsi : Jérémy Lopes et Benjamin Gérard se font passer un savon par le directeur de course car ils sont censés accélérer à 25 mètres de la ligne et non pas à 100 mètres comme ils l'ont fait en préfinale. Leur casque sur la tête, leurs minerves autour du cou, leurs pare-côtes autour du buste, tout équipés, en combinaisons, avec leurs bottines et leurs gants, ils écoutent les remontrances sous un soleil d'août qui fait des reflets sur leurs visières entrouvertes et leur chauffe le crâne sous le casque, tandis que les mécaniciens sont accroupis ou debout à côté des karts rangés dans l'ordre de départ sur la voie de stands :

— On vous dit d'accélérer aux 25 mètres. Ce n'est pas aux 100 mètres ! Dans le dernier virage vous commencez presque ! Déjà !

Les deux font semblant d'écouter religieusement, mais ils sont habitués à ce discours. En effet c'est le rôle du directeur de course de les faire patienter le plus possible avant d'accélérer : il s'agit de départs lancés, et si les pilotes de tête accélèrent trop tôt, ceux en queue de peloton seront pénalisés ou tentés d'accélérer tôt eux aussi. Cela pourrait être dangereux. D'un autre côté, les pilotes de tête préfèrent cela : c'est moins risqué pour eux de larguer tout de suite leurs adversaires… !

À la fin de ce discours, ils s'installent dans leurs baquets. Charles étant troisième, n'a pas eu à écouter ce sermon, il est tranquillement et confortablement assis dans son kart, attendant le signal de départ. La colonne vertébrale est prise dans la rainure du siège. À la fois rigide et souple, le baquet peut se tordre dans les courbes et transmettre les vibrations. Quand la piste défile, le corps ressent chaque secousse, les gants caressent le volant, les pneus font gicler des cailloux. Voilà : un commissaire de piste lève un panneau « moteur ». Les moteurs pétaradent, les os semblent vibrer à l'intérieur des corps. Charles ferme la visière, roule au ralenti jusqu'à la sortie des stands tandis que le fond du baquet frotte sur les petites bosses de la pit-lane, mesdames et messieurs, on ne peut pas être plus à ras du sol… ! Les moteurs semblent minuscules mais les vibrations sont fortes, si fortes qu'elles peuvent faire tousser, comme si chaque explosion dans le cylindre avait lieu dans la cage thoracique. C'est là qu'on sent l'utilité de porter un pare-côtes, car avec les vibrations, en karting il arrive de s'en casser. Le bitume défile sous les fesses, Charles dépasse la limite d'adhérence, braque, contre-braque pour faire chauffer ses pneus de son petit karting vif et léger. Puis, vers le milieu du circuit, les premiers ralentissent déjà : il faut se mettre en deux files indiennes, au ralenti, chacun à sa position. Charles se retrouve derrière Jérémy Lopes, le poleman avec son casque noir, son kart jaune et orange, et à côté d'un autre pilote en combinaison Tony Kart, avec un casque blanc. Seul livré à lui-même. On ne voit plus les yeux des concurrents derrière leurs visières, mais on imagine leur détermination. On ne voit que des pare-chocs, de la fumée bleue qui sort des pots. On respire des gaz d'échappement à l'odeur d'huile brûlée de deux temps qui assèchent la gorge, voilà le parfum enivrant d'une course de karting ! Tout le monde se tasse, pare-chocs contre pare-chocs. Après la parabolique, ça va partir... Dans la ligne droite les officiels ont aligné une rangée de plots orange au milieu de la piste. Le second doit passer à gauche, le premier à droite, ainsi que le troisième et la file de ceux qui partent en position impaire comme Charles. Le directeur de piste agite un drapeau français, signe que le pole-man peut accélérer ! Mais c'est quand il veut, à son bon vouloir... Le pied sur l'accélérateur, il faut guetter quand celui-ci va appuyer sur le sien.

« VROAAAR ! »

C'est parti ! Dans un fracas qui fait un bruit de ruche, tout le monde se lance, a le cou qui part en arrière et les sensations commencent. Gaz ! Charles a beau être bien parti, collé au premier, Benjamin Gérard parvient à s'intercaler. Ce n'est pas grave, la course est longue. Enfin, une dizaine de tours... Ce n'est pas encore la Formule 1, et ce sont des petits de 10 ou 11 ans ! Mais quel niveau ils ont déjà ! À la fin du premier tour,

Charles est toujours troisième, il se concentre à bien sortir de la parabolique car il sait qu'il est facile de doubler, à l'aspiration, dans la ligne droite en descente qui s'ensuit. C'est ce qu'il fait : il prend une vitesse d'avion de chasse, déboule comme un fou dans la descente ! Les 14 000 tours-minute que prend son petit moteur de karting résonnent sur la piste et semblent gueuler ! Il déboîte, mais Benjamin Gérard a peut-être une couronne très basse : son kart marche très fort et Charles ne le sent pas, il préfère se ranger derrière et attendre sagement un meilleur moment. Cela ne tarde pas, il fait un bon freinage dans la partie technique du circuit, passe, le voilà en deuxième position ! Il lève les fesses, tire sur le volant et donne des coups de reins dans le baquet pour relancer le kart en sortie de virage. Personne ne connaît vraiment l'impact de cette technique sur le chronomètre, mais ces gestes deviennent des manies. Dans les lignes droites et même pendant certains virages, il se penche et baisse la tête, le dos bombé, en position de recherche de vitesse, le front collé au chronomètre du volant, pour gagner quelques millièmes de secondes avec l'aérodynamique et ne surtout pas laisser le premier s'échapper. Il sent la vibration du volant et du moteur à travers le casque, cela fait un bourdonnement particulier dans le crâne. Il en profite pour jeter un coup d'œil à ses temps aux tours sur les chiffres du chrono qui apparaissent en cristaux digitaux, ceci afin de se rassurer sur ses performances. Après la parabolique, comme tout à l'heure, il se concentre et s'attaque cette fois au pilote au casque noir. Il déboîte à plus de 100 km/h, le cœur bat fort ! Charles cette fois fait un dépassement gagnant, ça passe !

— Il n'est pas là pour tenir un stand de crêpes ! aime dire Hervé qui suit fièrement tous les exploits de son fils depuis le bord du circuit.

Charles reste en tête un moment, mais il n'arrive pas à décrocher les pilotes derrière lui, qui le menacent et peuvent à tout moment repasser : il est obligé sans arrêt de tourner la tête et de se déhancher pour voir ce qui se passe derrière lui. Trop tard ! Jérémy Lopes pique un freinage et lui fait l'intérieur dans un virage, tandis que Benjamin Gérard, collé à ce dernier, en profite pour passer également. C'est souvent ainsi en karting et cela peut aussi l'être en sport automobile et en Formule 1 : quand un pilote vous double, vous devez sortir de la trajectoire, sur la partie extérieure de la piste où il n'y a généralement pas de gomme. Les pilotes se suivent de si près qu'ils forment un train, il est alors très difficile de s'y intercaler. C'est ainsi qu'en perdant une position, on peut en fait très vite en perdre plusieurs… Ils sont un petit groupe de cinq en tout à pouvoir jouer la victoire, mais Charles ne veut pas qu'elle lui échappe… Jérémy Lopes fait une erreur, Charles le repasse brillamment… Puis c'est au tour de Benjamin Gérard de se refaire dépasser. Charles est ensuite si menacé qu'il doit protéger sa position en déviant en oblique dans la ligne droite, comme il l'a fait des années plus tard à Bahreïn au volant de sa Ferrari… Cela fonctionne pour un tour, mais au tour suivant, le dernier de cette finale, que va-t-il se passer… ? C'est une véritable bataille, un kart rouge du groupe de cinq a réussi à s'intercaler en deuxième position. Jérémy Lopes, collé à lui, déboîte dans la ligne droite, le pilote au kart rouge se retrouve à l'extérieur… Il y a ensuite une chicane rapide, ce dernier se retrouve tassé à l'extérieur : c'est très chaud.

— OOH ! crient des spectateurs.

Il sort dans les graviers… ! C'en est fini pour ce pauvre pilote qui a eu le malheur de se glisser dans le combat tandis que, sans déraper, Charles braque d'un certain angle qu'il conserve de manière constante du début à la fin d'un virage dans une cuvette. Jérémy Lopes a perdu du temps dans la manœuvre : voilà, c'est le dernier tour, Charles a gagné la course avec un boulevard d'avance… ! Il ne reste plus qu'à gérer, à espérer qu'aucun grain de sable ne vienne perturber la mécanique bien huilée qui semble être celle de son karting. Une chaîne qui casse, un problème moteur, tout peut arriver en sports mécaniques tant que la ligne d'arrivée n'est pas franchie… Voilà, Charles arrive dans la parabolique, Charles passe la ligne… Quelle course !

— Il leur a mis la mer et les poissons ! aime dire aussi Hervé quand son fils gagne avec une énorme avance.

Charles lève les petits bras qui sont les siens devant le drapeau à damier que le directeur de course agite. Telles sont les émotions qu'il vit déjà, à 10 ans, tandis que ses camarades de classe font peut-être leurs devoirs… ! Cette victoire lui permet de décrocher un titre de vice-champion de France Minimes derrière Benjamin Gérard. Tandis que ce même week-end Esteban Ocon, en catégorie Cadets, décroche le titre de champion de France. Charles réalisera cet exploit également, un an plus tard avec Ludovic Veve à la mécanique. Étant un an plus jeune que Pierre Gasly et Esteban, il faisait souvent ses classes dans la catégorie en dessous.

Un grand sourire illumine son visage avant la pesée du kart, tandis qu'il se défait de son pare-côtes. Ça groove pour lui ! pourrait-on dire, « GROOVE » étant inscrit en grand en blanc sur le devant de sa combinaison. Il n'aura pas encore de lauriers autour du cou ni de champagne mais une casquette Bridgestone vissée sur la tête. Encore une fois, il se retrouve à l'arrière d'un cabriolet pour un tour d'honneur. Jérémy Lopes s'étant finalement fait déclasser, Charles se retrouve dans la voiture avec Benjamin Gérard, qui avait passé la ligne en quatrième position, et Erwan Jule, le pilote au casque blanc.

— Ouais ! crie ce dernier après le tour d'honneur en montant sur la deuxième marche du podium et en levant les bras.

— Allez, plus fort les applaudissements, ça se mérite ! Ils les ont mérités les applaudissements ! Très très heureux également : Charles Leclerc ! dit le speaker.

Lui aussi lève les bras, puis applaudit Antoine Jouvenceaux, le pilote qui a fait le meilleur tour en course, et Lucile Cypriano, meilleure féminine.

— Et maintenant, voici l'hymne !

La Marseillaise retentit, signe que les organisateurs n'ont pas compris que Charles est monégasque, ou qu'ils ont perdu le CD de l'hymne qui dit :

Depuis toujours, sur notre pays
Flotte joyeusement au vent le même pavillon
Depuis toujours les couleurs rouges et blanches
Constituent le symbole de notre liberté
Grands et petits l'ont toujours respecté !
[...]
Nous avons l'honneur
D'avoir toujours eu les mêmes Princes
Et personne ne pourra nous faire changer
tant que le soleil brillera dans le ciel
Dieu nous aidera
Et jamais personne ne pourra
nous faire changer
[...]
Nous ne sommes pas bien nombreux,
Mais nous veillons tous à la défense de notre identité ;
Nous ne sommes pas très puissants,
Mais, s'il le veut, Dieu nous aidera !
Ohé, vous qui nous voisinez !
Ohé, vous qui nous regardez !
Il importe que chacun prenne bien conscience de cela !

Ce n'est pas la première fois qu'il y a erreur sur ses origines monégasques auxquelles il tient. Ce sera même le cas des années plus tard lors de son sacre en Formule 2, où il aura le droit là aussi à *La Marseillaise* ! Quoi qu'il en soit, le petit « Charlot », avec ses cheveux mi-longs pour l'occasion, a le cœur en joie et le sourire jusqu'aux oreilles. Il reçoit de Patrick Caron – président de la Commission nationale de karting à la Fédération française du sport automobile (FFSA) – la plus grande coupe, celle du vainqueur. Quelle saveur a la victoire !

Nicolas Moni, avec qui Charles a été champion PACA minikart en 2005 et 2006 dans le team Jana Racing, s'en rappelle encore, et est d'autant plus impressionné que le matériel de Charles n'était alors pas forcément le plus performant : « Pour ce qui est d'un souvenir je pense surtout à Soucy où il s'est battu comme un diable pour gagner la dernière course du championnat de France alors que nous arrivions en outsiders. Nous avions du matériel que je qualifierais de moyennement performant, on n'était pas tip-top. Il est monté en puissance dans les manches, gérant du début jusqu'à la fin sans la moindre erreur comme ensuite jusqu'au niveau mondial, une course quasiment de pilote pro. Il a finalement été ultra-dominateur et il a gagné. De toute manière Charles a toujours anesthésié ses équipiers. Il avait déjà une science de la course qui était beaucoup plus élevée que les autres et même encore plus que ceux dont nous nous occupons aujourd'hui, c'est-à-dire dix ans après. »

L'année suivante, en 2009, Charles se retrouve naturellement dans la catégorie Cadets après que son père ait contacté Ludovic Veve. Il veut gagner, suivre les traces d'Esteban Ocon, mais pour cela il faut un bon matériel. « Le père m'a contacté, raconte Ludovic Veve. Charles a toujours été très bon, mais même si tu es bon il faut tout : quand il roulait en Cadets j'avais dix moteurs pour lui tout seul et vingt carbus…

C'était dur parce que tout le monde travaille. Je m'occupais de tout. Charles ressentait les choses, c'était déjà un technicien : à 10 ans tu pouvais lui mettre un moteur, il disait s'il marchait ou pas, il ressentait. Avec moi il ne rigolait pas : moi je ne rigole pas avec les pilotes. Mais avec les mécaniciens oui. Un petit adorable, poli, il écoutait, il était bon. Mais c'était un petit guerrier déjà. Il venait avec son père, Hervé. Hervé suivait dur, il était derrière son "cul"… Il ne disait rien, jamais il ne vantait son fils : au contraire il le tuait ! »

« Quand je finissais second, mon père n'était pas le plus heureux, se souvient Charles. Donc je me suis appliqué à gagner. » Cette ambiance paraît dure, elle est cela dit loin d'être aussi extrême que chez les Verstappen : un jour, en rentrant d'une course où Max s'était crashé, le père a tout bonnement abandonné son fils à une station-service ! Charles était bien entouré, et selon Nicolas Moni, il faut modérer quelque peu ces propos : « Quand Charles gagnait Hervé était content pour lui, quand ça ne marchait pas il le soutenait. La mère de Charles appelait souvent pour prendre des nouvelles. Elle ne venait pas aux courses car elle avait un salon de coiffure (qu'elle a toujours), mais Charles était dans une famille unie. » « Puis après on faisait des barbecues, poursuit Ludovic Veve. Le père prenait un pastis. On faisait vingt courses par an, il a tout gagné. Après la préfinale ils nous bloquaient le kart au contrôle technique, on ne pouvait même plus le sortir, tellement on leur en mettait (des mètres) ! » Ludovic Veve veut dire par là qu'il creusait sacrément l'écart, avec des mètres de distance ! Dans ce milieu où il est si difficile de se distinguer, il y en a toujours qui peuvent accuser le premier d'avoir trouvé une astuce, de triche. Mais il existe des contrôles rigoureux pour vérifier les carburateurs, les moteurs et même l'essence pour ne pas être tenté d'utiliser à la place du sans plomb 98 un octane de 100, voire de 102 comme cela existe en Italie… Ainsi, le kart de Charles est en règle. Il décroche en effet le titre de champion de France comme Esteban l'année précédente. « J'étais un peu plus vieux, raconte ce dernier, donc la plupart du temps c'était ma deuxième année quand il arrivait, il était rookie[1]. Par conséquent, avant d'arriver aux courses internationales, j'avais toujours un avantage d'un an. Je remportais le titre, il était rookie, et il remportait le titre l'année d'après quand j'étais parti, en gros. Puis nous sommes arrivés aux courses internationales, qui étaient plus serrées. »

« La saison 2009 a été assez délicate à négocier car le niveau était super bon, raconte Charles. Heureusement, j'ai tout gagné lors de la première course à Lohéac. Le grand chelem ! Ensuite, à Soucy, j'ai eu quelques ennuis et je perds ma première place au Championnat. Et on arrive à Lavelanet. En finale, je suis en tête durant une bonne moitié de la course mais Anthoine Hubert est revenu sur moi comme une balle. On a fini par s'accrocher… C'est moi qui ai perdu le plus dans l'affaire car il m'est passé devant alors que j'ai dû m'arrêter. Heureusement, je savais qu'une quatrième place suffisait pour que je sois champion. Je remporte le titre pour quatre points ! »

Avec ce titre en poche qui restera de ses propres dires l'un des meilleurs souvenirs de sa carrière, c'est le moment pour lui de penser aux catégories internationales. D'autant qu'entre-temps son ami Jules a fait des bonds impressionnants dans sa carrière : il a réussi l'exploit de devenir vice-champion du monde à Suzuka avec l'équipe Maranello. Cela n'a pas manqué de taper dans l'œil d'une jeune personne aux aguets des pépites de demain : Nicolas Todt. Fin 2006, ce dernier propose à Philippe de prendre en main la destinée de

1. Débutant dans la catégorie.

son fils en devenant son manager, ce que Philippe et Jules ont évidemment accepté. C'est ainsi qu'avec les soutiens financiers des sponsors de Nicolas Todt, Jules a débuté en Formule Renault puis s'est retrouvé en F3 « Euro Séries », l'antichambre de la Formule 1… Mais Jules n'est pas Charles, et comme nous l'avons dit, le karting coûte cher, très cher… Certains parents dépensent déjà des fortunes pour faire rouler leur fils en Cadets, cela peut aller jusqu'à 200 000 euros la saison… La folie ! Pas question pour Hervé de partir là-dedans : « Il ne me payait pas trop, confirme Ludovic Veve, pour lui c'était gratuit presque avec moi, je demandais 25 000 euros à l'année, il m'en donnait 15 000. » « Hervé ne voulait pas mettre trop de moyens dans le karting, confirme Nicolas Moni, donc avec Charles on faisait un peu avec des bouts de ficelle. Il voulait voir si Charles était vraiment bon. Et c'était le cas : en Minimes, c'est lui qui a fait la différence. » « En karting, jusqu'en 2010, c'était lui qui s'occupait de moi, dit Charles à propos de son père. Il n'a quasiment jamais fait le mécano, juste les deux premières semaines. Et il essayait aussi de me laisser tout seul, même s'il m'a appris pas mal de choses. »

En fait, en 2009 Charles impressionne tellement Ludovic Veve que ce dernier réfléchit à lui donner un coup de pouce en l'envoyant dans une équipe d'usine, c'est-à-dire une équipe qui le prendra en charge financièrement. « Les deux familles (celles de Charles et Pierre) n'avaient pas vraiment les moyens et je me suis dit qu'il fallait directement les envoyer dans des équipes d'usine. Gasly, j'ai tout gagné en Cadets avec lui. J'ai appelé Gildas (Mérian, de l'usine Sodikart), j'ai dit : “Voilà ce pilote, c'est un avion, c'est un super pilote, il faut le prendre comme pilote ‘usine’.” Gildas le fait tester, puis il m'appelle : “On l'a fait rouler : c'est un sacré pilote…” Et ils l'ont pris ! Deux ans après je le rappelle je lui dis : “Oh ! Là j'en ai encore un meilleur !” “Je ne te crois pas.” “Attends, tu vas comprendre !" Il m'a rappelé un mois après et m'a dit : "T'avais raison !" »

C'est ainsi qu'en 2010, Charles se lance en compétitions internationales dans la réputée équipe française Sodikart... Là, les choses sérieuses vont commencer. Il va rouler avec de futures stars de la F1 comme Max Verstappen, Alex Albon ou encore George Russell. S'il ratait déjà beaucoup de cours, cela va devenir encore pire et c'est une difficulté certaine à gérer pour un enfant de cet âge, un « enfer », comme il le dira plus tard lui-même lors d'une partie de jeu vidéo en ligne avec Pierre Gasly et Gotaga, un influenceur connu :

— Toi, t'avais le sport-études, remarque Charles. Moi, à Monaco, il n'y avait pas ça donc c'était l'enfer.

— Il n'y a pas un mec en F1 qui n'a pas fait de kart, répond Pierre en essayant de tuer des adversaires avec un bazooka.

— Surtout maintenant : maintenant les pilotes commencent de plus en plus tôt.

— Il faut être ultra-compétitif. Nous on a eu de la chance : avec Charles on roulait ensemble, il y avait Esteban Ocon, Anthoine Hubert, Max Verstappen, Alex Albon.

— Ça nous a grave aidés de se pousser les uns les autres parce qu'on était jeunes. Au karting à chaque course il y en avait toujours un qui avait bossé plus que les autres, qui était plus fort et du coup après ça nous motivait. C'était une compétition saine en fait !

— Ouais, à part quand on jouait à *Guitar Hero* avec Charles !

— Voilà, ça, c'était un jeu vidéo où j'étais bon ! lâche Charles en rigolant.

À en croire Nicolas Moni, Charles était bon aussi pour grimper aux arbres ! « Sur un plan plus personnel, on se souvient surtout de lui lorsque nous allions en vacances à La Clusaz. Il grimpait dans le chalet à 10 mètres de haut et il faisait beaucoup rire. On a encore des vidéos et des photos de cette époque et c'est vraiment de très bons souvenirs. » Puis il confirme que : « Comme tous les petits qui font du kart : l'école, c'est l'enfer. Il faut rattraper les cours, demander à des copains… Charles était absent cent cinquante ou deux cents jours par an : quand on fait une course de trois jours il y a deux jours de déplacement et un jour de préparation, donc six jours. Après en professionnel, c'est encore pire : ils habitent en Italie, ils ont un jour de repos, un jour de sport, trois jours de kart, et des courses. Ils ne font que ça. Le karting, ça apprend la rigueur. »

Cette rigueur, c'est Hervé qui l'impose à Charles : « J'ai commencé à faire des courses en 2005, à l'âge de 6 ans, rappelle Charles. Pour l'école, mon père ne m'a pas laissé le choix. Depuis 2012, j'étudiais grâce au CNED, parce que ça devenait trop compliqué d'aller en cours, les professeurs ne comprenant pas complètement que le sport automobile est différent d'autres sports comme le tennis, ils ne comprenaient pas pourquoi je n'allais pas à l'école. » Charles a en tout cas plus de chances que Jules, qui a la même époque, alors qu'il est en F3, raconte avoir eu pour sa part encore plus de problèmes : « Les profs ne m'ont jamais aidé. Quand j'étais absent une semaine pour une course et qu'il y avait des contrôles, ils me mettaient zéro directement. » Charles a eu des enseignants plus compréhensifs : « Monaco a beaucoup fait pour moi, pour ma carrière. Ils m'ont beaucoup aidé quand j'étais plus jeune. Parce que c'est vrai que sport automobile et école, c'est assez difficile de mélanger les deux. Mais ils ont toujours été très compréhensifs et ils m'ont aidé à suivre ma passion. Donc voilà, je suis très heureux de porter haut les couleurs monégasques. » Pour les devoirs, Charles peut compter sur sa grand-mère : « C'est vrai qu'à partir du collège, raconte Pascale, ce fut plus compliqué.

Sa grand-mère, la maman d'Hervé, professeure de catéchisme, a été très présente pour l'aider à suivre les cours par correspondance. Le collège Charles-III où il était inscrit a été très compréhensif. Ça se passait très bien. » « Ma grand-mère, confirme Charles, m'a toujours aidé avec mes devoirs chaque fois que je rentrais des courses. Elle prenait toujours soin de moi. »

Cela faisant, comme elle l'explique dans *Monaco Matin*, Pascale a toujours eu confiance en ses fils : « J'ai toujours su que Charles, comme ses deux frères, irait loin. Il est très posé, réfléchi, déterminé. Je suis très fière et heureuse que Lorenzo, Charles et Arthur, mes trois enfants, réalisent leurs rêves. Je ne mettrais aucun interdit dans leur choix. Quand on voit un enfant qui part avec l'enthousiasme et le sourire aux lèvres, on ne peut que valider son projet de vie. En kart, les premiers championnats me faisaient un peu peur. Je n'accompagnais plus mon fils et mon mari dans les courses. Je suivais les choses après. C'était ma façon de préserver l'ensemble de la famille. Je suis du genre à laisser mes trois fils faire leur vie et vivre leur passion. Lorenzo a commencé le kart tard, à 14 ans. C'était l'époque où Charles rentrait de plus en plus dans les grands championnats. Et il raflait tous les prix. Il fallait faire un choix. Nous ne pouvions pas assumer la charge financière qu'imposait la pratique du kart pour deux enfants. Alors pour lui (Lorenzo), en concertation, on a favorisé les études. »

Lorenzo le sait : « Chaque année, en karting, on se disait que c'était la dernière saison. Charles a géré la pression, sachant que s'il n'avait pas de résultats, c'était terminé et que, même s'il avait des résultats, on n'était pas certains de continuer. Hervé, son père, a cherché à le faire rouler par tous les moyens. » Lorenzo a donc fait un bac scientifique et il a poursuivi son cursus à l'université de Monaco. Puis il est parti à Sup de Co Reims quelques années pour achever ses études. Aujourd'hui, il est dans la finance, il fait du placement en patrimoine. Comme il l'explique, Charles Mani – décédé en décembre en 2012 – a été un point de repère pour lui, un modèle, il l'a aidé à trouver sa voie en dehors des pistes de kart : « Il avait créé Mecaplast et commencé avec presque rien pour devenir une grosse société à Monaco et à l'international. Ça a toujours été pour moi un modèle absolu, en me disant que si j'arrivais à faire un dixième de ce qu'il avait fait, je serais content. Lorsqu'on est arrivés avec ma mère, Charles (Manni) m'a beaucoup aidé à m'acclimater. À un moment, il a même commencé à miser sur moi. Au début, comme tous les gamins, je n'en fichais pas une à l'école. Il a essayé de trouver les moyens pour me motiver et ça a fini par fonctionner. C'est lui qui m'a accompagné dans les études. » Plutôt bon en maths et en finance, comme il le dit lui-même, son orientation prend de plus en plus d'épaisseur au fil des ans. « N'étant pas mauvais dans ces deux domaines, mes profs me suggéraient de continuer dans cette voie, je me suis dit qu'il y avait peut-être un truc à faire. J'ai découvert les différentes facettes de ce que l'on pouvait faire en finance et j'ai souhaité me spécialiser en wealth management » (gestion du patrimoine). Depuis, Lorenzo a eu son master et gère la carrière d'Arthur en monoplace ainsi que les finances de la famille. Comme le dira Charles à l'influenceur Gotaga – en jouant à *Call of Duty* avec Pierre – « Nous avons de la chance, nos deux frères sont dans la finance ! » car Pierre a lui aussi un frère qui s'y est spécialisé.

Mais nous n'en sommes pas encore là. À l'époque, c'est sans penser à un tel avenir que Charles, Lorenzo et Arthur continuent de débarquer avec leur père sur le circuit de Brignoles, et côté finances, ce n'est pas évident pour Hervé. Arthur se souvient : « On n'allait pas vite, mais on avait un volant et quatre roues, donc on était déjà contents. Nous nous rendions donc souvent à Brignoles, qui était ma piste préférée. C'est un circuit très technique. Si on est rapide à Brignoles, on est rapide partout ! Quand j'ai eu 8 ans, mon père n'avait plus les ressources pour faire rouler à la fois Charles et moi. J'ai dû arrêter jusqu'à mes 14 ans. » En effet, de 2009 à 2014, Arthur ne pourra plus rouler en compétition. Durant des années, le rythme de la famille est uniquement dicté par l'entraînement et les courses de Charles. « Le temps libre, les vacances, le budget de la famille… Tout était pour le kart quand Charles avait entre 5 et 11 ans », précise Pascale. Un peu de foot, aussi, comme se rappelle Hugo Micallef : « J'ai connu Charles en cinquième ou quatrième. Il avait déjà une petite renommée. Il était souvent absent avec ses compétitions de karting. Mais dès qu'il était là, la bande de potes se réunissait autour de lui. Ça jouait un peu au foot, moi pas trop. Le foot, ce n'est pas mon truc. Un peu comme la F1. Sans Charles, je ne m'y serais jamais intéressé. »

Et enfin, des filles ! comme l'évoque Joris, un autre de la « bande des huit » : « J'ai connu Charles en sixième, on était presque ennemis, se marre-t-il dans une interview. On était amoureux de la même fille et donc en concurrence. Jusqu'à ce qu'on se rende compte qu'aucun ne gagnerait. » Charles a même commencé plus tôt, lui qui a fait sa maternelle à l'école de Fontvieille se rappelle encore de sa première copine : « J'ai eu ma première copine ici, je ne sais pas si on peut l'appeler une copine, je devais avoir 6 ans ! » dit-il, amusé, dans une vidéo. Pour les amis, c'est en classe de quatrième que le clan, la confrérie, se forme réellement, au collège Charles-III. Dans les salles de cours, la chaise de Charles Leclerc est souvent vide. « Soit il s'entraînait sur la piste de Brignoles, soit il partait pour des compétitions, parfois à l'étranger, se rappelle son ami Nicolas Noaro. » « Quand il revenait en cours, il était parfois un peu largué, mais les profs étaient compréhensifs », complète Thomas, un autre ami.

Après les Cadets, en 2010, Sodikart inscrit Charles à des courses nationales et internationales en catégorie KF3. Il brille en devenant vice-champion de France de la catégorie et en gagnant la Monaco Kart Cup, une course prestigieuse à domicile, l'un des meilleurs souvenirs de Charles qui devient le plus jeune pilote à remporter ce trophée. Il termine également cinquième du Championnat du monde des moins de 18 ans. Mais avant de rêver de karting, Charles rêve de Formule 1… Sodikart est une équipe de karting, elle ne pourra pas l'amener en monoplace. C'est alors qu'intervient une personne clef dans sa carrière, tout comme elle l'a été dans la carrière de Jules. Nicolas Todt… Cela ne s'est pas fait par magie, rappelons-nous que Nicolas Todt avait déjà signé un contrat avec Jules avec l'objectif de l'amener en Formule 1. C'est justement lors de cette victoire à la Monaco Kart Cup que tout va se jouer. « Jules avait parlé de moi à Nicolas Todt, se souvient Charles, qui m'a repéré à l'occasion de la Monaco Kart Cup disputée sous la pluie. »

Quelque temps plus tard, alors que Jules est passé en F2 (nommée à l'époque la GP2), Philippe arrive à convaincre le manager de recevoir Charles, après lui en avoir parlé maintes et maintes fois. « Ils m'en avaient beaucoup parlé, se souvient Nicolas Todt. Jules Bianchi, dont je m'occupais depuis ses 15 ans (2004), est venu me voir en me disant que le frère de son meilleur ami Lorenzo marchait très fort en kart mais que sa famille n'avait pas les moyens de continuer. À l'époque, je n'étais pas très enclin à accompagner un autre pilote car je ne fonctionne pas comme une académie de jeunes talents. Mais à force d'entendre Philippe et Jules me dire : “Tu devrais le voir, tu devrais le voir”, nous sommes convenus d'un rendez-vous. Charles était venu avec son papa. Il portait un costume et était très élégant, préparé comme s'il allait passer un entretien d'embauche. Ils m'ont expliqué leur histoire et les limites qu'ils connaissaient. C'était une famille d'un bon milieu mais elle n'avait pas les moyens d'investir autant d'argent. Soit ils trouvaient quelqu'un qui pouvait les aider, soit ils arrêtaient le sport auto. J'avais déjà beaucoup à faire à l'époque avec Jules, mais leur histoire m'a ému. C'est un chic gamin. J'ai dit à Charles : "OK, je te paie ta prochaine saison de kart. Roule très très bien, ne me déçois pas et je continuerai à t'aider." Je ne lui ai rien promis sur le long terme car le karting, c'est pire que la Formule 1 au sens que le matériel joue un rôle prépondérant. Cette année-là, il a fait une saison magnifique. J'ai fait ça de manière amicale, parce que le garçon m'a plu. C'était plus un choix d'affect qu'un choix stratégique mais quand je crois en un pilote, j'investis sur lui. Cela coûte très cher. J'essaie de trouver des financements et si je ne les trouve pas, c'est moi qui me porte garant. Charles avait 13 ans. Depuis, il ne m'a jamais déçu. »

Les financements, Nicolas Todt va notamment les trouver auprès de Richard Mille, un sponsor qui suit Charles encore aujourd'hui. Tim Malachard, le directeur marketing de l'entreprise, explique comment cela s'est fait : « Comme on accompagnait Jules dans ses différents championnats avant son arrivée en Formule 1, un jour Nicolas a également pris Charles sous son aile, il nous en a parlé et nous avons aussi décidé de l'accompagner du kart jusqu'à… […] on espère la Formule 1, c'est bien parti pour. »

« Nous avons trouvé un accord très rapidement, se souvient Charles. J'étais hyper-content et je savais ce que représentait le fait d'être pris en charge comme ça. Mais je ne savais pas non plus à quoi m'attendre. C'est une chance d'avoir eu à cet âge un vrai manager. » « Quand Charles avait 11 ans, explique Pascale, pour nous, parents, ce n'était plus possible financièrement. Nicolas Todt est arrivé au bon moment. Il a signé un contrat et a porté Charles là où il est aujourd'hui. » Philippe revient sur sa volonté farouche d'aider Charles : « Charles avait un parcours très précoce en kart. Moi je le connaissais depuis tout petit et il avait pour moi des qualités qui étaient hors normes par rapport à tous les pilotes que j'avais pu voir. La famille Leclerc et la famille Bianchi sont amies depuis toujours, il se trouve qu'on a eu des parcours un peu identiques. Jules comptait pour Charles parce que c'était son exemple, son modèle. Nous, on a essayé de faire ce qu'on pouvait pour que Charles se développe. J'ai appelé Nicolas pour lui expliquer la situation et ce que je pensais de Charles. Je n'étais encore jamais intervenu de cette manière, faute d'avoir la perle rare, mais là je me sentais obligé de le faire tant le potentiel de Charles me sautait aux yeux. Ce n'était pas un coup de piston vis-à-vis du fils de mon meilleur ami, mais un appel pour ne pas passer à côté d'un “cas”. C'est un pilote qui est un bel exemple, qui a beaucoup de détermination, qui fait tout pour qu'on ne puisse rien lui reprocher. Comme je le disais à Jules : “Si à un moment tu ne dois pas y arriver, il ne faut jamais rien regretter.” Je pense que ça sera le cas de Charles, il gagne tout aujourd'hui mais ce seront les opportunités du sport automobile qui feront qu'il arrivera demain à être titulaire en Formule 1 ou pas. »

En attendant de voir éventuellement la lumière de la Formule 1 poindre au bout du tunnel, Charles continue de s'entraîner tête baissée, sachant que l'année suivante il quittera Sodikart pour d'autres aventures internationales et devra même commencer à déménager en Italie. C'est avec regret, mais fair-play, que Sodikart a accepté de le libérer contractuellement pour qu'il rejoigne Nicolas Todt afin de gravir les échelons du sport automobile et d'atteindre des sommets. Gildas Merian, gérant de Sodikart, restera très heureux d'avoir accompagné

Charles, mais aussi Pierre : « Nous sommes aujourd'hui très fiers d'avoir contribué à la réussite de Pierre et Charles et espérons bien évidemment les voir franchir les dernières marches pour accéder au rêve ultime que constitue la F1. Nous sommes très confiants dans leurs possibilités d'y parvenir parce que ce sont tous les deux de vrais talents qui possèdent ce petit "truc" en plus qui fait la différence. Charles a toujours été un super pilote, très rigoureux et très consciencieux, très travailleur, très déterminé et il savait remercier ses mécanos quand il gagnait une course. Même s'il était encore très jeune, c'est quelque chose qui était naturel chez lui. Un très grand pilote avec une grande générosité. »

En 2011, on peut dire que Charles ne déçoit pas Nicolas Todt, puisqu'à Sarno, en KF3 avec sa nouvelle équipe Intrepid, il réalise quelque chose de tout à fait incroyable : il gagne tout bonnement et simplement le Championnat du monde ! « À Sarno, Charles a été champion du monde junior, c'était une folie, se souvient Nicolas Moni. Il a démoli la concurrence ! Nicolas Todt, ça faisait six ou huit mois qu'il l'avait sous contrat, et là il a compris qu'il avait la pépite. C'était incroyable. Il y avait Russell et Albon dans l'équipe. Charles était un ton au-dessus dès le début, personne n'a jamais pu le rattraper : je crois même qu'il n'a doublé personne durant le week-end ! Il fait la pole position puis il a gagné toutes les manches, la préfinale, la finale, à la rigueur il aurait pu se promener ! » Voilà comment Mirko Sguerzoni, son mécanicien chez Intrepid, en parle : « En 2011, Charles est devenu champion du monde avec nous avec une maturité bien supérieure à la moyenne des enfants de son âge. Sa manière de gérer la pression est incroyable. Quand on me parle de lui, je me rappelle toujours du mondial KF3 à Sarno. Il avait une telle détermination pour faire la pole, pour construire sa course et pour la gagner, je n'avais jamais vu ça. Il voulait arriver à l'objectif qu'il s'était fixé et rien ne pouvait l'en empêcher. D'un autre côté, Charles est très intelligent, très bien éduqué, il parle avec tout le monde. Que ce soit au travail ou dans la vie de tous les jours. Il a toujours été très gentil avec tout le monde. Après lui, j'ai eu Verstappen et si on doit les comparer, c'est un peu comme si Charles était un Prost et Verstappen un Senna. À l'époque, comme aujourd'hui, Charles était très calculateur, il prenait absolument tout en compte, il construisait très bien sa course. Verstappen n'est pas méchant mais il est beaucoup plus agressif en piste. Il réfléchit moins et pilote plus à l'instinct. Il pouvait être plus rapide, mais dans l'approche de la course Charles était beaucoup plus fort. Évidemment, maintenant qu'ils sont tous les deux en Formule 1, ils ont encore changé mais à l'époque, c'était ça. »

Une période où Charles commence à beaucoup voyager et à comprendre qu'être pilote est un vrai métier. Heureusement, il peut compter sur ses amis de la « bande des huit » qui le soutiennent au collège, mais aussi sur l'aide des parents de Pierre, avec qui il nouera d'ailleurs une belle amitié. « Quand les courses internationales étaient en Angleterre, raconte Jean-Jacques Gasly, Charles venait dormir à la maison en Normandie. Quand elles se déroulaient en Italie, c'était Pierre qui allait dormir chez Charles dans le sud de la France. Charles fait donc un peu partie de la famille. Notre porte lui est toujours grande ouverte, il le sait. » Charles profite aussi de ses séjours en Italie pour apprendre la langue : « L'Italie, j'y ai passé 80 % de ma jeunesse pour des courses de karting, des tests, et d'autres choses. Donc j'ai appris l'italien car mes mécaniciens en karting parlaient italien et j'ai fait l'effort de l'apprendre, c'est venu naturellement. Il y a même une année où j'ai presque habité là-bas pour être à côté de mon team. » « Si tu veux tout faire, tu as vingt-huit courses dans l'année, explique Ludovic Veve en parlant du cadet. Tu habites en Italie, tu ne vas plus à l'école, c'est fini. Charles était à Monaco, il faisait des allers-retours. » L'année suivante sera en effet le moment où il commencera à prendre des cours au CNED.

Pour conclure en beauté l'année 2011, Charles s'offre le luxe de gagner l'ERDF Masters Kart Paris Bercy en junior avec des karts électriques, encore une fois une course très prestigieuse où nombre de pilotes de Formule 1 sont présents. C'est à ce moment que lui et son père rencontrent Franck Anfosso, une personne qui se propose de rédiger la page charles-leclerc-fans.com. Il suivra toute la carrière de Charles à partir de 2012. Lors de leur rencontre, Hervé lui dit : « Attends, là tu fais un truc sur mon fils, si tu le fais tu le fais comme il faut ! Il y a une manière de dire les choses, tu ne dis pas : "Là Charles a fait de la merde ou l'autre a fait de la merde !" Il ne faut jamais nommer un pilote en disant qu'il a fait le con, même s'il est très très nul, parce que ça peut nuire à la carrière de Charles ! »

Cela prouve à quel point chaque détail est précieux dans une carrière, mais aussi combien importe la « politique ». Citons comme exemple le pilote estonien Jüri Vips, viré de chez Red Bull pour des paroles déplacées alors qu'il jouait à un jeu vidéo en ligne. Il était en Formule 2, tout près d'atteindre son rêve, la Formule 1 ! Quoi qu'il en soit, la course de l'ERDF Paris Bercy a marqué Franck Anfosso, il se souvient de cette course mémorable : « Il y avait Charles, Anthoine Hubert, Stroll, Ocon, Russell. Charles a gagné. Charles était avec son manager, Olivier Maernhout, le bras droit de Nicolas Todt pour sa structure All Road Management. Et à chaque fois Charles faisait le meilleur temps. La deuxième course partait en grille inversée. Donc il était dernier, il a remonté tous ses concurrents, il a pris son temps pour dépasser contrairement à Stroll et Boccolacci qui se sont sortis à trois tours de l'arrivée. Charles était juste derrière, il est passé entre les deux karts, a filé vers la victoire, et il a réussi à remonter premier ! Là je me suis dit : "Ah, pas mal le mec ! Respect !" C'est là qu'on a commencé à le suivre (Frédéric Dumont et lui). Hervé nous a invités. Il était en train de manger avec Philippe Bianchi, dans un restaurant à Fontvieille. Il mangeait des huîtres à n'en plus finir ! Hervé, c'était génial de parler avec lui parce qu'il était toujours super drôle, il avait toujours des blagues hyper-marrantes. Il était adorable. Il connaissait tout le monde : tous les gens impliqués dans les sports mécaniques en PACA. Dans le paddock, toutes les secondes il s'arrêtait pour dire bonjour à un mec ou pour blaguer avec lui. À Brignoles, c'était une rock-star ! Pendant ce temps, la mère de Charles donnait des conseils à ma femme pour qu'elle ait de beaux cheveux, qu'elle les ait encore plus beaux ! Hervé parfois râlait quand Charles faisait une connerie : il était à fond ! Mais je ne l'ai jamais vu mal parler à Charles ou l'engueuler devant tout le monde. Il était à la buvette avec les potes pendant que Charles travaillait tout seul : il disait : "Charles travaille", il restait vraiment dans son rôle de père. Tout l'opposé de Verstappen : il laissait faire l'équipe. En 2013 Charles a une saison pourrie car il n'avait que des problèmes mécaniques. Et son équipier, ça allait nickel. Hervé a pété un boulon, il a dit : "J'en ai marre, toujours des karts de merde." Il crisait mais jamais il n'allait voir le directeur de l'équipe pour se plaindre. Il me disait toujours : "Non, non, il fait ses trucs, moi je fais les miens. Il faut qu'il apprenne, il est avec son équipe, moi je suis son père, je l'amène sur les circuits mais après il faut qu'il apprenne par lui-même avec ses ingénieurs, son manager, son directeur d'équipe." Encore une fois, rien à voir avec Verstappen. Hervé disait : "Verstappen il est fou ! Il est putain de bon." Mais en 2012, Verstappen avait trois cents jours d'essais dans l'année. Charles avait douze séances. L'année où Verstappen a tout gagné en KZ, Championnat d'Europe, du monde, ça faisait déjà un an qu'il roulait, alors que Charles découvrait. Et rien à voir avec le KF2 puisque ce sont des karts à vitesse, pas la même conduite. »

On le comprend, Charles est dans le grand bain, avec la crème de la crème, l'élite du karting mondial... Et c'est à cette époque qu'il a l'honneur de rencontrer d'autres personnalités, comme le prince Albert ou Jean Alesi : « Moi, racontera l'Avignonnais à Charles dans une interview, j'ai le souvenir d'une piste de kart, celle de Laghi (près de Pavie en Lombardie). Tu courais et Giuliano aussi. J'étais au bar et ton père m'a abordé en me demandant s'il se souvenait que nous avions roulé ensemble en F3. Il m'avait dit qu'il était un super ami de Daniel Gache. J'ai commencé à suivre ta progression *via* ton papa. » Pour Albert II, l'histoire est différente : « Charles devait avoir 14 ans (2011). C'était dans un restaurant sur le port, se souvient Sa Majesté Sérénissime. Je le connaissais avant cette première rencontre puisque j'avais entendu parler de ses résultats en karting. Charles ne devait sans doute pas le savoir, mais je le suivais déjà. Je suivais la progression de ce jeune Monégasque dont on me disait tant de bien. » « Oui, j'étais encore en karting, se souvient Charles. C'était une réception organisée par un partenaire. » Le prince Albert, comme il le rapporte dans une interview, avait alors pensé qu'il était très mûr et promis à une belle carrière : « Il était très mature pour son âge. C'était assez incroyable. Je me suis dit, en mon for intérieur : "Toi, si tu continues comme ça, si on ne t'abîme pas, tu feras une carrière intéressante." »

Mine de rien, alors qu'il est encore en karting et dans l'ombre, Charles commence à avoir son fan-club de prestige... ! Il gardera même une photo de ce souvenir dans sa chambre : « Ma première visite personnelle à Monseigneur, je m'en souviens très bien car j'ai encore la photo dans ma chambre. » « La première fois que j'ai vu Charles, nous dit Frédéric Dumont de la page *charles-leclerc-fans.com*, j'ai été frappé par sa maturité et sa gentillesse. Il a été très à l'aise, chaleureux, et humble. Charles nous a toujours bluffés. Même dans des moments très compliqués, en karting par exemple, où un week-end de course se présentait mal, il arrivait toujours à tirer le maximum de sa machine et obtenir un résultat inespéré le dimanche. » Étant trop jeune pour passer en monoplace, Charles va évoluer encore deux ans en karting : en 2012 et 2013 avec une structure que gère Nicolas Todt : Art Grand Prix. C'est durant ces années qu'il se battra, principalement, avec Max Verstappen : « Avec Max Verstappen, on s'est pas mal battus », expliquera-t-il avant de préciser : « Sur la piste ! » avec un petit sourire. « Pierre fut aussi un adversaire coriace, même s'il était un peu plus âgé. »

En 2012, Charles a à cœur de poursuivre son irrésistible marche en avant avec, chevillé au corps, l'espoir de continuer à empiler les succès. À 14 ans et demi, il vit un rêve éveillé : Coupe du monde KF3, Trophée Academy de la CIK-FIA, ERDF Masters Kart de Paris Bercy. Et une, et deux, et trois victoires ! En l'espace de quelques semaines, le petit génie monégasque a marqué de son empreinte la planète karting. Il sera donc attendu au tournant en catégorie supérieure, le KF2 : « avec une puissance accrue d'une dizaine de chevaux, des pneus plus tendres et surtout, une concurrence très aguerrie », détaillera-t-il dans *Var Matin*. On imagine à cette époque un Nicolas Todt plutôt satisfait. « Qu'il soit content, c'est important pour moi puisqu'il me fait confiance, avouera Charles. Mais je dois aussi remercier Aethra et Richard Mille, qui sont mes sponsors, et aussi All Road Management, dirigé par Nicolas Todt et Formula Medicine qui m'aide mentalement et physiquement toute l'année. »

Prenons quelques lignes pour nous intéresser à Formula Medicine, ce centre d'entraînement en Italie qui sera déterminant dans la préparation physique de Charles. « Dans un premier temps, détaille Charles, nous faisons des exercices afin d'améliorer ma condition physique. Ensuite, nous travaillons les réflexes, et faisons des exercices pour gérer la pression des courses ainsi que l'anxiété, etc. » Le docteur Riccardo Ceccarelli, fondateur du centre, s'est occupé toute sa carrière de centaines de pilotes de nations différentes provenant de diverses catégories du sport automobile. Dans une interview, il explique : « Si on prend l'exemple du tennis ou du football, pour devenir un bon joueur il “suffit” de trouver un bon entraîneur mais dans le sport automobile, c'est très différent. J'ai commencé à travailler en F1 en 1990, j'étais le médecin d'Ivan Capelli et nous avions à l'époque des cardiofréquencemètres [...]. Son équipe ne voulait pas qu'il le porte dans la voiture mais nous nous sommes battus pour qu'il puisse le faire. C'était une première étape indispensable pour comprendre les réactions du corps dans la voiture, et ainsi développer de nouveaux instruments de mesure. Les pilotes attendent de nous qu'on les prépare de façon professionnelle. Ils viennent s'entraîner six heures par jour pendant deux ou trois jours. Ils font une session le matin et une autre l'après-midi, de trois heures chacune. Chaque séance se divise en deux parties : une heure trente de préparation mentale et une autre de préparation physique. Les exercices mentaux sont spécifiques et nous sommes les seuls à les proposer. Les pilotes de F1 n'ont pas forcément de réflexes supérieurs à la moyenne, mais ils sont surtout plus économes en énergie. C'est sur ce point que nous travaillons. L'objectif est de leur permettre d'avoir des réactions qui consomment peu d'énergie. Nous travaillons beaucoup sur les temps de réaction, l'équilibre, la coordination… Enfin, pour ce qui est de la préparation physique, nous avons de nombreux appareils de musculation. Nos pilotes ne restent pas toute la journée sur une machine à faire les mêmes mouvements comme certains le font en salle de sport. Notre force est d'être à la fois médecins, entraîneurs et physiothérapeutes. Nous travaillons tous ensemble, nous faisons des briefings et des débriefings comme les équipes le font en Formule 1. Je pense que je peux dire sans crainte que nous sommes les seuls à proposer tout ça à la fois. Avec Charles, quand nous nous sommes rencontrés, il n'avait que 13 ans. Son père l'a déposé. Charles s'est présenté seul et c'est un point important. Quand on se présente tout seul, dans un pays inconnu, à des gens qu'on ne connaît pas et qu'on dit : "Bonjour, je m'appelle Charles Leclerc, enchanté, je suis prêt à travailler avec vous", ça montre une certaine ambition. J'ai été très impressionné par son envie d'apprendre et de travailler avec tout le monde. Il avait déjà une attitude très mature à seulement 13 ans. »

On le voit, grâce à ce centre qu'il continuera de fréquenter en Formule 1, Charles le petit guerrier est prêt à devenir une machine de guerre ! Charles est celui qui, en 2013, dans cette Mecque du karting international qu'est la région de Lonato del Garda, sur la piste du même nom, et en dépit d'un matériel peu fiable durant la majeure partie de la saison face à un Max Verstappen plus aguerri, a gagné la Winter Cup en KZ1. Encore un trophée extrêmement prestigieux dans la catégorie ultime, avec des boîtes de vitesses, des karts de folie, très physiques aux gommes très tendres qui, sur les premiers mètres, accélèrent plus forts qu'une Formule 1 ! « Peut-être pas ma plus belle victoire, se souvient Charles. En tous les cas, l'une de mes plus mémorables. J'ai beaucoup de souvenirs accrochés à cette piste de South Garda qui fut le lieu de ma première course au niveau international. Jules était venu spécialement pour me donner des conseils. Cette course est gravée dans ma mémoire ! »

Armando Filini, qui fut le mécanicien de Charles en KF3 puis chez Art Grand Prix, se souvient de lui ainsi : « La première fois que j'ai rencontré Charles, c'était lorsque Jules Bianchi me l'a présenté. Il était [...] très jeune, mais Jules me l'a présenté afin que je le prenne avec nous pour l'année suivante. Et en effet, c'est ce qu'on a fait en l'engageant en KF3. [...] Nous savions qu'il était rapide puisque nous l'avions vu dès les essais hivernaux. La véritable interrogation était de savoir comment il allait se comporter pendant les courses, avec les départs arrêtés et la façon très différente de piloter en KZ. Il nous a impressionnés par sa rapidité d'apprentissage. Ce dont je me souviens, c'est de sa sympathie avec ses mécaniciens et sa vitesse. Vous savez, Charles et Jules étaient comme deux frères. Ils avaient la même soif de victoire et les moteurs n'étaient jamais assez puissants ! (Rires.) Quand on me parle de lui, je pense au garçon qui pensait que le moteur n'était jamais bien, que le châssis n'était pas bien, que les mécaniciens n'étaient pas bons et la seule chose qui l'intéressait, c'était de mettre au moins une seconde à son équipier. S'il n'y avait pas cette seconde-là, il n'était pas content ! (Rires.) Il voulait sans cesse aller plus vite. Sinon, c'est une très belle personne. Il reste toujours avec ses mécaniciens pour parler après les courses et aujourd'hui encore, il envoie des messages à ses mécanos de l'époque. Même s'il est en Formule 1, il ne les a jamais oubliés. Pour lui, ils font partie de sa famille. De plus, si je dois être vraiment sincère, que ce soit au niveau humain ou sportif, je n'ai plus retrouvé de pilote comme lui. J'ai énormément de mal à trouver de vrais pilotes qui veulent vraiment travailler au maximum. Maintenant les jeunes pilotes arrivent avec des valises remplies d'argent et ne font qu'une année en junior, une année en KF et ils veulent de suite passer à la Formule 1. S'ils ont besoin d'expérience, ils doivent rester un an ou deux de plus en kart mais eux, ils préfèrent suivre l'exemple de Verstappen, qui lui, a un réel talent, comme Charles. Il y a aussi des gens qui sont matures à 15 ans, d'autres qui ne le sont pas avant 25. »

Impossible de raconter toutes les courses de Charles... Il y en a eu tellement. Le principal est qu'il ne déçoive pas son manager, remplisse le contrat, les objectifs qu'on lui fixe, se fasse respecter à coups de pole positions et de victoires ! Bien sûr sans trop faire de bruit, il rêve de suivre les traces de Jules, en découvrant le pilotage d'une monoplace, totalement différent du karting... Un autre monde, avec ses notions de transferts de masse, de freinages dégressifs et d'accélérations progressives. Comme Jules peut en témoigner : « Passer du kart à la voiture est un grand pas. Le pilotage est totalement différent. Il ne devra pas confondre vitesse et précipitation. Il aura, je pense, un bon programme de tests cet hiver et il doit bien prendre le temps de travailler même si je ne suis pas inquiet. Charles saura s'adapter rapidement. »

Charles, faute de pouvoir accéder au simulateur Ferrari sur lequel s'entraîne Jules, joue à des jeux vidéo : « J'ai beaucoup joué à des jeux de simulation de pilotage sur PlayStation, que ce soit de Fl ou autres. » Il est si curieux de ce nouveau monde sur le point de s'ouvrir à lui qu'un jour il tente même, comme un enfant qui entrerait dans une confiserie, de s'infiltrer dans l'usine Ferrari à Maranello. Sans succès : « Mon premier souvenir de Maranello, c'était avec Jules. Jules devait y aller pour un shooting photo, et il a essayé de me faire entrer à l'usine Ferrari avec lui. Ça n'a pas marché, j'ai dû l'attendre en dehors. Mais j'ai pu réaliser combien toute la ville tourne autour de Ferrari. Je me suis assis dans le parking pendant deux heures et pendant ce temps j'ai essayé d'imaginer comment c'était à l'intérieur du lieu. Dans mon esprit, j'imaginais une structure semblable à celle que l'on voit dans Charlie et la chocolaterie, avec l'Oompa Loompa qui courait partout. » L'image d'un pays magique au-delà de certaines portes est dans l'esprit de Charles. Cela lui permet de garder les pieds sur terre et c'est un message : avec de la force d'esprit, une part de chance, de la détermination, nous pouvons réaliser ce dont nous rêvons… C'est le cas de Jules aussi, même si réaliser ses rêves n'est jamais facile : pilote de réserve de l'écurie de Formule 1 Force India en 2012, une place de titulaire lui semble promise pour 2013. Mais c'est finalement Adrian Sutil qui est choisi. « Je n'avais pas vraiment de sensations, dira Jules, juste je pleurais. Je n'étais pas bien, dégoûté, je n'avais envie de rien. J'avais vraiment tout donné et puis je savais que c'était fini, en fait. » Christine, la maman, confirme : « Il était effondré donc il a fallu reprendre nos esprits, que je l'appelle. Le rassurer, lui dire : “Écoute, ce n'est pas grave, ce n'est que partie remise mais ça va se faire, ne t'inquiète pas.” » Un rôle que pourrait tout à fait tenir Pascale, la maman de Charles, en cas de coup dur.

Et finalement, c'est au moment où tout espoir semble avoir déserté que l'inattendu se produit, comme l'expliquera Nicols Todt : « Marussia avait signé son second pilote qui était Razzia, un Brésilien. L'accord a finalement capoté. J'ai essayé d'être un peu opportuniste et de dire : “Voilà il faut y aller”, ayant déjà des contacts avec cette équipe. » « Je n'y croyais pas, dit Jules. Je ne pensais pas à ça et je ne pensais pas que ça allait se faire puisque je ne voulais pas encore avoir une déception deux jours après. » En une journée, deux semaines avant le début de la saison, un accord est trouvé : ce soir-là Jules Bianchi vient de signer son contrat, il est enfin en Formule 1. « Le soir je suis allé voir l'écurie pour rouler le lendemain. Ça s'est fait vraiment très rapidement. Et c'était quelque chose de magique à ce moment-là. Tout me passe par la tête, mon père, ma maman, parce que je sais qu'ils ont fait beaucoup de sacrifices en karting pour moi. Quand j'étais plus jeune les dépenses étaient déjà très élevées. Et je sais que pendant quelques années par exemple ils ne sont pas partis en vacances pour pouvoir me payer des saisons. » Voilà comment, pendant que Charles termine ses classes en karting, Jules fait ses premiers tours de roues en Formule 1.

Charles parviendra-t-il à suivre les traces de son parrain, que tout le monde voit devenir un jour pilote Ferrari, lui qui a intégré la prestigieuse FDA – Ferrari Driver Academy –, une filière pour faire monter de jeunes talents dans la pyramide du sport automobile… ? Et Jules, comment va-t-il s'en sortir dans sa nouvelle équipe de Formule 1… ? Avant de répondre à ces questions, faisons un bond dans le futur : place à l'incroyable course de Monaco 2019, une course où Charles a vécu le meilleur comme le pire…

5

26 mai 2019, Grand Prix de Monaco

« Je vais vivre avec. »

Ferrari SF90

— Fantastique ! Merveilleux ! Stupéfiant !

Telles sont les paroles du fer de lance des Bugatti des années 1920, Louis Chiron, pour parler du tracé de Monaco que lui présente à l'époque le commissaire général de l'Automobile Club de Monaco – Antony Noghès – en lui demandant son avis.

Anthony Noghès nourrit un ambitieux projet, fou pour l'époque : celui de réaliser un circuit en pleine ville de Monaco. Grâce à sa détermination, à son sens de la persuasion et des affaires, il s'entoure de personnes importantes et parvient à faire financer ce projet par la Société des bains de mer de Monaco. Il s'agit de la plus ancienne société de divertissement de Monaco, qui possède au sein de la Principauté des centres commerciaux, des restaurants, des casinos, ou encore des hôtels de luxe comme le Monte-Carlo Bay avec sa piscine de rêve, où Charles aime se rendre. Bien dans sa tête avec cette aide précieuse, Antony Noghès imagine un tracé et demande conseil à Louis Chiron pour le finaliser. Ensemble, ils réfléchissent à la façon de résoudre différents problèmes : une marche à grimper entre le quai des États-Unis et le quai Albert-Ier, une autre à descendre du côté des gazomètres, les pavés et les rails du tramway entre la Condamine et le Casino… Pour aboutir à la naissance d'un mythe : cet impressionnant circuit entre les rails que l'on connaît maintenant… Le Grand Prix de Formule 1 de Monaco ne fait-il pas partie de la « triple couronne », l'une des trois courses que chaque pilote au monde rêve d'inscrire à son palmarès, avec les 500 miles d'Indianapolis et les 24 Heures du Mans ? Quel pilote n'a pas dans un coin de sa tête l'image de Graham Hill, seul détenteur de ce triple Graal ?

« Avec l'âge, vous commencez à avoir plus de préoccupations, et vous perdez un peu le plaisir de la vie, a dit Ayrton Senna dans *La Course dans le sang.* C'est donc important, chaque fois que vous le pouvez, de redevenir un enfant. » Ce sport, avec ses règles d'adultes et son économie, n'est-il pas un sport d'enfants qui ont des rêves plein la tête ? Louis Chiron gagna l'édition 1931 du Grand Prix de Monaco, sa plus belle réussite, tant et si bien que Charles lui rendra hommage avec un casque décoré en son honneur : « *The first and so far only Monegasque to win the Monaco GP. Bringing a part of Louis Chiron back on track.* » Voilà ce qu'il poste sur Twitter un 19 mai, avec l'image de ce casque sous tous les angles.

Nous sommes en 2019. Quatre-vingt-huit ans plus tard, il aimerait bien réitérer l'exploit qu'un Monégasque s'impose sur ses terres. En dehors de la performance pure, si un pilote veut aller vite à Monaco, il doit avoir bien plus confiance en les réactions de sa voiture que sur n'importe quel autre circuit : les murs sont si proches que la moindre erreur peut être fatale. Même si ce tracé est connu pour ses virages lents, on retrouve des courbes rapides comme à la Piscine, un enchaînement de virages qui se négocie à fond en qualifications. Encerclées par les rails, les voitures y déboulent à plus de 220 km/h. Années après années, le goût qu'ont les pilotes de rouler sur ce circuit si particulier ne s'est jamais amenuisé. Pour Carlos Sainz : « Pour réussir son week-end, la clé est d'avoir confiance en soi et en sa voiture. Pour cela, vous devez construire votre confiance par petites étapes pour être à 100 % en qualifications. Les qualifications sont cruciales à Monaco (car il y est très difficile de dépasser). Généralement, la tension est à son comble. Je dirais même que c'est l'une des séances les plus difficiles de toute la saison, si ce n'est la plus dure ! Il faut ce petit plus de détermination. Quand vous réalisez le tour parfait sur ce tracé, vous ressentez des choses uniques. C'est incroyable. »

Les qualifications… Cet exercice de funambule où il s'agit d'être le plus rapide sur un tour. Il détermine l'ordre de la grille de départ de la course. Après de telles paroles, comment ne pas parler du maître en la matière, « Magic Senna » ? Ce surnom, Ayrton Senna le doit à Gérard Ducarouge. En 1985, il était dans sa première saison en Formule 1 et faisait tellement de pole positions sur sa modeste Lotus que des membres d'autres équipes, durant les contrôles techniques, examinaient chaque fois la monoplace du Brésilien sous toutes les coutures afin de déceler une tricherie. Un jour, Gérard Ducarouge leur a lancé : « Si vous voulez disqualifier quelque chose, disqualifiez le pilote. Il n'y a que cela de magique dans notre voiture ! »

Le chrono comme recherche d'absolu. Ayrton Senna a passé sa vie à chercher la perfection, tout comme Charles. L'homme s'élance seul avec sa machine, une communion où il s'identifie à elle. Il y a la foule qui crie, qui applaudit, elle s'impatiente, il y a la piste aussi, avec ses virages qui happent chacune de ces fusées colorées aux frontières du réel. L'enfant est attiré par ce qui lui échappe, par les mystères insaisissables, par les astres, il cherche à tutoyer les étoiles. Nous cherchons tous la pureté comme quelque chose de sacré, inscrit dans notre génome à la naissance, ce Graal à conquérir, ce diamant minéral de l'âme. Il semble parfois couler en nous et se répandre dans nos veines comme du mercure. Un pilote ne peut rien accomplir de plus pur dans sa vie qu'aller vite. D'ailleurs, « aller vite » tend vers quelque chose d'abstrait, une métamorphose en un photon qui se rapporte à l'espace, au temps, au cosmos : 300 000 km/s… C'est bien connu, rien ne va plus vite que la lumière… Mais sur une piste, rien ne va plus vite qu'une Formule 1. Dans le cerveau d'un pilote il n'y a pas d'atomes, de planètes ou de photons, il n'y a que la masse d'une voiture, un volant et une pédale d'accélérateur !

« Je suis un grand fan des circuits urbains, explique Charles dans une interview. C'est vrai que j'adore cette sensation de pouvoir être à la limite mais sans jamais la dépasser parce qu'on n'a pas le droit à l'erreur, il n'y a pas de dégagement, c'est tout de suite le rail. Donc c'est vrai que pour nous les pilotes, c'est juste un challenge incroyable. Le plus compliqué, c'est de se mettre dans sa bulle parce que je dors à la maison donc c'est difficile de se dire le matin en partant de mon appartement : "Bon là on va en piste et il faut que je sois à 100 % concentré sur le Grand Prix." Parce que j'ai plutôt l'habitude de déconnecter des courses quand je suis chez moi à Monaco, à me relaxer et à penser à autre chose. Mais vous pouvez aussi ressentir le soutien : beaucoup de personnes m'encouragent, c'est vraiment agréable. Donc c'est un peu l'exception de l'année ce Grand Prix où il faut que je sois complètement concentré sur la course. Mais c'est un challenge et un rêve depuis tout petit. » « Vous pensez que ça ira de plus en plus vite, ou il y a une limite ? » a demandé un jour Charlotte Casiraghi à Charles dans une interview. « J'espère que ça ira de plus en plus vite ! a-t-il répondu. Parce que c'est ce que j'aime et finalement on s'habitue à la vitesse au bout d'un moment donc là je n'ai qu'une seule envie, c'est d'aller plus vite. C'est notre devoir à nous en tant qu'humain d'essayer de toujours pousser les limites et être toujours prêts à aller plus vite et c'est ce qu'on essaie de faire en tant que pilotes de Formule 1. »

« Je ne sais pas ce que c'est qu'une limite, a dit Ayrton Senna. Parce que vous pensez être une limite. Soudain ça n'en est plus une alors vous continuez : vous trouvez d'autres limites et c'est un nouveau challenge. » Voilà des paroles fortes qui ont sans doute abreuvé la vie et l'esprit de Charles et de son père, eux qui ont vu tous ses films. À Monaco, lors du Grand Prix de Monte-Carlo en 1988, Ayrton Senna a une avance incroyable sur Alain Prost (55 secondes) : « Il freinait au dernier moment, plongeait dans les virages, décrochait presque. Je ne sais pas comment il faisait mais il arrivait à faire littéralement danser sa voiture sans jamais lui faire quitter la piste. » « Ce jour-là tout à coup, dira Ayrton Senna, je me suis rendu compte que je ne pilotais plus de manière consciente. J'étais entré dans une autre dimension. Le circuit était devenu un tunnel dans lequel je m'engouffrais, encore et encore, toujours plus loin. Je me suis rendu compte que j'allais au-delà de toute perception consciente. »

Soudain, il reçoit un message radio lui disant : « Tu as beaucoup trop d'avance, ralentis. » Il se déconcentre et, contre toute attente, percute un rail puis abandonne. « Ce week-end-là, je suis arrivé tellement près de la perfection que je me suis laissé aller. J'ai laissé la porte ouverte à l'erreur. » Une erreur qui laissera la victoire à Prost… Ce dernier dira qu'Ayrton ne voulait pas le battre mais l'humilier, montrer à la terre entière qu'il était le plus fort, le meilleur, et que c'était sa faiblesse. On ne sent pas cet orgueil chez Charles, mais on sent cette détermination à être le meilleur et à faire le meilleur chrono. D'ailleurs, il faut voir son tour incroyable de qualifications en F2, en 2017, ses blocages de pneus, ses contre-braquages – ce fut de la folie – pour comprendre qu'il est prêt à tout donner pour ce circuit. Il avait réalisé la pole... Cependant, il avait dû abandonner en course alors qu'il était en train de la dominer de la tête et des épaules : un problème mécanique a mis fin à ses espoirs. En 2018, alors qu'il roulait chez Sauber F1 Team, il a effectué toute la course derrière Brendon Hartley avant de le harponner à cause d'une rupture de freins et d'abandonner également. Charles n'aime pas parler de malchance mais il espère bien n'avoir aucun problème cette fois sur son circuit. En ce mois de mai 2019, à bord de sa Ferrari, sera-t-il de nouveau capable de réaliser une pole position ?

La réponse est simple : non... Mais pas vraiment à cause de lui, plutôt de son équipe... En effet, à trois minutes du terme de la Q1[1], la Scuderia a géré la Ferrari de Sebastian Vettel, qui venait de toucher un rail du pneu arrière... et oublié son autre pilote, Charles ! Il n'est tout simplement pas ressorti... laissant des pilotes le devancer sur le fil, et l'éliminer... Plusieurs questions se posent : qui a oublié de le faire ressortir ? Son ingénieur de piste ? Mattia Binotto, le directeur d'écurie ? Quelqu'un d'autre ? Une chose est sûre, sur ce Grand Prix qui est le plus regardé au monde, les stratèges de Ferrari n'ont pas brillé dans le sens espéré... Ainsi, Charles ne partira qu'à une triste quinzième place. On peut imaginer son désarroi après cette « qualif » manquée, lui qui a particulièrement à cœur de briller sur ce circuit : « Cette course, je l'attends depuis

1. On appelle Q1 la première phase des qualifications qui élimine les cinq pilotes ayant réalisé les moins bon temps.

toujours. C'est un rêve pour tout pilote. Alors, quand vous êtes de surcroît monégasque, cela devient encore plus fort. Jeter une qualif comme ça, c'est vraiment dommage, ce n'est pas facile à accepter. Le week-end est gâché, c'est sûr. Je n'ai pas d'explication pour le moment. C'est toujours un plaisir d'être chez Ferrari mais là c'est difficile à vivre. Ce sera une course plus que compliquée. »

« Tiens bon, Charles... a posté un fan sur la page charles-leclerc-fans.com. Féfé peut difficilement aller plus bas... Même pas un mécano pour surveiller et prévenir de l'affichage du 16 pour la pesée... ! Allez, casse tout ce soir et rien demain... Une belle remontée et driver of the day... Les règlements de comptes à plus tard. Bon dimanche à tutti ...-)) »

C'est sûr que cette quinzième place est plus qu'un handicap sur ce tracé où il est presque impossible, nous l'avons dit, de dépasser. Beaucoup de pilotes s'avoueraient vaincus, laisseraient tomber, se résigneraient à finir à une médiocre position... Pourtant, Charles va cogiter, et finalement aboutir à la conclusion suivante : « Je n'ai rien à perdre... Je dois prendre des risques », comme il l'annoncera lui-même dès la sortie du cockpit le samedi soir au micro de *Sky Sports* : « Je vais devoir prendre des risques et même celui de m'accidenter, mais c'est comme ça, je vais devoir dépasser même si c'est une piste sur laquelle c'est impossible. »

C'est dans cet état d'esprit qu'il se rend le lendemain sur la piste, à pied, en partant de chez lui, rue Princesse-Caroline. C'est dans cet état d'esprit qu'il s'équipe et monte, sous le soleil de mai, dans sa Formule 1 de 1 000 chevaux. Il ne veut pas se résigner, il veut faire quelque chose, tout Monaco compte sur lui, le porte, lui fait confiance. Il y a Jules, il y a l'esprit de son papa avec lui, il y a ses frères. Il y a le prince Albert en costume, la princesse Charlène en robe noire qui a fait une accolade touchante à Charles en le prenant dans ses bras comme si elle ressentait ses émotions et avait une vraie compassion pour lui. Il y a de grandes familles : les Ducruet, les Casiraghi. Il y a les fans, il y a ses proches. Charles a un casque moitié dédié à Jules, réplique du sien côté gauche, moitié dédié à son père, réplique du sien côté droit. C'est émouvant avant le départ, car un hommage est rendu à l'ancien pilote Ferrari Niki Lauda – décédé peu avant le Grand Prix –, avec son casque rouge exposé devant les pilotes. Il y a une minute de silence. Puis des bateaux rassemblés dans le port de la Principauté font retentir leurs trompes alors que des cloches sonnent. Plus tard, Charles aura l'honneur de monter dans une des Ferrari que pilotait Niki. Il ne le sait pas encore… Peut-être pense-t-il aux flammes dans lesquelles il s'était retrouvé au Nürburgring, coincé dans sa voiture comme le fut Mauro Bianchi…

Voilà, il faut monter dans la voiture, fermer la visière, se préparer à prendre le départ, un bon départ si possible. Dans sa voiture, en vérifiant les affichages sur l'écran de son volant puis en le caressant avec ses gants, le pied posé sur la pédale d'accélérateur, Charles a en ligne de mire le premier virage du circuit, celui de Sainte-Dévote, un lieu où il a un triste souvenir, nous en reparlerons. De ses propres dires, « c'est un virage compliqué car c'est un gros freinage : il est très facile d'y bloquer les roues avant, surtout au départ quand les pneus sont froids. Il faut essayer de placer la voiture le plus droit possible pour éviter les blocages de roues – une règle de base en automobile –, en essayant d'aller frôler le mur sur la gauche en entrée de virage, pour essayer d'ouvrir le virage le plus possible. Ensuite on va couper sur le vibreur intérieur, c'est assez large donc ça bouscule toujours un peu. C'est ce genre de bosse ou de vibreur qu'il faut vraiment essayer pendant les essais libres, pour savoir exactement comment le prendre pour que la voiture reste la plus stable possible.

L'idée est de régler une voiture qui soit capable de bien escalader le vibreur. Car plus on peut grimper dessus, plus on s'ouvre le virage vers la montée et on peut, du coup, avoir une bonne sortie. C'est très rapide, on freine à 70-80 m ». Des cœurs battent fort, des respirations sont bloquées, des yeux sont exorbités, rivés sur la rampe de feux, guettant le moment où ils vont s'éteindre.

« VROAAAR ! »

Charles part bien : après quelques tours de roues, il parvient à glisser sa voiture à hauteur de celle de l'écurie qui était la sienne l'an passé – Sauber, nouvellement Alfa Romeo – et que pilote maintenant celui dont il a pris la place : Kimi Räikkönen. Au freinage, il aimerait bien placer sa Ferrari à gauche de la piste comme c'est son habitude, en essayant de frôler le mur. Mais Kimi l'en empêche et n'a pas l'intention de lui faire de cadeau. Il faut donc freiner le plus tard possible, en pneus froids et au milieu de la piste, un exercice dangereux car Charles ne l'a pas vraiment expérimenté durant les essais. Ce sera donc une sorte d'improvisation… ! Il y a le nombre 100 écrit à la verticale sur un panneau noir accroché à un grillage, indiquant que ce point de freinage se situe à 100 m du virage. Il est accroché à l'intérieur du circuit, du côté des pilotes : ce qui montre bien qu'il y a une séparation entre le monde extérieur et le monde dans lequel on rentre lorsqu'on ferme la visière. Charles freine tardivement, après le panneau. Il parvient tant bien que mal à ne pas trop bloquer le pneu avant droit. Voilà : Kimi comprend qu'il ne pourra rien faire… En gérant son freinage comme il le peut, Charles double à Sainte-Dévote ce cher Räikkönen pour le gain de la quatorzième place.

Tout de suite, il faut penser à bien accélérer car il y a ensuite toute la montée vers le Casino, il faut donc une bonne sortie de virage. « Avec les F1 de nos jours c'est à fond assez facilement mais bon on arrive quand même à des vitesses très élevées en haut du Casino », nous dit Charles. Cette montée zigzague quelque peu en effet, mais Charles reste « soudé au plancher » – à fond, à « toc », *flat out* comme disent les Anglais ! « On arrive au Casino où là, c'est super important de relâcher les freins très tôt pour essayer d'amener le plus de vitesse possible. Nous arrivons très vite de la montée (plus de 280 km/h) et il faut, en plus, gérer un léger dévers. Si la roue avant bloque, c'est la fin. Et le rail garanti. On passe d'une montée à une descente donc la voiture devient plus légère, donc on perd un petit peu d'adhérence et ça encore une fois il faut l'anticiper. C'est un long virage à gauche, il faut essayer de rester le plus à gauche possible en sortie de virage pour préparer le virage à droite, en descente. » Charles est juste derrière la McLaren de Lando Norris, obligé de se battre avec le volant pour sentir l'adhérence et la limite de la voiture, tant que les pneus sont froids. En sortie du droite, dans la descente, il pense comme tout le monde à éviter la petite bosse qui se situe à gauche de la piste entre le Casino et Mirabeau, car cela pourrait causer des dégâts. « Cette fameuse bosse, raconte Charles, […] on essaie toujours de l'éviter sinon la voiture touche par terre et ça nous fait perdre de la performance. » « Il est évident qu'un tracé urbain est particulièrement bosselé, explique Rémi Taffin, ingénieur moteur chez Renault F1. Les voitures sautent par-dessus les vibreurs, les plaques d'égout et autres débris que l'on peut trouver sur la piste. La bosse la plus importante est située dans la descente du Casino vers Mirabeau : c'est la raison pour laquelle on a l'impression que les monoplaces quittent la trajectoire idéale. En fait, elles prennent le chemin le plus logique pour éviter de décoller sur la bosse. Si les roues arrière quittaient le sol, le moteur atteindrait soudainement le limiteur, ce qui causerait une perte de temps et des dégâts potentiels sur la mécanique. Il y a d'autres exemples de bosses et talonnages tout au long du tour, mais ce n'est pas toujours possible de les éviter. Nous portons une attention particulière à la programmation des diodes indiquant au pilote qu'il doit changer de vitesse. Nous les encourageons également à monter les rapports un peu plus tôt pour éviter de prendre le rupteur trop souvent. Le challenge est de donner au pilote un niveau de confiance tel qu'il n'a aucun commentaire à faire sur le moteur. Cela veut dire que la mécanique répond parfaitement à ses attentes. Si nous arrivons à ce résultat, cela veut dire que nous avons fait du bon boulot ! » Les ingénieurs Ferrari ont sans doute fait du bon boulot aussi car Charles semble littéralement voler : il est collé au cul de Lando Norris, si cette expression est permise, calé dans ses échappements ! Impossible de doubler à Mirabeau, mais « très facile de bloquer la roue avant droite, parce que la route s'affaisse un petit peu à l'intérieur du virage. C'est très important d'aller essayer de mettre la roue le plus proche du rail parce qu'il y a comme une petite rigole sur la droite, et quand on met la roue dedans il y a quand même un plus grand grip ». En revanche dans l'épingle du Loews que Charles appelle « Fairmont », celle où il y a le palmier, il peut y avoir possibilité de dépasser au freinage, mais on est alors très à l'intérieur et il ne faut pas se retrouver stupidement bloqué par manque d'angle de braquage comme ce fut le cas pour Räikkönen en 2016. Un virage « assez mythique aux dires de Charles : le virage le plus serré, le plus lent en Formule 1. Là, c'est super important d'aller chercher 10, 15, 20 centimètres au point de freinage parce qu'on est à des vitesses très réduites et la moindre différence en termes de freinage, c'est beaucoup de temps perdu. Essayer de faire tourner la voiture le plus rapidement possible pour réaccélérer le plus rapidement possible. Il est possible de doubler mais c'est très serré. Après, il faut apprendre la technique de ce virage, où les mains se croisent pour prendre l'épingle. La butée de direction est même changée pour nous offrir plus de latitude. Il faut attaquer le virage en mordant le vibreur pour retrouver de l'adhérence à l'avant, de la motricité et gommer ce sous-virage dont on souffre dans la descente. » Charles remarque que Lando n'applique pas suffisamment cette stratégie d'essayer de gratter des centimètres au freinage. C'est noté : sous le casque, il pense à préparer sa prochaine attaque, peut-être là ! C'est une espèce de feu qui commence à prendre le contrôle du cerveau de Charles, et qui se charge d'exécuter les actions qu'il faut pour que ses membres actionnent les commandes. Il brûle ! Au tour suivant, il applique à la lettre sa stratégie : il prend l'aspiration de Lando Norris dans la descente, freine le plus tard possible pour se porter à sa hauteur, relâche les freins… L'un des seuls virages où les mains se croisent au volant, c'est beau à voir… Faire pivoter l'auto, c'est ça le secret… Accélérer tôt… C'est incroyable : il parvient à dépasser la McLaren à cet endroit. Fantastique ! Merveilleux ! Stupéfiant ! pourrait-on dire en mémoire de Louis Chiron, c'est si rare de doubler à Monaco… Les spectateurs n'en reviennent pas, Charles perçoit une sorte de ferveur et se fait féliciter à la radio par son ingénieur. Pourtant, le plus beau est encore à venir, mais aussi le pire… « Ensuite il y a toute la partie avant le tunnel où c'est super technique, deux virages à droite, le deuxième est surtout très important pour la sortie juste avant le tunnel parce qu'on a une longue ligne droite donc il faut vraiment une bonne vitesse de sortie, très important d'être super précis. À l'entrée, pour prendre ce virage à fond, il faut venir lécher le rail. Et comme on passe du jour à la nuit, on n'a pas le temps de voir. Il faut le faire d'instinct. » En sortie de tunnel, Charles est ébloui. Mais très vite il reprend ses esprits, car il ne faut pas oublier de freiner au moment de sentir une bosse qui secoue la voiture. « Le tunnel toujours assez impressionnant avec le changement de luminosité, avec un freinage ultra-impressionnant et super compliqué parce que là aussi il y a une bosse, et il faut essayer de freiner ou juste avant la bosse ou juste après. En qualifications il faut toujours freiner après. » Charles est douzième, s'il continue comme cela, il pourrait bien finir dans le top 10 et marquer des points, ce qui serait déjà un exploit vu d'où il partait… Au fil des tours, enfiévré, il passe de plus en plus près des rails, il commence à ne plus réfléchir, à agir purement selon ses instincts, porté par une force qui parfois le dépasse, puisée dans son expérience, dans sa détermination, dans le moment présent. Et son univers commence à se resserrer, son champ de vision mental à se rétrécir, comme s'il entrait dans un tunnel, dans une autre dimension où l'espace et le temps ont des lois différentes, un monde de trajectoires où l'instinct est roi. Charles, le futur Skywalker ? « Quelquefois, dans certaines circonstances, vous pensez avoir une limite. Vous essayez de l'atteindre, vous la touchez et vous croyez y être donc c'est la limite. Mais quand vous touchez cette limite, quelque chose se passe, qui fait que vous pouvez aller encore un peu plus loin. Avec votre force mentale, votre détermination, votre instinct, et votre expérience aussi, vous pouvez voler encore plus haut. » Charles et son père n'ont sans doute pas manqué de regarder et regarder encore cet incroyable tour de qualification d'Ayrton Senna dans les rues de Monaco, où il semblait littéralement voler et être entré dans une autre dimension, un tour qui lui a fait dire ces paroles à propos de la notion de limite. Car rouler à Monaco, c'est bel et bien avoir l'esprit qui entre dans une sorte de tunnel. Tel un Padawan, peut-être Charles aimerait-il recevoir des conseils de son idole pour aller encore plus vite, puisque s'il pouvait le voir, son rêve serait d'apprendre à ses côtés : « Ce serait un rêve pour moi de courir avec lui et d'apprendre avec lui. C'est une personne que j'admire, qui avait beaucoup de talent et qui travaillait très dur. Ces choses réunies ont permis d'en faire le meilleur. » En attendant, Charles vole littéralement et il ne lui faut que peu de temps pour rattraper la Haas de Romain Grosjean. Cependant, l'adversaire est plus coriace, Charles reste bloqué trois tours derrière, s'impatientant…

« Ensuite, paroles de Charles, il y a le virage du tabac, un virage très rapide : rail à gauche, rail à droite, donc pas le droit à l'erreur, et quand ça tape ça tape assez fort mais bon, ça, on n'y pense pas dans la voiture. C'est juste très important d'être le plus précis possible dans ces virages et d'utiliser chaque centimètre de piste, ce qui est assez compliqué. » Puis on arrive sur la partie des piscines : « Là où j'ai commencé à nager. Moi c'est ma partie préférée parce que ça va très très vite et c'est aussi assez bosselé. C'est à fond pour la première esse, ensuite on arrive tout de suite sur le freinage pour la deuxième esse. Cet enchaînement très rapide, j'adore. Cela va vraiment vite. Il faut être très précis car on passe entre les rails. Et chaque millimètre gagné est un combat. L'idée est de conserver le maximum de vitesse, de lutter contre le ralentissement. C'est très chaud. Le plus dur réside dans la sortie de ces esses. On peut très facilement bloquer les roues. Et le gauche qui suit se referme très vite. » Cet enchaînement déboule directement sur un double droit dont le premier se nomme la Rascasse, un enchaînement qui a remplacé l'ancien virage des gazomètres, situé en face du restaurant du même nom. « Une boîte de nuit que je connais un petit peu, confie Charles. Très facile encore une fois de bloquer l'avant, c'est très bosselé, donc très compliqué de savoir exactement ce que la voiture va faire et comment elle va réagir sur ces bosses. C'est une des opportunités de dépassement pendant la course. » Charles ne croit pas si bien dire… Repérant un trou de souris que laisse Romain Grosjean à l'intérieur du virage, il y glisse sa « Rossa », relâche totalement les freins pour prendre de la vitesse, s'engouffre, pour surprendre Romain Grosjean qui, au moment de braquer, aperçoit une voiture à sa droite… ! Trop tard, Charles s'embarque déjà dans le dernier virage : « Relâcher les freins très très tôt et essayer d'emmener le plus de vitesse possible, il y a un petit vibreur, ça nous aide à arrêter la voiture juste avant le mur. Et voilà, c'est parti, c'est la fin du tour. » « C'était kamikaze », rouspétera Grosjean plus tard, mais il ne peut changer le cours des choses : Charles est onzième, c'est extraordinaire !

Nous venons de prendre conscience de tout ce à quoi Charles doit penser en à peine plus d'une minute et douze secondes, le temps qu'il faut pour boucler un tour de circuit. Galvanisé, en feu derrière maintenant la Renault d'Hülkenberg, sans esprit de compromis, il continue sur sa lancée. Mais peut-être avec un peu trop de fougue et d'optimisme, car voilà le pire, la catastrophe : au même endroit, à la Rascasse, il tente la même chose que sur Romain Grosjean. Cette fois il touche le rail, part en tête-à-queue, crève son pneu arrière droit… Il parvient à faire un tour complet de circuit pour rentrer aux stands, mais le pneu déchape, se transformant avec la vitesse de rotation de la roue en une véritable déchiqueteuse capable de broyer sa propre carrosserie : Charles éparpille des morceaux partout. À son retour aux stands, on croit à l'abandon… Mais il repart en pneus durs (blancs) alors que la *safety car* entre en piste !

Au Restart, Charles a pu recoller au peloton mais le voilà dernier… Finalement, il abandonnera quelques tours plus tard, la cause à un fond plat déchiqueté. « Je devais prendre des risques. Vu d'où nous partions, il fallait que j'en prenne pour remonter. Avec Romain (Grosjean), ce fut juste mais c'est passé. Avec Nico (Hülkenberg), non. Il ne m'a pas laissé assez de place et j'ai touché le rail. D'où la crevaison. Après, les dégâts étaient trop importants sur la voiture [...]. On a bien essayé de modifier les réglages sur l'aileron avant pour tenter de retrouver un peu d'appui. Mais c'était trop dur. J'ai tellement été soutenu ce week-end qu'il y a un peu de honte à terminer comme ça, c'est certain. Ce n'est pas le week-end que j'imaginais mais je ne peux rien y changer, et on va continuer de travailler. C'est dommage que cela arrive chez moi, sur une piste où cela ne double pas. Je vais vivre avec. »

À n'en pas douter, Charles va avoir besoin de réconfort, et ce n'est pas auprès de Ross Brawn, le manager sportif de la F1 et ancien formidable ingénieur, qu'il en trouvera : « Pendant une poignée de tours, Charles a été vraiment spectaculaire. Et puis il est allé trop loin et il a payé cher son impétuosité. Sa réaction était toutefois compréhensible. C'est sa course à domicile et sa première tentative dans une écurie de pointe. Ça devait être un moment spécial mais ça s'est uniquement terminé en déception. » Pour le réconfort, peut-être cela sera auprès de Giada (Gianni), sa petite amie avec qui il est officiellement en couple depuis 2015, mais ce n'est pas sûr non plus car il la quittera à la fin de cette année 2019 pour se consacrer à la course, d'après les propres dires de Giada, qui expliquera dans une vidéo sur Instagram : « Charles m'a laissée, il veut se consacrer uniquement à Ferrari. » Le monde de la Formule 1 n'est pourtant pas inconnu de l'Italienne : « Mon grand-père et mon père étaient fans de la Scuderia, qui représente un mythe en Italie. Tous les dimanches de Grand Prix, nous les passions devant la télévision, après le déjeuner. Je me souviens d'une fois où toute la famille s'était réunie à Naples », déclarera-t-elle à la *Gazette de Monaco*.

Charles a-t-il vraiment besoin de réconfort ? N'est-il pas assez obstiné pour se reconstruire lui-même ? « J'ai la chance de pouvoir très rapidement passer à autre chose. Je suis toujours très objectif avec moi-même et je pense être le seul réellement capable de juger mes performances. Pour y arriver, j'essaye de ne pas me rendre trop sur les réseaux sociaux où l'on est aussi bon que sa dernière course. J'analyse objectivement mes erreurs et passe à autre chose. » « De héro à zéro »... Tels sont les commentaires que les gens aiment poster après ce genre de prestation, et que Charles n'a peut-être pas envie de voir. Il est vrai que dans ce sport, il est si facile de tout perdre d'un seul coup et si difficile de gagner... C'est comme tout dans la vie : détruire est plus facile que construire. Et de un, et de deux, et de trois, a-t-on peut-être posté aussi, pour signifier qu'il s'agit du troisième abandon de Charles en son royaume, et que cela commence à faire beaucoup... Citons tout de même le fan de tout à l'heure, qui posta après la course : « Allez Charles, trop de frustration, trop de pression aujourd'hui (perso c'est la première erreur de dépassement que je vois depuis le KF, soit un vrai bail). Lui si juste, si précis dans ses dépassements, s'est fait emporter par une fougue non contenue. Huit jours au vert, à oublier [...] Ferrari, sa politique et ses con... ries, et à se reconcentrer uniquement sur lui-même comme il l'a toujours si bien fait. Allez, la pole au Canada pour faire taire les malvoyants. Ça va sourire :-)) »

Espérons-le, car Charles a vécu par le passé des années difficiles durant ses classes en monoplaces, très difficiles...

6

2014-2015 : les débuts en monoplace

Perdre et devenir plus fort... L'apprentissage fait son chemin, le cœur saigne...

« Je devais faire les choses au mieux pour le rendre fier. »

Formule Renault 2.0 ALPS puis F3

Nous sommes en 2014... Après les résultats qui sont les siens en karting, il semble naturel de s'intéresser à la monoplace, avec comme objectif lointain la Formule 1, le rêve que tout pilote de kart a dans un coin de sa tête... Plus particulièrement Charles, quand on sait que son ami Jules a intégré en 2013 la catégorie reine – avec Marussia. Nous l'avons dit, les jeunes prodiges commencent de plus en plus tôt. En 2014, Charles va sur ses 17 ans, il est maintenant un adolescent. Il a eu beaucoup de temps pour se familiariser mentalement avec la conduite d'une monoplace, grâce aux paroles de son père depuis tout petit – lui qui a roulé en F3 avec Jean Alesi –, grâce à celles de Jules et à ce qui se dit dans les paddocks des circuits de karting... Beaucoup de temps pour savoir qu'il va falloir se concentrer à toujours attaquer les freinages le plus droit possible afin de ne pas bloquer les roues avant, savoir qu'avec l'aérodynamique on peut être très agressif dans les virages rapides, comprendre qu'avec les transferts de masse, ce n'est presque plus le volant qui dirige la voiture mais les pédales : freiner déleste l'arrière, provoque du « survirage » et fait tourner tandis qu'accélérer écrase l'arrière et allège l'avant : la voiture tire tout droit, ne tourne plus, elle « sous-vire ». Ces deux pédales, accélérateur et frein, deviennent donc le « volant » de la voiture. Le frein, en particulier, fait tourner et pivoter l'auto. Savoir accélérer plus progressivement qu'en karting aussi, afin de ne pas partir en tête-à-queue en sortie de virage. Freiner de manière dégressive comme l'a superbement illustré un certain Michael Schumacher avec une technique de freinage précise et linéaire après le pic d'attaque qu'on apprend maintenant dans toutes les écoles de pilotage, un dosage très fin jusqu'au point de corde du virage, et une pression de 2 bars – ce qui vous contracte tout de même bien les muscles du mollet ! – quand auparavant certains pilotes freinaient de manière plus personnelle, comme Jean Alesi qui tapait par à-coups de plus en plus dégressifs dans la pédale de frein, ainsi que le révélèrent les acquisitions de données de l'époque.

Charles a eu beaucoup de temps pour se familiariser mentalement à tout cela, mais le faire vraiment dans la réalité est différent. Et il ne faut pas croire que c'est quelque chose d'approximatif, au contraire les données sont devenues de plus en plus pointues, avec des capteurs de plus en plus précis. En Formule Renault, avec l'aide de ses ingénieurs, Charles peut analyser sur ordinateur *a posteriori*, après chaque séance d'essais, chaque graphique à chaque tour de circuit : les pressions de freins, qui doivent être linéaires et dégressives comme nous l'avons dit, lcs vitcsscs dc passage en courbe, etc., tout cela dans le but de toujours progresser sur sa technique de pilotage.

Pour faire ses classes, il y a la Formule 4, une catégorie où les appuis aérodynamiques sont assez faibles. De nombreux influenceurs connus comme Botaga, Sylvain de Vilebrequin, Squeezie, ont d'ailleurs pu tester ces bolides lors du GP Explorer, une course organisée par ce dernier. Certains commencent aussi directement par la Formule Renault, une voiture avec plus d'appuis qu'une F4, c'est-à-dire des ailerons véritablement efficaces, une puissance accrue et un châssis totalement en carbone : une Formule Renault est déjà en soi un petit bijou. C'est cette deuxième option que va privilégier Nicolas Todt pour Charles : il choisit le championnat dit « ALPS » de Formule Renault italienne et suisse, peut-être plus modeste pour débuter que le relevé championnat de Formule Renault Eurocup – dans lequel il fera tout de même quelques courses. C'est une bonne chose : inutile de se brûler les ailes dans un championnat trop dur : « On voulait suivre un programme *step by step* et ne pas sauter d'étapes, d'où le choix du championnat ALPS de FR 2.0 », dira Charles pour justifier cela. Il est vrai que le cap de la monoplace est déjà en soi une marche immense à franchir par rapport à celles du karting, tous les pilotes le disent, y compris Charles et Jules : « Passer du karting à la monoplace constitue un sacré palier, dira le premier. Je pense qu'il y a énormément de différences car ce sont deux mondes très différents. Les façons d'utiliser les freins et de piloter sont très différentes, même si dans le fond, la gestion de la course reste la même. L'expérience acquise en karting me sert donc en monoplace même si le pilotage n'est pas le même. » Et pour Jules : « Passer du kart à la voiture est un grand pas. Le pilotage est totalement différent. Charles a de la chance, car il vient de signer avec une très bonne équipe (Fortec Motorsport). Je pense que ça va être une très bonne saison pour lui, mais il va falloir qu'il travaille. J'ai entendu dire qu'il faisait de bons essais, donc il faut qu'il continue comme ça et j'espère qu'il gagnera l'ALPS puisque c'est clairement l'objectif. C'est ce qu'il faut faire pour une première année, mais il ne faut pas qu'il se mette la pression, il faut qu'il travaille tout en restant calme. Ce sera peut-être un peu dur au début, mais je pense que lorsque les choses vont se mettre en place, tout va bien fonctionner. Il ne devra pas confondre vitesse et précipitation. Il aura, je pense, un bon programme de tests cet hiver et il doit bien prendre le temps de travailler même si je ne suis pas inquiet. Charles saura s'adapter rapidement. »

Si Jules n'est pas inquiet au moment où il explique cela, c'est parce que durant l'hiver 2013-2014, comme tous les pilotes, Charles a l'occasion de s'entraîner sur des pistes – ce ne sont pas des choses qui sont publiées sur les tablettes ou sur Wikipédia – un chrono peut très bien rester secret, cela se fait en privé, sans trop faire de bruit même si c'est un secret de polichinelle : en sport automobile, il est toujours de bon ton de dire qu'on est débutant même si on a déjà limé les pistes, c'est toujours plus impressionnant. D'ailleurs, on ne peut jamais savoir combien les autres se sont entraînés, c'est pourquoi Charles est fan des circuits en ville : « J'adore les circuits en ville, on ne peut jamais faire d'essais avant la course donc je n'attends que ça ! » On le voit, là où d'autres pourraient voir en des difficultés une source d'inquiétude, Charles voit des opportunités de se distinguer. N'est-ce pas la caractéristique des champions ? En tous les cas, il est prêt à travailler dur dans cet univers qui le fascine, à analyser et analyser sans relâche les graphiques le soir avec ses ingénieurs. Ayrton Senna faisait cela également : il ne s'autorisait aucun répit, traquait le moindre détail technique. Son esprit propulse Charles dans les entrailles de la mécanique. D'ailleurs, lorsqu'on lui demande le métier qu'il aimerait faire s'il devait arrêter sa carrière en sport automobile, c'est pour lui très clair : « Ingénieur dans le sport automobile. » Jules est bien sûr au courant des exploits secrets de Charles, il l'aide. Ce n'est pas un mystère, cela n'est facile et naturel pour personne d'aller vite dans une telle voiture, et il faut rouler, rouler et encore rouler pour y parvenir, arracher la gomme des pneus, vider les réservoirs.

La première fois qu'on comprend qu'on va franchir un pas dans un monde différent est peut-être le moment où, dans un atelier de l'écurie, on se retrouve à mouler un baquet. Là on sait vraiment que c'est dans cette voiture, avec les pédales et le volant qu'on est en train de toucher, les pneus slicks qui grincent sur le sol lisse de l'atelier, qu'il va falloir se battre contre d'autres concurrents. On sort alors de l'habitacle avec une sorte de petite nostalgie, car cette voiture, qu'on le veuille ou non, on commence déjà à l'aimer. Il le faut, ou cela se ressentira sur les résultats ! Là, on découvre aussi à quel point les choses sont différentes du karting car on se sent comme prisonnier : les coudes serrés par la coque, les genoux coincés dedans, avec l'envie de se relever tellement on est bas, allongé.

Quelles sont les principales qualités de Charles en tant que pilote ? a-t-on demandé à Jules dans une interview. « Tout d'abord, il est naturellement très rapide. Il fait peu d'erreurs et sait saisir les opportunités pour dépasser. Il est par ailleurs très déterminé et veut toujours gagner ! » Le championnat 2014 de Formule Renault 2.0 ALPS est constitué de sept courses

– dont trois en Italie – que Charles fera avec l'équipe Fortec Motorsport. Il y aura Imola, Pau, le Red Bull Ring en Autriche, Spa, Monza, le Mugello et Jerez en Espagne. C'est là qu'on va voir si les heures passées chez lui sur sa PlayStation One à jouer à *Toca* ou autres jeux de voitures vont payer ! Car il y passe énormément de temps : « *Toca*, c'est un jeu, je ne sais pas combien d'heures j'ai passées dessus mais j'en ai passé beaucoup », avoue-t-il lui-même. Ce ne sont pas des monoplaces qu'il peut conduire dans ce jeu mais cela permet de se familiariser avec une voiture plus lourde qu'un karting, où les transferts de masse existent, avec les conséquences que cela a sur le pilotage comme nous l'avons expliqué.

Martin Young, le *team manager* de Fortec, explique comment se sont passées les choses : « Nous l'avons d'abord remarqué quand il a gagné la Monaco Kart Cup. Il est ensuite devenu champion du monde des moins de 15 ans, si bien que lorsqu'il a été en mesure de passer en monoplace, [...] c'était lui ou Max Verstappen. Après les premiers jours de tests, il a su nous montrer qu'il était rapide. Il avait besoin de travailler mais d'un point de vue général il était déjà très performant. »

Les bons espoirs qu'a aussi placés Jules en Charles se confirment en tout cas dès les premiers essais, en mars, à Barcelone : Charles, dans son élégante voiture noire avec un motif de mécanisme de montre en guise de décoration – pour son sponsor Richard Mille – réalise le meilleur temps absolu dès son huitième tour chrono, puis bat le record de la piste, cela face à des pilotes expérimentés comme Andrea Pizzitola ou Aurélien Panis, le fils d'Olivier Panis. Pour autant, il garde la tête froide et sait que le chemin est long, constitué d'embûches et de coups durs qu'il faudra surmonter : « J'ai beaucoup appris durant ces deux jours, et cela était l'objectif principal. Faire le record de la piste était une bonne chose pour moi mais cela ne signifie pas grand-chose. Ces deux journées d'essais ont été très bonnes, mais il me reste encore énormément de travail à fournir et beaucoup d'expérience à emmagasiner ! »

Comme embûches, il faudra par exemple éviter le Yas Hotel d'Abou Dabi. « Vous logez ici ? » demandera un Charles Leclerc aux yeux écarquillés à un journaliste de *Top Gear*, parlant de cet hôtel littéralement construit sur le circuit. S'il offre une vue imprenable sur la piste, cet hôtel échoue totalement à remplir sa vocation primaire : « Fernando m'a recommandé de ne pas y mettre les pieds. Il a logé ici il y a quelques années et il n'a quasiment pas pu fermer l'œil du week-end. » Ce sera en 2019 que Charles évitera ce terrible piège ! Pour l'heure, les vraies embûches de cette saison 2014 commencent dès la première course, à Imola : lors des qualifications, sur une piste séchante, son équipe tarde à lui mettre les pneus slicks. Charles ne peut faire mieux qu'une vingt et unième place… En course, il doit abandonner. Pour se détendre avant la course suivante, à Pau, le voilà invité à une journée de karting loisir à Brignoles, avec ses deux frères et Jules, le tout dans une ambiance conviviale et bon enfant, loin des photographes et de la pression de la F1 ou de la Formule Renault. Comme le rapporte Franck Anfosso de la page charles-leclerc-fans.com : « Arrivés sur place peu avant le départ, nous avons pu apercevoir Charles au volant d'un simulateur “Ellip6”, très connu dans le milieu du sport automobile. Après s'être bagarré avec Jules pour monter le premier dans le simulateur, Charles a effectué un tour de circuit en 1'19'9 alors que Jules accusait un dixième de retard. »

Il est vrai que les nombreux simulateurs qui existent et même les jeux vidéo ont nettement contribué aux progrès des jeunes pilotes des générations 2000, comparé aux anciennes générations. Telles que celle d'Hervé, à une époque où il n'y avait pas d'acquisitions de données, c'est-à-dire la possibilité d'analyser *a posteriori* ou en temps réel les différentes données enregistrées par des capteurs sur la voiture, comme le régime moteur, la pression de frein, la vitesse des roues et tant d'autres choses. La nouvelle génération de pilotes, on peut le dire, est plus pointue sur le plan du pilotage pur, cela grâce à la technologie. Charles sait en profiter : il n'hésite pas à aller à Paris faire des journées entières de simulateur sur ce nouveau jouet développé par Ellip6. Ainsi peut-il découvrir ce merveilleux circuit en ville qu'est celui de Pau, surnommé le petit Monaco. Avec ses courbes entre des rails où il faut parfois monter sur des trottoirs comme après la courbe du parc Beaumont, ou encore croiser les mains au volant comme à l'épingle du Lycée, tant elle est serrée comme celle de Fairmont à Monaco…

Un avant-goût de ce qu'il vivra peut-être un jour dans la Principauté… Le voilà donc dans le royaume de Navarre, dont la couronne fut rattachée par Louis XIII à celle de France, car la ville a une histoire. Et c'est dans cette ville, dont la partie haute surplombe majestueusement les Pyrénées et ses gaves, permettant à n'importe quel spectateur de suivre avec ferveur la course à travers des palmiers, que Charles va se faire remarquer et briller comme le soleil.

L'expérimenté Nyck de Vries part en pole sur une piste totalement détrempée. Des conditions humides ne sont jamais bonnes pour un pole man car la pluie n'amène que le risque de tout perdre. En revanche, pour Charles qui part sixième, voilà une véritable aubaine : c'est sous la pluie, dit-on, qu'on reconnaît les meilleurs pilotes ! La pluie, les conditions préférées de son idole Ayrton Senna, qui gagna sa première course de Formule 1 dans des conditions dantesques, presqu'un déluge, au volant de sa modeste Lotus noir et or, donnant aux spectateurs devant leur télévision une émotion qui ferait encore monter les larmes aux yeux de n'importe quels amoureux des sports mécaniques, tel Hervé. Lui qui avait dit ces mots forts : « Même si tu essayes d'être parfait, personne n'est parfait. Donc bien sûr j'essaye d'apprendre de chaque erreur, de chaque mauvaise décision que je prends ne pas permettre qu'elles surviennent de nouveau. Ma première course sous la pluie en karting était un désastre. Une blague totale : je ne parvenais à rien faire de bien et sur le sec j'étais plutôt bon. Donc je me suis entraîné. Ça prend du temps, beaucoup d'efforts, beaucoup d'abnégation, et beaucoup d'énergie. Mais ensuite, j'ai appris. » Non seulement Ayrton Senna a appris, mais dans ces conditions où il faut être fin avec les pédales, subtil, où il faut doser, prendre des risques, s'adapter en permanence à la piste à chaque tour de circuit, à chaque tour de roues, avec en soi la volonté de toujours aller plus vite et de vaincre en permanence cette sensation d'adhérence précaire, il est devenu un maître. Des conditions qui sont aussi les préférées de Charles depuis son plus jeune âge… Et les reportages sur Ayrton Senna qui magnifient cet art de piloter sous la pluie n'y sont peut-être pas pour rien.

Le sport automobile est un monde qui a deux facettes : il y a le paraître et le ressentir, les présentations en costume devant les sponsors et le pilotage sous la pluie devant les spectateurs. Oui, depuis son plus jeune âge, Charles aime ces conditions très humides et, comme Ayrton Senna, il s'est entraîné dur pour y briller. Mais sans pression : « Je suis toujours parti du principe que se mettre de la pression ne change rien, si ce n'est en négatif car la vie se fait plus difficile, et que je suis là pour faire le maximum. […] Je ne pense pas à ça en travaillant, je pense à ce que je peux gagner en performance, à ce que je peux apporter à l'équipe […]. Si je fais le job, tout le monde y gagnera et sera content. Le reste suivra. »

C'est ainsi et dans cet état d'esprit que le départ de sa course s'apprête à être donné, *sous safety car.* Des gouttes de pluie glissent sur les côtés de sa visière. Lorsque la *safety car* s'efface au profit du drapeau vert, Nyck de Vries possède déjà une belle avance, alors que dans son sillage, c'est le brouillard. Avec les gerbes d'eau que projettent les monoplaces, sous le casque Charles n'y voit absolument rien, sachant que la moindre erreur sur ce circuit est aussi fatale qu'à Monaco… ! Côté stands, George Russell, qui participe à cette course, a déjà mis pied à terre, sa monoplace refusant de démarrer. Le champ de vision est donc libre pour Charles, qui était juste derrière le Britannique. Il part le couteau entre les dents, effectue un très bon départ, puisqu'il passe Alessio Rovera (CRAM Motorsport) avant que celui-ci ne termine sa course dans le rail, au cinquième passage. Il faut freiner plus en douceur que sous le sec mais attaquer tout de même, par endroits prendre des trajectoires différentes : freiner au milieu de la piste pour éviter la gomme qui devient glissante sous la pluie, prendre des trajectoires extérieures, toujours pour éviter la gomme qui s'accumule à l'intérieur des virages.

Derrière Nyck de Vries et Matevos Isaakyan, Simon Gachet (ARTA Engineering) semble beaucoup moins rapide qu'un Charles Leclerc survolté. Il est sur des œufs mais c'est un funambule : le Monégasque revient au rythme d'une demi-seconde au tour, si bien qu'il établit le contact dès le sixième passage. Des gerbes d'eau aveuglent mais le pilotage est dans la tête et l'eau n'y pourra rien ! La lutte ne dure pas plus de deux tours, puisque le Français tire tout droit au virage de la gare, victime d'une pression de pneus défaillante. Charles a l'expérience du karting, il ne se laisse pas obnubiler par cette trajectoire, fait abstraction de la voiture devant lui, suit sa propre trajectoire, prend du grip et ressort troisième.

Le reste de la course est plus chaotique puisque les sorties de piste se font de plus en plus nombreuses... Au dixième tour par exemple, seules quinze des vingt-quatre voitures engagées sont encore en piste, mais ce n'est pas fini. Contrairement à bon nombre de ses adversaires, Charles parvient à aligner les tours rapides sans commettre d'erreur et sans se faire piéger dans un carambolage. En fin de course, il se paie même le luxe de revenir sur Matevos Isaakyan (JD Motorsport) au rythme de trois à quatre dixièmes au tour. À chaque tour il faut s'adapter : le grip change, et les points de frein. Il force sur ses harnais, freine, contrôle le patinage des roues à l'accélération tandis que les diodes rouges s'allument au volant. Les épaules commencent à chauffer diablement car on fait plus de mouvements sous la pluie, les coudes frottent contre le carbone de la coque, mais Charles bénéficie déjà d'un entraînement physique de professionnel. La monoplace qu'il pilote n'est en plus pas forcément plus physique que le karting. « Je pense que d'après ce que j'ai pu voir jusqu'à présent, analyse-t-il lorsqu'on lui demande quel bolide est le plus physique, c'est le KZ1. Peut-être pas au niveau du cou, mais je pense qu'au niveau des bras et tout le haut du corps, le KZ reste le plus difficile. »

À trois tours du drapeau à damier, l'incroyable se produit ! Alors qu'il pouvait assurer tranquillement sa deuxième place grâce à ses cinq secondes d'avance sur le Monégasque, Isaakyan part à la faute et détruit sa voiture dans le rail de sécurité ! Charles est donc deuxième ! Le dernier tour n'est qu'une simple formalité pour Nyck de Vries qui se permet même de lever le pied avant la ligne d'arrivée. Mais la grosse surprise du jour est à mettre au crédit de Charles Leclerc qui termine deuxième, alors qu'il ne s'agit que de son deuxième meeting en monoplace ! Sur le podium, le sourire qu'il a jusqu'aux oreilles fait vraiment plaisir à voir et il est désormais certain qu'il faudra bel et bien compter sur lui pour la suite du championnat !

Voilà à peu de chose près ce qu'on peut lire sur une page de charles-leclerc-fans.com, avec une photo de Charles en train d'arroser Nick de Vries au champagne sur le podium. Il est vrai que cela fait plaisir à voir.

Au meeting suivant, au Red Bull Ring, Charles obtient une belle quatrième place mais ce week-end-là, disons-le : l'exploit provient de son ami Jules, sur sa Marussia. Nous sommes le 25 mai 2014, cette date doit faire deviner de quoi il s'agit puisqu'il a lieu toujours à cette période… le Grand Prix de Monaco. Charles, depuis l'Autriche, regarde son ami en direct à la télé, comme il le confiera plus tard. Qualifié dix-neuvième, mais rejeté en dernière place en raison d'un changement de boîte de vitesses, Jules commence mal, avec une voiture dont les performances sont loin de faire rêver. Il y a Mauro et Philippe, les yeux écarquillés avant le départ. Dans une interview pour Canal+, on les voit tous les deux, le père et le fils, et on voit Philippe dire :

— Il faut passer le premier tour. Après ça va aller. Là c'est un peu stressant, c'est un peu violent le départ. Mais ça va aller. Comment tu es pour le départ ? demande-t-il à Mauro.

— Moi, ça va, répond Mauro en souriant, avec sa barbe blanche de gentleman. Confiant.

Jules prend un bon envol : il se retrouve très vite quatorzième en bénéficiant d'accrochages ou d'abandons sur la piste. Mais Kamui Kobayashi fait bouchon et risque de ruiner sa course. Alors Jules y va, et c'est peut-être une manœuvre qui restera dans les mémoires, dans celle de Charles en tout cas : il se jette au freinage de la Rascasse, forçant le passage de manière musclée à Kobayashi. Le dépassement surprend le Japonais, il est totalement improbable… ! On peut imaginer son père et son grand-père fous de joie se prendre dans les bras, même si le stress est toujours présent. On peut imaginer aussi que cela retient l'attention de Charles dans les paddocks du Red Bull Ring et l'inspire véritablement, puisque c'est au même endroit – à la Rascasse – qu'en 2019 il doublera Romain Grosjean, comme nous l'avons raconté dans le chapitre précédent. Un Romain Grosjean qui dira : « C'était kamikaze »... chose qu'aurait aussi pu dire le Japonais ! « J'avais vu ce dépassement en live, confiera Charles, et ça m'avait beaucoup impressionné [...]. Je me souviens de ce que Jules avait réussi. Une attaque magnifique sur la Caterham de Kobayashi. »

Il est vrai que le dépassement est serré et que ça a quelque peu « frotté », mais il permet à Jules d'être libéré : maintenant il a le champ libre et peut attaquer. Il réalise alors un véritable récital, avec un rythme étourdissant pour une voiture qui se situe intrinsèquement à des années-lumière des voitures de tête : c'est incroyable, il tient le rythme des voitures devant lui. Cela lui permet de prendre de justesse l'avantage sur Jean-Éric Vergne après que celui-ci a subi une pénalité. Profitant d'autres erreurs d'adversaires, il remonte à une miraculeuse dixième place au cinquante-neuvième tour des soixante-dix-huit que compte ce Grand Prix – dixième place synonyme de points que l'écurie Marussia attend désespérément depuis quatre ans. Là, la direction de course l'informe d'une pénalité suite à un stop-and-go mal effectué en début de course : ce sera cinq secondes... Il a la pression, et toute l'équipe avec lui, d'autant que la Lotus de Romain Grosjean grossit dans ses rétros, se retrouvant à moins de 5 secondes. Ses chances d'exploit semblent anéanties... Mais un dernier coup de théâtre survient à six tours du but : Kimi Räikkönen tente un dépassement kamikaze à Fairmont : il reste coincé dans l'épingle et bloque avec lui Kevin Magnussen... Jules en profite, il passe, se retrouve à une improbable huitième place, qu'il tient jusqu'au bout… Son directeur d'écurie le contacte personnellement à la radio :

— Jules, c'est John. P***** de bon travail ! Incroyable !

— Enfin des points ! Je suis tellement content, répond Jules après avoir exprimé sa joie d'un humble « Woow ! ».

Sous le coup de la pénalité, c'est finalement neuvième qu'il se retrouve classé, mais l'exploit est immense ! Sa manœuvre sur Kobayashi a marqué les esprits. « Ce fut plutôt chaud à la Rascasse, expliquera-t-il en savourant son exploit sous le regard de ses parents, mais je me suis dit que je devais passer. Quand il a vu que j'étais là, il a refermé un peu, mais j'étais déjà à côté. Je n'ai pas réfléchi. J'allais plus vite que lui mais je n'aurais pas retrouvé une telle opportunité.[…] Si je n'avais pas saisi la chance à ce moment, je serais resté derrière. Quand tu es dans une petite écurie comme Marussia, tu n'as pas le droit de laisser passer la moindre occasion de te mettre en valeur. […] Il faut que nous nous servions de ce résultat comme d'un tremplin pour accélérer notre envol. Il n'est pas une fin en soi, mais un commencement. »

Comme nous allons le voir, ce ne sera malheureusement pas un commencement, mais le dernier coup d'éclat de Jules. On peut l'imaginer, Charles s'inspire de ces paroles, lui qui devra comme tout le monde un jour gérer le fait d'être dans une petite écurie s'il veut franchir les portes sacrées de la Formule 1, ce monde magique qu'il imagine comme il imaginait l'usine Ferrari, une chocolaterie. Sur sa Fortec toute noire encore inconnue du public, incognito, il réalise après cela un podium à Spa, et même un truc de « malade » à Monza : au dernier tour, dans la parabolique, le cœur en suspension, Charles remonte tous ses rapports de boîte et passe la ligne d'arrivée en vainqueur avant d'exploser de joie dans le cockpit de sa Formule Renault ! Le meilleur souvenir qu'il gardera en tête sera donc : « Monza ! J'y ai remporté ma première victoire en monoplace le samedi et j'ai récidivé le lendemain, donc ce fut un super week-end ! »

Sur le podium, il a le grand sourire qui lui va si bien, celui qui fait vraiment plaisir à voir. Charles est heureux, il découvre et roule tout de même sur des circuits de Formule 1… ! Pourtant, lorsqu'on lui demande l'impression que cela lui fait, il garde la tête froide : « Pas grand-chose même si ça impressionne un petit peu la première fois […] et même si, lorsqu'on passe la première fois dans le raidillon de Spa, la compression est énorme, ce qu'on ne voit pas forcément de l'extérieur. C'est très impressionnant parce que ça monte énormément mais après quelques tours ça devient une habitude. »

Dans cette joie de découvrir le monde de la voiture, il ne se doute pas encore de ce qui va se passer de terrible. « Jules Bianchi héroïque ». Voici le titre de l'*Auto Hebdo* qui suit le Grand Prix de Monaco, avec en commentaire : « Rarement une neuvième place aura valu à son auteur une place en une d'*Auto Hebdo* ! Le pilote de la petite équipe Marussia a décroché au forceps une neuvième place inespérée dans les rues de la Principauté […] "Jules Bianchi, c'est vers lui que convergent tous les regards, que se tendent les micros. Ils ne sont pas si nombreux, ceux qui se sont révélés sur cette piste pleine de pièges, où il n'est pas aisé de doubler. Lui y est parvenu et de fort belle manière." »

Jules a bien sûr un rêve que Charles a aussi : rouler pour Ferrari… « Ferrari, c'est un rêve et j'espère que ça deviendra réalité un jour. » Luca Baldiseri, directeur de la Ferrari Driver Academy, a toujours supervisé les essais de Jules dans le garage Marussia, une manière de rappeler que Ferrari garde la main sur le pilote de talent : « C'est important de rester proche de Jules : c'est notre meilleur pilote. Il faut le suivre et s'assurer qu'il atteigne ses objectifs cette année. » On le comprend, Ferrari l'a positionné chez Marussia pour faire ses armes en attendant qu'il mûrisse. Nicolas Todt le rappelle : « Quand Jules a signé son accord avec Ferrari, l'objectif des deux parties, c'est que si Jules prouve qu'il est vraiment un des meilleurs pilotes au monde, Ferrari devra lui donner une chance. Donc là c'est l'objectif de Jules. » Et Jules comprend que « c'est un objectif réalisable si je travaille bien, si je continue d'écouter et de faire ce qu'il faut ».Stefano Domenicali, alors patron de la compétition en Formule 1 chez les Rouges, le soutient : « Il doit travailler tranquillement, professionnellement, et s'il y a l'occasion alors bien sûr je serai très heureux de faire cette chose-là » – la promotion de Jules chez Ferrari. On le voit, Jules est pressenti par tous pour être un futur grand, un futur pilote Ferrari. Il impressionne, domine, écrase presque son coéquipier Chilton et hisse sa Marussia à un niveau inespéré pour une écurie qui a de loin le plus petit budget du plateau.

Alors, qu'a-t-il pu se passer dans la tête des dieux de la Formule 1 pour mener au drame auquel personne ne s'attend ?... Nous sommes le 5 octobre 2014, Charles est à Jerez pour la finale du championnat ALPS, Jules est au Japon. Un environnement qui plaît bien à Jules, puisqu'il y a brillé en karting au niveau mondial, il y a son meilleur souvenir : « Mon meilleur souvenir est la course de Suzuka en 2005 : c'était vraiment une course exceptionnelle et c'était ma première grande victoire. J'en ai vraiment un souvenir particulier. » Quelques jours avant la course, les prévisions météorologiques indiquent qu'elle est menacée par le *typhon Phanfone*, un *ouragan* classé en catégorie 4 sur l'*échelle de Saffir-Simpson*, avec des vents pouvant atteindre les 250 *km/h*. Un décalage de la course a été envisagé, mais les experts météorologiques ont prévu que « les pluies les plus importantes et les vents violents n'affecteront le circuit que plus tard ». Les organisateurs décident donc de maintenir la course et de conserver l'horaire prévu.

Ainsi, c'est sous une pluie battante que se déroule la course. Jules domine largement les Caterham et son équipier. Rembobinons : « Je me sens comme plus fort en fait, je suis bien », a dit Jules quarante minutes avant une course dans un reportage Canal+, à la mi-saison. Dans l'introduction du reportage, on le voit plonger torse nu depuis des rochers blancs dans une magnifique crique en Méditerranée. « Je n'ai pas envie de parler, je suis juste concentré au maximum. J'ai le pouls qui bat un petit peu plus vite. T'es chaud quoi ! T'as envie d'y aller et t'as envie de tout casser. C'est juste très très bon. » La passion est souvent plus forte que la peur. Elle a happé Jules et rattrapé du même coup son grand-père Mauro, ou « Gramp ». Ce dernier, nous l'avons dit, suit en effet avec passion les courses de son petit-fils, avec Philippe. Il y a aussi Tom, le frère de Jules, et sa sœur Mélanie. Christine, sa maman. Au quarante-deuxième tour de ce Grand Prix du Japon, la Sauber d'Adrian Sutil sort de piste et s'accidente au niveau de la courbe Dunlop. Jules, comme il l'a dit dans le reportage, est chaud. Il pilote à la limite malgré la quantité d'eau qui gicle autour de sa voiture. Au tour suivant, il part tout droit dans la même courbe Dunlop. Il est bien difficile de rattraper une voiture qui glisse sous la pluie, de braquer, d'éviter un danger. Il percute un engin de levage *Caterpillar* en train de dégager la *Sauber* de Sutil. Chose inquiétante, les caméras du circuit ne montrent rien à la télé, comme c'est le cas lorsque les instances dirigeantes de la Formule 1 ne sont pas encore sûres que tout aille bien. Car dans la plupart des cas, le pilote prévient son équipe à la radio qu'il est « OK », ou se débrouille pour faire un geste de la main depuis son cockpit pour prévenir sa famille qu'il va bien. Ainsi, chaque téléspectateur et surtout les membres de la famille de Jules restent dans l'attente d'en savoir plus.

Ils ne savent pas que le flanc de la Marussia MR03 est fortement endommagé, l'arceau de sécurité entièrement détruit. La monoplace s'est encastrée sous la dépanneuse. L'impact est tel que la grue du véhicule de dégagement a été violemment secouée, laissant retomber la Sauber C33 qu'elle soulevait. La course est interrompue sur drapeau rouge. Inconscient, Jules ne peut répondre aux appels radio de son écurie ni aux commissaires de course. Comme un mauvais signe avant-coureur, il avait dit peu avant dans une interview à l'usine Marussia, en montrant un morceau de carbone de sa coque : « On est obligé d'avoir une partie en carbone comme ça parce que si jamais on a un accident en fait ils t'enlèvent de la voiture avec le baquet. Donc il faut que le baquet soit solide et donc en carbone. »

Pendant ce temps, Charles est à Jerez et doit se préparer pour sa course, peut-être avec l'estomac noué… C'est une procession à laquelle il figure au septième rang sans parvenir à dépasser. Une course moyenne mais qui lui assure tout de même, compte tenu des résultats solides de sa saison, un titre de vice-champion dans la catégorie. On peut l'imaginer, il n'a pas forcément le cœur à trop faire la fête… Jules reçoit les premiers soins sur place, puis est transporté en ambulance au centre médical du circuit. Il n'est pas évacué par hélicoptère médical, les risques liés à la couverture nuageuse et la nuit étant trop importants. Jules est donc pris en charge en ambulance, suivi pendant trente-deux minutes par une escorte policière à l'*hôpital universitaire de Mie*, à 15 km de *Suzuka*. Admis dans un état critique, il est opéré d'un hématome au cerveau. Le lendemain, le responsable de la communication de la FIA annonce qu'un examen par *tomodensitométrie* a révélé un *traumatisme crânien* grave et que Jules souffre de *lésion axonale diffuse*. Il est conservé en soins intensifs.

C'est un traumatisme pour sa famille, pour Charles, pour les fans, pour tous… Les parents de Jules arrivent au Japon le lendemain de l'accident, ils sont rejoints par leurs autres enfants, Mélanie et Tom, ainsi que par son meilleur ami, Lorenzo Leclerc, trois jours plus tard. Les nouvelles tardent à venir. Puis après une semaine d'attente on apprend que « la situation est désespérée » après que Philippe se soit exprimé dans la *Gazzetta dello Sport*. « Chaque fois que le téléphone sonne, nous savons qu'il pourrait s'agir de l'hôpital pour nous dire que Jules est mort. Au début, ils nous ont dit que les premières 24 heures étaient cruciales. Puis, ce furent les premières 72 heures et Jules est toujours là, en train de se battre. Il va accomplir le tour de qualifications le plus important de sa vie. Il n'abandonnera pas, j'en suis certain. Je lui parle. Je sais qu'il peut m'entendre. Ses médecins nous ont dit qu'il était déjà un miraculé, que personne n'avait jamais survécu à un tel accident. » Ses bouchons d'oreilles ont enregistré un impact de 92 g, mais comme il les a perdus juste avant l'accident, des calculs ultérieurs effectués à l'aide de documents de la FIA établissent un impact de 254 g, soit l'équivalent en énergie de la chute d'une voiture de 48 m au-dessus du sol. « Mais Jules ne baissera pas les bras, poursuit Philippe. Son entraîneur Andrea dit que s'il y a une personne qui peut s'en sortir, c'est Jules. »

Il avoue que la situation est très difficile pour eux au Japon, où « personne » ne parle anglais : « C'est difficile. En l'espace d'une semaine, la vie de notre famille a été détruite. Qu'allons-nous faire maintenant ? Nous vivons un cauchemar à l'autre bout du monde. Mais quand Jules ira un peu mieux, nous pourrons le transférer vers un autre hôpital, peut-être à Tokyo, et les choses seront déjà un peu plus faciles. Mais qui sait quand cela arrivera ? Si cela arrivera même un jour. Nous n'avons aucune certitude, nous ne pouvons qu'attendre. Les gens ici sont adorables mais personne ne parle anglais. Tout le monde n'arrête pas de me demander comment va Jules, mais je n'ai aucune réponse à leur donner. Son état est très grave, mais il est stable. Un jour, il semble aller un peu mieux, d'autres jours c'est l'inverse. Les médecins ne souhaitent pas se prononcer. Ses blessures sont très graves et nous ne savons pas comment son état de santé va évoluer. »

On le comprend, comment Charles peut-il être dans des conditions optimales de moral en de telles circonstances… ? De ses propres dires, il a subi un énorme choc : « Jules était quelqu'un de très proche, comme vous le savez. J'ai subi un énorme choc quand l'accident s'est produit. Maintenant, les circonstances étaient particulières. Le moins que l'on puisse dire est qu'il n'a pas eu de chance. » Peut-on imaginer la lourdeur du choc dans l'âme de Charles… ? Il faut cependant fêter ses 17 ans, tenter d'apaiser les maux par la douceur de certaines paroles, la chaleur de la famille, celle d'une petite amie pourquoi pas ? Continuer de vivre avec l'espoir que Jules s'en sorte même si les nouvelles ne sont pas rassurantes. En novembre, il effectue un test en Formule Renault 3.5, l'échelon supérieur à la Formule Renault 2.0 – deux litres. Quelques jours plus tard, Jules sort du coma artificiel dans lequel il a été plongé et est transféré en France, au CHU de Nice. Une étape importante, mais rien n'est encore joué : « Jules est sorti du coma artificiel dans lequel il avait été placé peu après l'accident, mais il est toujours inconscient, écrit la famille dans un communiqué. Il respire sans assistance et ses signes vitaux sont stables, mais son état est toujours considéré comme critique. Son traitement entre désormais dans une nouvelle phase, consacrée à l'amélioration de ses fonctions cérébrales. Même si sa situation reste sérieuse, il a été établi que l'état de Jules était suffisamment stable pour qu'il soit rapatrié en France, son pays. Nous sommes soulagés de confirmer que Jules a été transféré par avion la nuit dernière depuis l'hôpital de Yokkaichi au CHU de Nice, où il est arrivé il y a peu de temps. Jules se trouve dans l'unité de soins intensifs des professeurs Raucoules et Ichai, où ses soins seront également supervisés par le professeur Paquis, chef du service de neurochirurgie. »

Voilà les nouvelles de novembre… auxquelles certains pilotes répondent, comme Romain Grosjean : « C'est une très bonne nouvelle pour les siens. Il y a quelques semaines, il n'était même pas question de le déplacer mais maintenant il est de nouveau proche de sa famille, de là où il a grandi. » Oui, mais le temps passe… Et on peut imaginer à quel point cela est difficile pour la famille, pour Charles, pour les parents, de savoir leur enfant en vie mais inconscient. En décembre, Philippe organise les traditionnels 5 Heures de Brignoles avec Yannick Iglesias, le directeur du circuit, qu'ils rebaptisent le trophée « Forza Jules ». La famille Leclerc y participe, Charles en profite pour livrer une interview : « C'est la piste de mes débuts et ça me fait réellement plaisir de revenir ici. Cette fois c'est pour soutenir mon ami Jules Bianchi lors d'une course d'endurance. Comme d'habitude, je vais faire de mon mieux pour bien figurer à l'arrivée. Mais ce qui compte vraiment, c'est de s'amuser et le geste de soutien envers mon ami Jules. »

Si les expériences de vie forgent le caractère, celui de Charles s'annonce bien trempé, sachant que sa maturité impressionne déjà, à cet âge, les gens qui le connaissent. Lorsqu'on le lui fait remarquer dans l'interview, et qu'on lui demande s'il n'a pas peur de grandir trop vite, il répond : « Non, car je pense que la maturité est primordiale en sport automobile, donc ce n'est pas une mauvaise chose. Évidemment, même si j'ai un emploi du temps chargé, j'essaye de faire en sorte d'avoir quelques moments pour mes amis et pour moi-même car c'est très important de savoir relâcher la pression des week-ends de courses. Pour Noël je serai en famille et pour le jour de l'an, j'irai avec des amis à la montagne, avant de me remettre au travail en vue de l'année prochaine. » Ainsi s'apprête-t-il à partir en vacances pour cet hiver 2014-2015 avec en tête un bilan sportif plus que positif, et la chance d'être toujours soutenu par Nicolas Todt. Ainsi, Charles doit se préparer pour la saison suivante, c'est un mode de vie, une conduite de tous les jours : « Je vais me préparer physiquement pour l'année prochaine. J'irai chez Formula Medicine qui s'occupe très bien de moi. »

« Charles a toujours eu un talent fou, dira de lui Nicolas Todt. Mais à 14 ans, c'était un jeune assez énervé. Il n'avait pas ce calme qu'on lui connait aujourd'hui. Il pouvait stresser, il s'énervait vite. Sa grande force, c'est de reconnaître là où il pèche. Il est très bon dans l'autocritique. En course, quand il fait une petite erreur, il le reconnaît vite à la radio et s'excuse [...]. Il a vite décelé qu'il avait besoin de devenir plus fort au niveau mental. Dès 16-17 ans, il a commencé à travailler cet aspect-là. »

Durant l'hiver, un accord est conclu avec une équipe néerlandaise de Formule 3 dirigée par Frits van Amersfoort, celle qui a accueilli un certain Max Verstappen un an plus tôt : « Nous avions vu ce que Van Amersfoort avait fait avec Max, et c'était incroyable. Nous en avions parlé avec Jules, qui m'avait conseillé d'aller en F3 [...]. J'hésitais entre Van Amersfoort et Prema, et à la fin leur proposition a été choisie [...]. Ce que j'ai adoré chez Frits Van Amersfoort et dans le team, c'est qu'ils sont très honnêtes et disent les choses telles qu'elles sont. » De son côté, Frits Van Amersfoort est curieux de tester sa nouvelle recrue : « Après une année 2014 couronnée de succès avec Max Verstappen, nous étions à la recherche d'un nouveau pilote aussi rapide que lui et nous pensons l'avoir trouvé en la personne de Charles. Charles a été très bon alors qu'il n'était que dans sa première saison. Je l'ai donc invité à venir faire des essais avec nous et nous sommes tombés amoureux l'un de l'autre (rires). C'est à ce moment que nous avons commencé à discuter avec Nicolas Todt. Il sera intéressant de voir s'il pourra bien s'adapter à cette nouvelle catégorie. »

Tout en profitant de la pause hivernale, et sans forcément penser à sa rivalité de toujours avec Max Verstappen, Charles passe encore du temps avec la championne italienne de gymnastique artistique Giada Gianni, dont la famille est fan de Formule 1. Après un BTS en comptabilité, elle souhaite s'orienter dans le monde du luxe ou du sport. La personnalité de Charles, guidée par le signe du Capricorne, a sans doute séduit cette étudiante, une personnalité comme Jules : « Plutôt timide dans la vie courante, mais totalement à l'opposé derrière un volant ! » même si Charles se révélera capable d'être à l'aise devant les caméras ou sur les réseaux où il va commencer à poster, avec Gianna, des photos de leurs vacances.

Ainsi, en 2015, il débute sa saison de F3 bien dans sa vie amoureuse, après avoir rechargé les batteries en se détendant durant les vacances, en faisant beaucoup de sport ou même en lisant des livres techniques sur le fonctionnement d'un moteur : « J'adore tous les sports en général : tennis, natation… J'en pratique beaucoup, mais je n'en regarde pas trop à la télévision, à part le MotoGP. À côté de ça, j'aime bien la mécanique, ou plutôt l'ingénierie : comprendre comment les choses marchent, ça m'intéresse beaucoup, et c'est même très utile dans ce métier. Depuis que je suis passé en monoplace, j'ai lu pas mal de livres pour apprendre sur le fonctionnement d'un moteur. En 2015, c'était plus compliqué car j'étais en terminale tout en disputant le championnat d'Europe F3. Mon idée était d'aller à l'université pour suivre des études d'ingénieur. »

Charles réalise une première séance d'essais à Barcelone sur sa nouvelle F3, dont il aime le look : « Je trouve qu'elle est très belle ! Le noir lui donne un look agressif et ça me plaît beaucoup ! » C'est une année où il va se battre contre des Antonio Giovinazzi, des George Russell, des Alexander Albon, des Lance Stroll, tous des pilotes qu'il retrouvera plus tard en Formule 1. C'est dire le niveau relevé de ces formules de promotion où les jeunes loups ont les dents longues… Les premiers essais hivernaux se passent bien. Si bien que Charles est impatient d'en découdre : « Lors des tests hivernaux de Valencia où nous étions très rapides, tout le monde me disait qu'il ne fallait pas trop en tenir compte, personne n'étant à fond au niveau moteur. Je ne savais pas trop à quoi m'en tenir […]. J'attendais avec impatience les premières qualifications pour savoir où on en était. »

À Silverstone, il s'en sort admirablement : sur les deux courses que compte ce premier meeting de la saison, il termine deuxième de la première et gagne la deuxième, remportant ainsi son premier succès en catégorie supérieure… À Hockenheim en mai, sous la pluie, il récidive avec des dépassements dont il est le seul à avoir le secret ! Victorieux, il montre le poing et zigzague sur la piste durant tout le tour d'honneur… ! Si Ayrton Senna avait de la magie dans le pilotage, Charles aussi en a une part dans le sien… Comme chaque année où il le peut, fin mai, il regarde le Grand Prix de Monaco et confie à Radio Monaco : « Je suis allé au virage du tabac, la vitesse est incroyable, et passer à 200 km/h entre les murs, c'est vraiment un truc de fou !

C'est vraiment ce que j'aimerais faire un jour. » Il obtient encore des podiums à Pau, Monza, une victoire à Spa, si bien qu'il prend tout bonnement et simplement la tête du championnat… Max Verstappen pendant ce temps, au même âge que lui – 17 ans –, se retrouve en Formule 1 chez Toro Rosso. Lorsque Camille Chappuis pour Radio Monaco lui demande ce qu'il en pense, Charles ne se montre pas jaloux ni envieux, mais heureux pour son rival : « Il a fait du très bon travail. J'ai roulé pendant cinq bonnes années avec lui en karting, on se battait presque à toutes les courses et ça se passait plutôt bien. Il a décidé de se diriger vers la F3 tout de suite après le karting alors que nous avons préféré faire de la Formule Renault 2.0 ALPS. Il a fait le bon choix, je suis très content pour lui et ça montre également le niveau des jeunes pilotes actuellement »

De toute manière, Charles ne pourrait pas passer en Formule 1 car depuis que Max y a accédé si jeune, sans même avoir le permis de conduire, de nouvelles règles d'accès ont été instaurées : avoir 18 ans minimum, le permis de conduire et un certain nombre de points obtenus après au moins deux saisons en monoplace. Charles en rigole, il n'a d'ailleurs pas non plus le permis, en revanche : « J'ai une Twizzy, ce n'est pas vraiment un véhicule, c'est une petite voiture, c'est marrant. »

Marrant, et peut-être moins dangereux qu'une F3 qui va à 240 km/h… C'est à cette vitesse qu'au meeting de Zandvoort, le 11 juillet 2015, Charles a son premier gros accident : dans le sixième virage, la suspension arrière droite de sa voiture casse et l'envoie dans le rail de sécurité. La voiture est détruite. Charles sort seul de sa voiture, avec des douleurs aux genoux à cause du choc. Sa course se termine au centre médical pour une visite de contrôle. Est-ce comme un signe annonciateur pour Jules ? Car, comme l'a dit Charles un jour : « Étrangement quand Jules courait et que je courais, s'il faisait une très mauvaise course lors d'un week-end, ce même week-end j'allais en faire une également. Nos pères s'amusaient toujours sur ça et je pense que nos carrières sont évidemment assez similaires. »

À ce stade de la saison, Jules est toujours dans le coma, nous sommes en juillet, cela fait neuf mois... Bizarrement, la suite de la saison va s'avérer plus compliquée pour Charles après cet incident, comme le rapporte d'ailleurs Frits Van Amersfoort : « Nous devons admettre que nous ne savons pas exactement pourquoi nous sommes devenus moins rapide. Le début de saison était magnifique. Nous avons même mené le championnat et à Zandvoort tout est allé de travers. Charles a eu un très gros accident et c'est la pire chose pour nous. Après ça, plus rien n'a fonctionné ou presque. Nous avons tourné la voiture dans tous les sens. Charles a peut-être perdu un peu de sa confiance en la voiture. Pour être rapide, il faut avoir une confiance totale en sa monoplace et lorsqu'on la perd c'est compliqué à retrouver. De plus, comme Charles est le pilote le plus rapide de l'équipe, il n'a aucune aide de la part de ses équipiers. Je pense que ce sont plusieurs petites choses qui ont fait que nous avons perdu quelques dixièmes... » Frits Van Amersfoort, on le voit, soulève un éventuel manque de confiance. Peut-être parce que, comme l'a dit Senna, tout incident peut vous heurter intérieurement si vous n'y prenez garde : « Une des particularités de la Formule 1, c'est que vous êtes toujours exposés au danger. À chaque instant que vous conduisez, que ce soit en essais ou en course, vous êtes exposé au risque. Il y a des risques calculés, et des situations inattendues qui peuvent survenir. Danger d'être blessé, danger de mourir. Cela peut vous toucher intérieurement si vous n'y prenez garde, car vous découvrez à quel point vous êtes fragile. Vous êtes totalement impuissant, vous ne pouvez rien faire. Vous pouvez disparaître, juste en une fraction de seconde. Vous réalisez alors que vous n'êtes rien, et que votre vie peut s'arrêter soudainement. On se demande alors : "Est-ce que cela en vaut la peine ? Dois-je continuer, et pour combien de temps ?" Mais cela fait partie de votre vie. Soit vous l'assumez, soit vous abandonnez définitivement. Moi j'aime trop ce que je fais pour arrêter, je ne peux pas. »

Si Ayrton Senna ne peut s'arrêter, c'est peut-être parce que piloter une voiture à la limite rend plus vivant que toute autre chose, en opposition totale avec la mort. Comme le personnage incarnant James Hunt le dit dans le film *Rush* : « Les femmes aiment les pilotes de course. Ce n'est pas par respect pour ce que l'on fait. Tourner en rond sur un circuit, pour la plupart, elles trouvent ça ridicule, et elles ont sans doute raison. C'est la proximité avec la mort. Parce que plus on frôle la mort, plus on se sent vivant, plus on est vivant. Et ça, elles le voient chez nous, elles le sentent. »

Jules Bianchi n'aura pas eu le destin de mourir en une fraction de seconde comme ce fut le cas d'Ayrton Senna, Dieu seul sait si cela est plus terrible qu'un comas, mais pour la famille c'est sans doute une chose extrêmement dure que d'avoir la force et le courage de surmonter une telle épreuve : « J'ai le souvenir d'un moment, confiera plus tard Philippe, lors de l'hospitalisation de Jules au Japon, où mon meilleur ami m'a dit : "Tu sais Philippe, il y aura un moment où vous serez tout seuls." »

Neuf mois après son accident, le 17 juillet 2015, Jules Bianchi s'éteint, laissant un vide et une douleur immenses dans le cœur de beaucoup. Comme le dira plus tard sa sœur Mélanie, « Jules était gentil, passionné, disponible. Il avait plein de qualités. Quand il était dans son baquet, ce n'était plus le même, un lion. C'est son signe ». Pour Nicolas Todt : « Il était humble. Vous savez, dans ce métier, on perd un peu la notion des choses, lui a toujours su rester gentil avec tout le monde. Il se différenciait par sa délicatesse. » Pour son frère, Tom : « Jules, c'était la joie de vivre, quelqu'un qui savait parler aux gens, s'arrêter, et être comme il était tous les jours : naturel avec chacune des personnes qu'il pouvait voir même si dans le milieu de la Formule 1 on est beaucoup sollicité. Jules avait cette passion de voir les gens, et leur faire vivre ce qu'ils avaient envie de vivre. » Et enfin, voici des paroles de Philippe, qui gardera un goût amer de la manière dont se sont déroulées les choses et des erreurs commises par la FIA : « Je pense que s'il n'y avait pas autant d'argent et de business en jeu, la course aurait certainement été arrêtée beaucoup plus tôt. Jules était quelqu'un de simple, humble, généreux. Quelqu'un de beau physiquement mais aussi beau à l'intérieur, quelqu'un de très attachant. »

Charles reste discret… Mais la douleur n'en est pas moins présente. Les obsèques ont lieu à Nice, la ville natale de Jules, en présence de nombreux pilotes de tous âges. La foule recueillie et émue a applaudi lentement l'entrée du cercueil avec en fond sonore *Hotel California*, joué sobrement à la guitare sèche. « Adieu, beau jeune homme », a griffonné une femme sur le registre de condoléances. Le maire de Nice, Christian Estrosi, le président de la Fédération internationale de l'automobile, Jean Todt, le secrétaire d'État aux Sports de France, Thierry Braillard, étaient également présents. « La mort de Jules est profondément injuste, a souligné le prêtre. Il a été heureux, car il a fait de son rêve une réalité. La course automobile, c'était sa vie, sa vocation. Il était un champion doté d'un rare talent, mais aussi un jeune homme à la stature aussi haute que la profondeur de son humilité. » Sous tous les regards se trouvait le casque numéro 17, un numéro que personne ne portera jamais plus, comme l'a décidé la FIA dans un ultime hommage.

Ce sont dans ces circonstances et avec cette blessure qui le marque que Charles va continuer sa saison de F3, sans avoir jamais pensé à arrêter, et même sans avoir peur : « Jules était quelqu'un de très proche, comme vous le savez. Mais la peur n'existe pas. J'ai peur des serpents, des araignées ! Comme la plupart des personnes. Ça peut paraître rigolo d'entendre ça quand une personne va ensuite à 370 km/h sur une piste et qu'elle n'a absolument pas peur, mais bon. L'adrénaline, c'est quelque chose qui me plaît, et en plus de ça, c'est quelque chose que je contrôle puisque c'est moi qui conduis à la fin. Donc c'est quelque chose qui m'excite et que j'aime. Je ne sais pas comment expliquer pourquoi j'ai toujours eu cette approche qui est la mienne dans la voiture, mais cet accident n'a en tout cas rien modifié à celle-ci. Je ne pensais pas qu'il était temps d'arrêter ma carrière à cause de cela. Dès le début quand vous pratiquez ce sport, vous savez à quel point c'est dangereux. Ce ne sera jamais un sport sans dangers. Bien entendu les voitures sont de plus en plus sûres mais quand vous roulez à 340 km/h, ce ne sont pas les meilleures conditions de sécurité. Je le savais dès le début et je voulais continuer pour lui parce qu'il m'a appris beaucoup de choses. Il m'a toujours poussé en avant et m'a aidé dans mon pilotage et la seule chose à laquelle j'ai pensé lorsque cela s'est produit, c'est que je devais faire les choses au mieux pour le rendre fier. »

Le rendre fier, c'est s'entraîner, comme lui, sur les rochers de la Méditerranée : « Le meilleur endroit pour moi pour courir est la pointe des douaniers. Vous avez une vue incroyable. Spécialement au coucher de soleil. L'après-midi c'est toujours incroyable de courir le long de la côte. L'une des choses que je préfère faire quand je rentre d'une course, c'est prendre le bateau avec les amis, la famille. Se relaxer et nager dans la belle mer que nous avons ici à Monaco, spécialement quand nous avons beau temps. » Dans une vidéo, on voit Charles en combinaison de plongée, avec un masque, sur un bateau. Il plonge à l'eau en faisant un salto arrière, puis on le voit décontracté sur son bateau blanc, les cheveux au vent, vêtu d'un simple tee-shirt noir, d'un jean craqué au genou et de lunettes d'aviateur, un véritable bad boy de luxe, sympa et toujours cool ! « À Monaco nous avons deux plages. Le Larvotto est ma préférée, j'y vais avec mes cousins aussi, pour jouer au foot. » Si Charles impressionne aujourd'hui par sa maturité mais par aussi son caractère dépourvu d'une quelconque arrogance ou d'un ego démesuré, il répond : « Je suis à peu près sûr que cela vient d'eux (Jules et son père Hervé). Je ne pense pas avoir jamais été arrogant ou quoi que ce soit du genre, je suis au naturel, c'est ma façon d'être. Je crois honnêtement que c'est la voie à suivre. »

Rendre Jules fier, c'est aussi continuer de rouler, de tout donner, même dans les moments durs comme celui qu'il vit en fin de saison. C'est être sympa, comme le dira de lui son directeur d'écurie Frits Van Amersfoort : « C'est un gars vraiment sympa, qui a été rapide dès son premier roulage avec nous en décembre 2014. Il est toujours professionnel, travailleur et surtout très modeste ! » C'est passer son bac, et l'obtenir, au lycée Albert-Ier : « C'est toujours difficile de concilier l'école et la course pour un pilote, j'ai essayé de le faire du mieux que je pouvais en étudiant à la maison. J'ai passé mon bac au lycée Albert-Ier. »

Pour finir, suite à une fin de saison plus difficile, Charles termine quatrième du championnat : « La deuxième partie s'est mal passée, nous avions des problèmes avec la voiture. » Cette quatrième place est en tout cas tout à fait comparable à la troisième place qu'avait obtenue Max Verstappen l'année précédente. Même si Frits Van Amersfoort a du mal à comparer les deux pilotes : « En début de saison on a souvent comparé Charles à Max, mais ça me semble difficile parce qu'ils ont [...] des personnalités complètement différentes. [...] Je pense que Charles est très bon dans le ressenti de sa voiture. Il sait où il gagne du temps et où il en perd. Cela semble simple comme ça, mais en réalité c'est très compliqué surtout lorsqu'on parle de dixièmes de seconde. Il est également très bon sur les freinages et dans les parties rapides mais il l'est moins sur les départs. Pour nous, travailler en tête à tête avec Charles a été fantastique. Lorsque Max Verstappen était avec nous, nous devions aussi travailler avec son père, et c'était très difficile car Jos nous mettait énormément de pression. Pour résumer on peut aussi dire que Max est un pilote extrêmement talentueux mais on ne doit pas oublier qu'il a très bien été préparé par son père, depuis tout petit. C'est la différence avec Charles qui est très bon mais dont la préparation n'est peut-être pas au niveau de celle de Max. »

Enfin, qu'est-ce qui pourrait rendre Jules plus fier qu'une bonne position au mythique Grand Prix de Macao, où Charles se paie le luxe de participer en fin d'année ? « Une piste très compliquée, et ce n'est pas facile de ramener la voiture en un seul morceau, dit Frits Van Amersfoort. Imaginez, être à 250 km/h sur 2,5 km mais entre des rails. À côté de Macao, le circuit de Monaco est une autoroute ! J'ai toujours dit à mes pilotes de rouler comme un pilote de rallye [...] un pilote de rallye doit rouler à 90 % car il doit faire attention aux murs ou aux arbres et c'est la même chose à Macao. Si vous roulez à 100 %, vous êtes certain de finir dans le mur à un moment ou à un autre. Je pense que Charles sait que la course ne se déroulera que le dimanche et non pas le jeudi ou le vendredi. Je pense qu'il peut faire un beau podium et ce serait le meilleur résultat de notre équipe. »

En fait, Charles sait tout ça : « J'adore les circuits en ville, je n'attends que ça ! » On le comprend, il est dans de bonnes dispositions d'esprit pour faire une course merveilleuse, et c'est ainsi qu'il termine sa saison : en finissant deuxième ! Terminons donc ce chapitre sur cette bonne note de Frits Van Amersfoort : « Aujourd'hui, Charles a montré à quel point il est un excellent pilote. Terminer deuxième alors qu'il est rookie et se battre pour la victoire… C'est une future star. »

7

2016-2017 : deux incroyables saisons en monoplace

Au-delà de la mort, la construction d'un mental d'acier

« J'aime beaucoup attaquer quand je roule. »

GP3 Series puis F2

Les larmes découlent de la souffrance, elle-même découle de la violence. Qu'elle soit psychologique ou physique, la violence fait mal. Certains ont le bonheur de ne pas la vivre, d'autres ont le malheur d'y être plongés. On ne sait pas si c'est une histoire de divinité ou de destinée, mais on sait qu'on veut l'éviter et qu'on veut la paix. Comme dans la chanson de Nino Ferrer, on veut vivre un million d'années. On veut que le temps dure longtemps. Car on était bien. Car c'était le Sud. Car il y a du linge étendu sur la terrasse, et c'est joli. « *100 lat* », disent les Polonais pour fêter un anniversaire, ce qui veut dire

100 ans – pour souhaiter qu'on vive ce temps-là. « *Longo maï* », « Longue vie », dit-on en Provence. Comme Ayrton Senna qui s'est crashé dans un mur à Imola, Jules a été fauché dans la fleur de sa jeunesse en pratiquant ce qu'il aimait le plus au monde, ce dont ses gênes ont hérité, lui donnant une certaine vision, une certaine sensibilité, ce pour quoi son cœur était destiné à battre, ce pour quoi son sang coulait dans ses veines, chauffant son corps à une certaine température en harmonie avec celle du moteur de sa Formule 1, lui faisant prendre sous la pluie, avec passion, dans cette chaleur que l'on ressent, presqu'une brûlure, les virages mouillés du circuit de Suzuka. « Il me faudrait plus de courage pour arrêter la course qu'il ne m'en faut pour continuer », a dit un jour François Cevert, ce prince de la Formule 1 mort trop tôt lui aussi. Croyons-le ou pas car c'est d'une telle violence et d'une telle brutalité qu'il y a quelque chose de beau là-dedans : il faut du courage pour faire ce sport en connaissance des risques, en se disant qu'on ne mourra peut-être pas de vieillesse chez soi, dans son lit. Infiniment triste, mais beau, sans cette horrible dépanneuse jaune. Si le décès de François Cevert fut brutal comme celui d'Ayrton Senna, celui de Jules aura laissé un espoir de vie, un traumatisme pour tous, c'est comme une chose impossible : qui n'aurait pas aimé le voir sourire encore une fois, humblement ? Et toujours en été. « Un jour ou l'autre, il faudra qu'il y ait la guerre, dit Nino Ferrer. On le sait bien, on n'aime pas ça, on dit "c'est le destin". »

Difficile de se remettre d'un tel « choc », pour employer les mots de Charles… Et de l'image de Jules paisiblement étendu, inconscient, sur son lit d'hôpital. Il le faut pourtant. Il faut continuer à vivre, car c'est ce que Jules aurait voulu, ainsi que l'explique Philippe six mois après le décès de son fils : « Ça va comme ça peut aller, puisque la perte d'un enfant de toute façon ça ne passe pas. On essaie d'apprendre à vivre avec un drame pareil, on essaie de trouver des forces, j'essaie de m'imaginer ce que Jules voudrait que je fasse, et il ne voudrait surtout pas que je m'effondre donc je fais en sorte de ne pas m'effondrer et essayer de mener des projets pour lui pour qu'il continue d'exister avec nous. » Philippe organise en effet depuis énormément d'événements, comme, le 23 mai 2016, un match de foot caritatif où il réunit des stars et des pilotes. Charles, qui participe, se fait plaisir car il aime le foot. Il se retrouve à 18 ans à taper la balle avec des pilotes comme Fernando Alonso, Felipe Masse ou Giancarlo Fisichella. Il y a aussi Esteban Ocon, Pierre Gasly, des pilotes de moto comme Max Biaggi, ainsi que SAS le prince Albert II en personne. Lorsqu'on demande à Charles s'il a des dons pour ce sport il répond : « Non ! » en rigolant. « Je ne me suis pas trouvé d'autres dons à part la Formule 1. Par contre des passions j'en ai : le paddle, j'adore. La musique, le piano, c'est quelque chose que j'aime beaucoup aussi. Mais bon voilà, le foot… » Charles est modeste mais capable de marquer des buts, comme ce sera le cas en 2021 pour un autre match de charité « La Partita del Cuore » (« La partie du cœur ») au Juventus Stadium de Turin.

« Mon ange gardien tenait déjà la super forme ! » a dit un jour Mauro pour plaisanter en parlant de son accident où il eut les mains brûlées. Car malgré tout, il s'en est sorti. Pour tous et par sa gentillesse, Jules était un ange. Peut-être a-t-il rejoint l'ange gardien de son grand-père, peut-être son âme est-elle au-dessus des terrains. En tout cas, il faut continuer de rêver : qu'il devienne réalité ou pas, le rêve soulage les peines et donne le courage dans la vie, comme une fleur qui va s'ouvrir ou comme un mirage dans le désert, dans les moments difficiles il est la plus belle chose à laquelle nous puissions penser. Peut-être faut-il songer à son incroyable dépassement sur Kamui Kobayashi à la Rascasse, ce jour où il se fit remarquer au volant de sa Marussia, dans les rues de la plus belle ville du monde aux yeux de beaucoup pour un Grand Prix de Formule 1… Aux yeux de Charles du moins, lui qui dit : « Je suis vraiment très chanceux d'avoir l'un des plus beaux Grands Prix à la maison, de mon point de vue. » Il y a aussi la fois où, souriant, il a découvert avec surprise au circuit de Spa les photos de grands pilotes qui ont marqué l'histoire… Parmi eux, Lucien Bianchi – qui a couru sous licence belge pour la RACB. « C'est sympa ces photos des grands pilotes belges qui ornent les murs ici, avait-il dit. Je suis fier d'y trouver mon grand-oncle Lucien. Mon grand-père ne m'avait jamais beaucoup parlé de lui. Même si sa disparition remonte à trente-cinq ans, cela reste une blessure. Il m'a juste dit que, sur le plan du caractère, je lui ressemblais pas mal : plutôt timide dans la vie courante, mais totalement à l'opposé derrière un volant ! » À cette période de sa vie, Charles n'est-il pas un peu comme cela, lui aussi ? Dans une vidéo de famille rendue publique suite à un reportage, on voit Jules encore enfant, torse nu, appuyé contre un mur blanc, il vient de gagner une course de kart. « Là pour moi c'était une des plus grosses courses, c'était le début, je ne pensais pas du tout au haut niveau, c'était vraiment une course régionale et il y avait tout le monde qui nous regardait donc j'étais au taquet, je voulais gagner absolument. Je suis fier de prouver à mon grand-père que je suis allé en Formule 1. Et pour la famille Bianchi je suis super fier d'avoir amené mon nom en Formule 1. »

« C'est vrai que Jules réalise ce que j'aurais bien aimé réaliser », avoue Mauro, lui qui a tenu sa promesse d'arrêter la course après l'accident de son frère Lucien. « Ça nous arrivait parfois de venir avec des copains et de rouler comme ça sans s'arrêter. On a même fait des courses d'endurance de quarante-deux heures, c'est vrai qu'on a beaucoup roulé », raconte Jules dans le reportage. Bien sûr, parmi les copains, il y avait Charles. Il y avait Lorenzo. Il y avait Arthur, lui qui, en cette même année 2014, avant le décès de Jules, a renoué avec le plaisir de rouler en compétition : son père l'a inscrit dans un championnat qu'il a remporté, devenant vainqueur de la Kart Racing Academy. Mais en 2015 il est contraint de mettre sa prometteuse carrière en pause, faute de budget et afin de privilégier Charles.

On peut encore évoquer un souvenir, et c'est avec une véritable émotion que Philippe en parle. Cette fois où il a fait du kart avec Jules, et a voulu l'empêcher de passer : « Donc je suis arrivé ici dans ce virage, raconte-t-il en montrant un virage du circuit de Brignoles. Je me suis dit : “Là je vais faire un freinage”, parce que Jules, c'était le pro du freinage en kart. J'ai dit : “Là c'est impossible, jamais il ne va me passer” parce que c'est une affaire d'honneur entre père et fils. Donc je me suis mis bien au milieu de la piste pour ne pas qu'il puisse passer, bien en travers, j'ai freiné, j'ai dit : “Tant pis si je meurs mais j'y vais.” Et à un moment donné, j'étais concentré, j'ai senti un truc qui m'a tapé dedans, il est passé deux roues dans la terre, et il m'a doublé. Je suis rentré, j'ai laissé mon kart j'ai dit : “C'est bon, j'ai compris : on n'a pas le même niveau !” J'ai pris un coup au moral mais ça me faisait plaisir : heureusement qu'il allait plus vite que moi parce que sinon il ne serait pas arrivé jusqu'en Formule 1 ! »

Voilà le monde de la Formule 1, ou plutôt le monde avant la Formule 1, que Charles vit au quotidien. Celui de faire du kart sur des pistes où il n'y a aucun spectateur, quand personne ne vous remarque. Ou ses classes en monoplace dans des championnats qui ne sont pas diffusés à la télévision. Ils sont des milliers à le faire, mais peu arrivent au sommet… Comme Philippe, malgré la souffrance, Charles a le droit de continuer de rêver. Charles a le droit de faire rêver. Et Charles a le droit de gagner, c'est d'ailleurs en train devenir son métier.

2016 est une saison où il va se révéler. Durant l'hiver, il passe des vacances en famille, dans un très bel hôtel de L'Alpe-d'Huez. Suite à son coup d'éclat à Macao et sa belle saison de F3, Nicolas Todt décide de le faire participer au prestigieux championnat de GP3 Series, avec Art Grand Prix. Des retrouvailles avec cette équipe pour qui il avait couru en 2012 et 2013, remportant son titre de vice-champion du monde KZ1 derrière Max Verstappen. Dès les premiers essais collectifs à Abou Dabi, il se montre ultra-compétitif puisqu'il termine tout en haut de la feuille de temps en signant le record de la piste… Le patron d'écurie, Sébastien Philippe, se voit ravi d'accueillir Charles : « Charles est naturel, et sa vitesse pure et son intelligence de course sont des qualités rares chez un pilote de cet âge. Nous sommes confiants dans le fait que Charles pourra rapidement acquérir de l'expérience et se mêler à la lutte pour la victoire. »

En mars, Charles intègre la prestigieuse Ferrari Driver Academy à Maranello, sept ans après que Jules en a fait autant – leur différence d'âge à une année près. « J'ai discuté avec différentes équipes de F1, dira Nicolas Todt, mais nous avons rapidement convenu que le choix d'intégrer la FDA était sa meilleure opportunité. » Charles aura alors deux statuts : pilote de l'Academy et pilote de développement. En cela, le premier avantage est qu'il travaillera, avec ses propres ingénieurs, dans le simulateur Ferrari afin de tester et de valider – ou d'invalider – certaines évolutions sur les voitures de Vettel et Räikkönen. Un privilège immense et surtout la chance d'engranger avant l'heure une expérience remarquable en Formule 1. À l'Academy, il rejoint Zhou Guanyu – futur pilote de Formule 1 –, Antonio Fuoco et Giuliano Alesi nouvellement arrivé. L'occasion pour les familles Leclerc et Alesi de se rapprocher. Quand on sait qu'Hervé avait roulé avec Jean en F3, puis l'avait retrouvé sur les pistes de karting : « Nous nous sommes rapprochés grâce à Giuliano que j'ai vraiment découvert au sein de la Ferrari Driver Academy, explique Charles. Nous nous entraînions ensemble. »

Il se retrouve suivi physiquement, apprend aussi à gérer la médiatisation – chose qui ne lui fait pas peur : « La Ferrari Academy, dira-t-il, m'a donné les armes pour y faire face, m'a très bien préparé à la gestion des médias. Bon, on n'est jamais complètement préparé au choc médiatique quand on arrive en F1 mais, comme je l'ai dit, dans ma mentalité je ne fais pas trop attention aux attentes autour de moi. Le plus difficile, ça reste de loin le boulot dans la voiture. » Lorsqu'on lui demande si Jules et Charles ont des points communs, Nicolas Todt confirme : « Oui ils en ont mais je trouve qu'ils ont surtout des points communs en termes de personnalité. Leur physique, leur démarche et leur manière de s'exprimer sont vraiment proches et je dois dire qu'il m'arrive d'avoir l'impression de parler à Jules lorsque je vois Charles. Seule la victoire les intéresse ce qui est un bon point ! *Forza Charles !* »

Entrer dans le giron de Ferrari, c'est donc bénéficier de tout cela, un encadrement de haut niveau, des coachs physiques et mentaux, l'accès aux meilleurs simulateurs, physiciens – bref, la crème de la crème. Les jeunes recrues de l'académie s'entraînent ensemble et cohabitent même parfois sous le même toit. Cette préparation implique des choses dont le commun des mortels n'a pas la moindre idée, comme de porter tout un équipement mesurant l'activité cérébrale durant une simulation de course. Une fois la simulation terminée, il est demandé aux pilotes de répéter l'exercice en utilisant de moins en moins d'énergie mentale. Dingue, non ? « Avant de faire ça, j'étais persuadé d'être concentré à 100 %, explique Charles. Puis j'ai regardé le graphique et j'ai découvert que ce n'était pas du tout le cas. C'est un peu la télémétrie du cerveau. Ils ne savent pas ce qu'on pense – heureusement – mais ils peuvent dire si on est anxieux, décontracté, trop décontracté. Il y a un équilibre à trouver. Nous sommes tous différents mais je pense avoir trouvé le bon "réglage", un compromis entre concentration, relaxation et l'adrénaline générée par la conduite. Il faut le trouver et le maintenir afin d'être dans le meilleur état d'esprit pour les qualifs ou la course… »

On le voit, les choses commencent à vraiment devenir sérieuses… La preuve : Charles est invité début mai à piloter une Formule 1 – sur la piste d'essais de Ferrari, le circuit de Fiorano ! « Le rêve, je l'avais réalisé à Fiorano devant toute ma famille, s'extasiera-t-il plus tard alors qu'il roule effectivement ce jour-là devant tous les siens dans une Ferrari de 2014, la F14 T à moteur V6 turbo hybride. C'était magique. » Ceci dans le but d'obtenir une super licence provisoire qui lui permettra de rouler lors des essais libres du vendredi avec l'équipe Haas – propulsée par un moteur Ferrari évidemment. On peut donc le dire, même s'il n'est pas encore titulaire, Charles fait officiellement ses débuts en Formule 1… ! On peut imaginer la fierté et l'émotion de son père Hervé qui voit, un peu par procuration, son fils réaliser un rêve que lui-même n'avait pas réussi à accomplir.

Du côté du GP3, il y a si peu de suspens cette année-là qu'il est inutile d'en faire un roman : la classe du pilote se révèle aux yeux de tous, il domine cette saison en commençant par gagner la première course de l'année à Barcelone. Puis il remportera le championnat avec quatre pole positions, huit podiums et trois victoires – Barcelone, Silverstone et Spa-Francorchamps. Tout en accomplissant ces exploits, c'est comme si une part de son esprit était focalisée sur quelque chose d'autre, plus incroyable encore, plus rapide, plus extrême : « C'est une opportunité fantastique de pouvoir passer du temps au volant d'une Formule 1. Je suis honoré par la confiance placée en moi par Haas F1 et Ferrari. C'est un pas important sur le chemin de ma future carrière de pilote de Formule 1, mon but ultime. » Le premier roulage chez Haas – sur la VF-16 – a lieu en juillet, à Silverstone. Charles se montre confiant : « Je suis confiant [...] mais c'est une piste très difficile avec des virages à très haute vitesse. [...] Comparée aux autres catégories, la plus grosse différence est la vitesse de passage en courbe et ça sera un défi pour moi d'être dans le rythme en seulement une heure et demie. » D'après le magazine *Autosport*, Charles a impressionné. Pour Gunther Steiner, directeur sportif de Haas : « Il était très posé et il ne faut pas oublier qu'il s'agit d'un jeune de 18 ans dans une Formule 1, la voiture de course la plus rapide du monde. Je n'ai pas été surpris par son attitude, mais j'ai été impressionné par lui et par son travail. Il nous a dit comment il se sentait dans la voiture, comme n'importe quel autre pilote. Il était excité mais il ne l'a pas montré – qui ne serait pas excité en pilotant une Formule 1 ? Il a été très professionnel, il a fait un bon travail et il nous a montré qu'il était à sa place. Rien n'est facile en Formule 1 si vous voulez réussir. Maintenant qu'il a franchi cette étape, il voudra mieux faire la prochaine fois, et nos attentes seront plus grandes. »

Cinq jours plus tard, le 13 juillet 2016, Charles est de nouveau invité à un test, cette fois sur la Ferrari de Kimi Räikkönen. La journée est entrecoupée d'incidents techniques, mais il profite pleinement et intensément de chaque instant : « C'est très spécial, d'autant que je n'ai que 18 ans. Je regardais toujours ces voitures rouges quand j'avais six ans, ça rend cette expérience incroyable. J'ai profité de chaque seconde. J'ai connu Jules Bianchi quand j'étais très, très jeune. [...] C'est dur sans lui parce qu'il m'a toujours aidé et cela me manque aujourd'hui. Il m'avait vraiment bien conseillé dans le passé, son expérience était énorme. Il était mon idole, un pilote et un homme qui m'inspirait. Je garde tous ses commentaires en tête et j'essaye d'éviter de faire les erreurs qu'il m'avait dit de ne pas faire. »

Des commentaires précieux qui aident Charles aussi bien en Formule 1 qu'en catégories de promotion. Pour revenir à la GP3, Charles a tant d'avance avant la dernière course – 29 points sur Alex Albon – qu'il n'est pas obligé de gagner. Plus cocasse que cela, il va gagner le titre à Abou Dabi en rentrant purement et simplement dans un mur : « C'est vraiment étrange d'être champion et de finir dans le mur en même temps. » (Quand Charles est informé à la radio qu'Albon abandonne, il tente de dépasser l'Américain Santino Ferrucci par l'extérieur. Celui-ci ne lui laisse que très peu de place, les deux s'accrochent…) Après la course, Charles pose fièrement sur la ligne droite d'Abou Dabi avec une combinaison rouge et blanche – les couleurs de Monaco – devant un écriteau avec des lauriers qui dit :

Art Grand Prix
CHARLES LECLERC
GP3 DRIVER
CHAMPION
2016
FOREVER
JULES

Il remporte un immense trophée en argent qui se retrouve exposé dans la charmante maison de celle qui l'a toujours aidée à faire ses devoirs jusqu'à obtenir son bac, celle qui lui a enseigné le catéchisme, la femme de Charles Manni, sa grand-mère. Il a fait plaisir à ses proches, à tous ceux qui croient en lui. À Sébastien Philippe aussi, son directeur d'écurie : « Je pense que Charles a évolué au niveau de son approche et sur la gestion de ses week-ends. Ça n'a pas été simple pour lui. Il a su gérer les moments un peu plus critiques de la saison. Là-dessus, Charles a été vraiment très bon […]. Par respect pour chaque pilote, je ne les compare jamais mais je peux vous dire que Charles est vraiment très très rapide et bon metteur au point. Il a un très bon feeling avec la voiture et il progresse dans son approche des courses. J'ai passé une superbe année avec Charles. Humainement, c'est quelqu'un que j'apprécie énormément, qui a de vraies valeurs, qui a su rester simple. [...] C'est un chic type, un bon mec et je pense vraiment que ce sera un futur grand en F1 donc il faut continuer de le soutenir ! »

Tout de même, Charles est déjà très bien soutenu et entouré... Il y a Nicolas Todt, Hervé, toute sa famille, unie et acquise à sa cause. La voie semble toute tracée : la Formule 2 (anciennement GP2), puis la Formule 1... ? Dans la vie, rien n'est jamais si simple, nous allons le voir... « La voiture de GP2 a un peu plus de couple, explique Sébastien Philippe, plus de puissance moteur, plus d'aérodynamique, 200 chevaux de plus, des pneus plus gros. La gestion des pneus est un peu plus compliquée puisque les courses sont plus longues, il y a un arrêt aux stands et évidemment, le niveau des pilotes est plus élevé. »

Pris en charge par Ferrari et son Academy, ce sera avec l'équipe italienne Prema Racing que Charles va effectuer sa saison de Formule 2. Une équipe tout à fait italienne comme on les aime : sérieuse sur la piste et totalement fantasque en dehors, capable de faire la fête, de s'entarter entre membres de l'équipe, de secouer un utilitaire à l'arrêt de droite à gauche en rythme avec une musique, de se mettre des couronnes de rois sur la tête, de tenir et lever un sceptre en plastique doré lorsqu'ils gagnent une course, de porter des perruques aux couleurs de l'Italie sur la tête ou de proposer à Charles de le faire : ainsi se retrouvera-t-il un jour déguisé en gladiateur avec un plastron doré sur le torse, un autre (pour Noël), avec une perruque noire frisée et de petites lunettes rondes et rouges sur le nez, comme on peut le voir sur les vidéos du Prema Racing Team, le tout avec des musiques telles qu'*Aqua* de Barbie Girl en fond sonore. Et d'autres choses que nous ne pouvons pas raconter. Pierre Gasly le dit lui-même lorsqu'il parle de vacances qu'il passera plus tard avec Charles : « Nous ne pouvons pas tout raconter ! » Un environnement où Charles se sent à l'aise, lui qui parle couramment italien et aime l'Italie et les caractères latins : « Ce que j'ai toujours beaucoup aimé avec les Italiens, dira-t-il dans une interview, c'est que c'est très sérieux quand il faut être sérieux mais, par contre, ça sait aussi se détendre quand il faut et rigoler. C'est quelque chose qui est très important pour l'équilibre du pilote, d'avoir aussi une certaine affinité avec le team. » Lui qui aime rire, s'amuser, et aussi manger des sushis : « Le Buddha Bar (à Monaco) est très bien si vous aimez les sushis, conseille-t-il. Et j'adore vraiment les sushis ! » Charles a même essayé d'en faire lui-même avec Antonio Fuoco, son équipier. C'était dans un restaurant asiatique :

— Nous essayons de préparer quelques sushis, je pense que c'est plutôt facile à faire, lance ce dernier devant une caméra du Prema Racing Team, en faisant l'idiot avec un accent japonais.

— Nous essayons d'apprendre comment faire des sushis, confirme Charles qui enfile un tablier au-dessus de sa tenue de pilote, tandis qu'Antonio explique qu'ils font des sushis « Philadelphia ». Ici tu fais comme ça, continue Charles en italien, roulant du riz dans un rouleau de bambou avec une application et une concentration totales.

— Qu'est-ce que tu fais ?

— Je t'en donne un ! Ce n'est pas facile mais je l'ai fait ! Le plus important est que ce soit bon ! Je pourrais te donner des leçons, fait-il à Antonio pour plaisanter.

Malheureusement pour Charles, le chef décidera que les sushis d'Antonio sont meilleurs que les siens. Il se voit obligé de s'incliner devant le chef du restaurant qui leur a permis cette petite initiation. Peut-être est-ce ce goût pour la nourriture d'Asie qui lui fera découvrir l'année suivante, en vacances, des rizières en Indonésie… Si Charles plaisante autant avec son équipier, c'est qu'ils passent beaucoup de temps ensemble à Maranello : « On n'habite pas ensemble mais c'est tout comme, car à Maranello tous les pilotes de l'Academy sont logés dans des appartements voisins. On est obligés de bien s'entendre. On rigole hors piste, et cela se tend un peu plus en course, mais c'est toujours comme ça avec un équipier. » Bien sûr, l'ambiance est bon enfant et peut ne pas paraître sérieuse, mais comme le dit Charles lui-même, il est important de relâcher la pression en dehors des courses. Cela, l'équipe Prema l'a bien compris, et peut-être est-ce en partie pour cela qu'elle a historiquement toujours connu d'excellents résultats.

Les meetings de la Formule 2 ont lieu en lever de rideau des courses de Formule 1, les courses sont retransmises sur certaines chaînes de télévision du monde entier. On peut dire que c'est à ce moment-là, en 2017, que Charles va commencer à se faire connaître d'un public un peu plus large, toutefois connaisseur car les vraies révélations auprès du grand public ne se font qu'en Formule 1. Charles y est presque… Encore faut-il faire ses preuves : « La F1, explique-t-il, est un environnement très fermé, dans lequel il est très difficile de pénétrer. Faire partie d'une organisation comme la Ferrari Driver Academy m'a permis d'entrer plus facilement dans ce monde. Si je suis aux portes de la F1, comme cela pourrait être le cas en fin de saison, je pense qu'être dans une Academy ouvre davantage de portes que si l'on n'est pas intégré dans une filière. Par ailleurs, j'ai pu bénéficier d'une grosse préparation physique et mentale. J'ai un programme hebdomadaire d'exercices, qui vise à se sentir bien dans son corps comme dans sa tête. Au niveau mental, le travail porte surtout à renforcer la concentration et gérer la pression, qui est peut-être l'un des aspects les plus importants dans le sport auto. Il y a, enfin, le simulateur de la Scuderia, qui est top pour améliorer sa technique de course ou apprendre plus vite les pistes que l'on ne connaît pas. [...] Pour un jeune pilote, bénéficier d'un accès régulier à cet outil est une préparation idéale à la compétition. Le simulateur ne m'aide pas à aller chercher les derniers petits détails. Il faut vraiment que je sois dans la vraie voiture pour aller les chercher. Par contre, je pense qu'au niveau mental, c'est ultra-similaire à la réalité. Donc quand je vais faire une qualif dans le virtuel, j'ai la même envie qu'en vrai de faire la pole position. Et c'est aussi difficile mentalement de ne pas faire une erreur et de mettre absolument tous les meilleurs virages dans un tour. Pareil en course, ne pas prendre de risques mais en prendre assez pour gagner la course. Ça aussi c'est la même gestion mentale dans le virtuel que dans la réalité. »

Quand il n'est pas à Maranello, il court à Monaco sur le Chemin des douaniers. Sur la pointe, il profite encore et toujours de la vue qui s'offre à lui, de la Méditerranée qu'il apprécie tout autant que son papa qui n'a jamais quitté ce pays. « Ne compte pas les jours, fais en sorte que les jours comptent », a dit Mohammed Ali. « Être heureux avant d'être vieux », a quant à lui posté un jour Lorenzo sur les réseaux. N'est-ce pas une bonne philosophie quand on voit à quel point le temps peut passer vite sans qu'on ne remarque, à quel point la vie peut être courte, à quel point brutalement, sans qu'on s'y attende, elle peut basculer, un être cher peut s'en aller ? Niveau santé, le papa de Charles va mal, mais le fait de voir son fils si proche de la Formule 1 et si performant l'émeut et lui donne un doux contentement intérieur.

Quand il a couru, Charles va aux thermes qui se trouvent après Sainte-Dévote. « Dans la montée il y a les thermes, c'est là que je vais m'entraîner physiquement, ils me soutiennent toute l'année. » Des séances de cardio, du rameur, des développés couchés, du gainage, il s'entraîne à tourner le volant avec des poids. Ensuite, en short et torse nu, il enfile des « crocs » et de gros gants comme ceux que l'on peut mettre en cuisine contre la chaleur. « J'ai l'air stylé ! », lance-t-il en anglais pour plaisanter dans une vidéo où il montre une de ses journées. Il est vrai que Charles fait beaucoup attention à son style… ! « J'ai déjà froid avant même d'entrer la salle ! » Il se plonge dans une sorte de petit sauna qui fume lorsqu'on ouvre la porte, mais ce n'est pas à cause de la chaleur : au contraire, c'est le froid qui provoque cela : il s'agit d'une sorte de cryothérapie pour refroidir tout le corps, une expérience extrême censée durer trois minutes, que Charles aime et a pris l'habitude de faire après chaque séance de sport : « Wooow, fait-il en ressortant de la salle où un thermomètre affiche – 109 °C, en essayant de se frotter les jambes puis les bras pour les réchauffer ! Oh putain… Aaah ! c'est froid ! Difficile de garder les yeux ouverts, confie-t-il. Mais oui, vraiment bien. Honnêtement, c'est la meilleure remise en forme, vraiment la meilleure. » Efficace en effet pour le tonus, contre le jet-lag, pour favoriser le sommeil, réduire la fatigue physique et intellectuelle, et pour lutter contre certains symptômes douloureux et plus encore, peut-on lire sur Internet !

Une préparation extrême pour un sport extrême… Et après des premiers essais Charles peut maintenant comparer les deux catégories que sont la Formule 2 et la Formule 1 : « En Formule 1, il y a tout qui change ! La Formule 1 c'est très puissant et le couple est vraiment impressionnant comparé à toutes les catégories que j'ai essayées auparavant. […] Entre ces voitures, l'appui aérodynamique change beaucoup et le style de conduite aussi. Je dirais que la Formule 1 et la GP2 sont assez similaires en termes de conduite alors que la GP3 est assez différente. Il faut renter tranquillement dans les virages pour privilégier la sortie. En Formule 1 et en GP2 il faut plus attaquer et ça, c'est ce que j'aime ! J'aime beaucoup attaquer quand je roule, et la Dallara de F2 m'a permis de beaucoup plus m'exprimer dans ce sens que la monoplace de GP3. Dans cette dernière, je me souviens que je retenais un petit peu mes ardeurs, alors que ce frein a disparu cette année. Cela m'a à la fois permis de prendre plus de plaisir au volant et aussi de donner tout ce que j'avais. »

Dans un registre moins extrême, Charles se détend en faisant du karting : sur le circuit de Fréjus, il participe en décembre 2016 à la première course organisée par l'association Jules-Bianchi, avec ses deux frères et Norman Nato, un ami de toujours – d'ailleurs inscrit avec lui en Formule 2 dans une autre équipe. « Je ne suis pas souvent à Monaco, explique Charles, mais j'essaye, dès que c'est possible, de revoir les copains du karting. Ce ne sera jamais pareil car Jules n'est plus là mais on peut quand même s'amuser avec son frère Tom, ça nous permet à tous de se revoir et en plus, c'est pour Jules. »

Avec tout cela, le voilà bien préparé pour affronter cette saison de Formule 2, qui commence à Bahreïn le 16 avril 2017. Une piste que Charles va très vite apprécier : d'emblée il marque son territoire dans le désert en signant sa première pole position en Formule 1 comme nous l'avons déjà raconté. Ce sera aussi le cas en Formule 2, pour la première fois où il découvrira cette piste. En fait, c'est même à cette course qu'il va se révéler, ainsi que le témoignera plus tard un commissaire de piste de Monaco, avec qui Charles aura la gentillesse de discuter : « Un jour, lors du stage de préparation des commissaires en 2019, Charles Leclerc est venu nous voir. Il m'a serré la main, a discuté quelques minutes et a même accepté de prendre une photo avec mon groupe, c'était vraiment très sympa de sa part. J'ai découvert Charles lors d'un Grand Prix de Macao, mais j'ai vraiment commencé à le suivre en GP3 car il était pilote de mon écurie favorite en petite catégorie : Art Grand Prix. J'ai été un peu déçu de ne pas le voir continuer l'aventure en F2 avec cette écurie mais comme tout le monde, il m'a impressionné lors de sa folle remontée lors du Grand Prix de Bahreïn et c'est à ce moment qu'il est devenu un de mes pilotes favoris. »

— Plan B, plan B, lui a-t-on dit à la radio…

Il fallait effectivement être devant son écran ce jour-là pour voir avec quelle classe, se retrouvant quatorzième à 24 secondes du leader de la course, il a magistralement remonté un à un ses adversaires – une véritable *master class* comme on dit maintenant. « *It looks impossible now* » lance pourtant un commentateur anglais lorsqu'il le voit ressortir des stands si loin. C'est compter sans le panache de Charles, que Pierre Gasly, dans sa combinaison Red Bull – pour sa première saison en Formule 1 chez Toro Rosso – observe depuis le muret des stands tandis que Charles s'emploie à dépasser ses adversaires à tous les endroits possibles et imaginables du circuit, un Charles Leclerc en feu ! En franchissant la ligne pour entamer le dernier tour de la course, il fait l'aspiration au Britannique Rowland et le double. À ce moment, bien malin celui qui miserait une pièce sur Charles pour la victoire, tant l'avance de l'Italien Ghiotto est grande. Dans le dernier tour, celui-ci pourtant fait une erreur, bloque un pneu, il n'en faut pas plus à Charles pour s'emparer de la victoire, faire perdre sa voix au commentateur anglais et remporter une course au finish, donnant une émotion indescriptible à tous ceux qui ont regardé cette course.

« C'est une course assez spéciale, commentera Charles, car j'avais demandé à l'équipe de regarder si cette stratégie pouvait fonctionner (une stratégie à un arrêt). Sur le papier ce n'était pas non plus extraordinaire parce qu'on finissait un petit peu moins rapides que la stratégie sans l'arrêt. Finalement on l'a quand même tentée parce qu'on est parvenu à se construire une assez bonne avance. On est repartis à la quatorzième place sans trop y croire au début. Je me suis concentré sur le travail à faire en piste et grâce à mes pneus beaucoup plus frais, j'ai repris treize places en sept tours. C'était assez incroyable parce qu'il me semble que j'avais 21 secondes de retard sur le leader en sortant des stands. C'était un beau challenge et à la fin on a réussi à faire marcher cette stratégie, c'était super. En dehors de mon ingénieur et moi, personne n'y croyait et ça nous a fait très plaisir d'être récompensés par la victoire. » En effet, même René Rosin, le directeur de l'écurie, avait du mal à y croire : « L'idée nous est venue lorsqu'on faisait les essais collectifs de Bahreïn, deux semaines avant la course. On a vu qu'il y avait énormément de dégradation, que ce soit avec les pneus médiums ou les pneus tendres. L'idée du plan B était là. Pour cela il fallait que nous soyons dans une position où l'on pouvait attaquer pour faire le gap dans les premiers tours. Charles a vraiment été extraordinaire ce jour-là car, il a conduit au maximum que ce soit avec les tendres ou les médiums. Je pense que cette course restera encore longtemps dans les mémoires, comme sa dernière course à Abou Dabi quand il dépasse Albon dans le dernier tour. C'étaient deux courses formidables ! »

C'est ainsi que Charles quitte Bahreïn en tête du championnat, une récidive du GP3 n'est-ce pas ? Il enchaîne avec une victoire à Barcelone qui lui donne encore plus d'avance, à la grande joie de son papa même si une douloureuse nouvelle est à venir : pour la course suivante, à Monaco, celui-ci se retrouve alité et gravement malade. On imagine alors dans quelles conditions difficiles Charles a dû aborder cette course, celle qui compte le plus aux yeux du « Pin's à roulettes ».

L'esprit ailleurs, sur ce circuit qu'il connaît par cœur et qu'il va pourtant découvrir depuis l'intérieur d'une voiture de course, sur ses terres pourrait-on dire, sera-t-il performant ? Lui qui adore les circuits en ville, sera-t-il capable de réaliser une bonne qualification ? Et un bon départ, son point faible en GP3 ? Un exercice qu'on ne peut malheureusement pas vraiment travailler au simulateur : « C'est très difficile de travailler les départs au simulateur puisque les outils du simulateur ne sont pas encorc asscz prćcis pour nous donner le même ressenti que dans la voiture. L'année dernière, l'embrayage était au pied et là il est à la main. Les départs, je pense que ça reste mon point faible mais c'est déjà mieux que l'année dernière. »

Pour le plaisir, faisons un tour du circuit avec Charles, lui qui a des anecdotes et des souvenirs à raconter à chaque virage. Dans une interview de son équipe Prema, il commente les virages de ce circuit en conduisant une ancienne Fiat 500 toute simple – on est encore loin de la Ferrari Pista qu'il s'offrira plus tard ! « Déjà il y a la ligne de départ. C'est là que je prenais le bus pour aller en cours, donc c'est quelque chose de spécial. » Ensuite, c'est le premier virage, dénommé Sainte-Dévote, du nom de la chapelle qui se trouve juste derrière. La légende raconte que cette sainte, née en Corse, fut persécutée et martyrisée par les Romains. Les chrétiens récupérèrent son corps, qui devait être envoyé en Afrique. Mais prise dans une tempête, l'embarcation ramena la future sainte patronne de la Corse et de Monaco vers le continent européen, là où se situe Monaco aujourd'hui. Aujourd'hui, Sainte-Dévote est l'âme protectrice du Rocher et figure dans chaque lieu de culte de la Principauté.

Après ce virage, dans la ligne droite qui monte, Charles montre des magasins : « Il y a ici des magasins de luxe. Je n'y vais pas souvent. Je vais plus souvent ici, montre-t-il plus haut au niveau de la place du Casino : c'est toujours un endroit sympa pour venir se balader. C'est là que travaille mon frère. Comme je suis Monégasque, je n'ai pas le droit d'accéder au Casino et, donc, je ne sais pas à quoi cette merveille ressemble à l'intérieur. Je ne me souviens pas de mes cours d'histoire et ne pourrais vous dire quel prince a instauré cette mesure afin de préserver ses concitoyens de la perte d'argent au jeu. Pourtant, je viens assez souvent dans le coin pour la boutique de mon sponsor, Richard Mille, et pour l'hôtel Métropole où nous nous retrouvons avec mes amis. J'ai aussi une grande passion pour les sushis. Là, juste à droite de la bosse, montre-t-il encore, il y a le Buddha Bar qui en confectionne d'excellents. J'y viens dès que je peux, j'adore vraiment les sushis ! » Il poursuit : « J'ai vu pas mal de Grand Prix à Monaco mais pas tant que ça : avec le calendrier des courses de karting, je n'étais pas forcément là pour le Grand Prix. Je le suivais toujours à distance, quand je n'étais pas à Monaco. » Le circuit descend sur l'épingle du Loews : « Un endroit où je viens rarement. Je crois que je n'y suis allé qu'une fois dans toute ma vie pour venir dîner au Nobu, où j'avais été invité. » Plus bas, le virage du « Portier » est plus un coin que fréquente Charles : « Ici, c'est mon coin. Il y a un Starbucks et un McDo, où je viens souvent. Pas pour manger des hamburgers, même si parfois je craque et me fais plaisir. Mais tous mes amis se retrouvent ici. Il y a un bowling pas loin où l'on va parfois se faire des parties. » Charles, de bonne humeur dans sa Fiat, traverse ensuite le tunnel, qui débouche sur la piscine : « Je m'y suis baigné quelquefois. Mais je suis surtout venu pour profiter du plongeoir. J'adore sauter de haut ! J'ai un super spot du côté de Cap-d'Ail, où je profite de mes séances de jogging pour sauter aussi. Mais cette piscine, c'est surtout des souvenirs avec Jules, mes frères ou mes parents à faire, durant les vacances de Noël, du karting sur glace. On s'est bien amusés. » Au bout du port, il y a le virage de la Rascasse, du nom d'un bar situé là : « C'est ici que nous venons suivre les matchs de Monaco. Moins à la Rascasse qu'aux bars qui la précèdent. J'aime le Stars'N'Bars, j'aime l'ambiance de course, de sport mécanique qui y règne, c'est en quelque sorte toute ma vie ! Ce bar est en effet dédié à la passion des sports mécaniques, avec encadrés ou exposés, d'innombrables casques et combinaisons de pilotes du monde entier, qui sont passés par là faire la fête. »

— C'est à droite du paddock, note un journaliste qui interviewe Charles, y allez-vous le dimanche, pour prendre une bière ?

— Probablement ! Pas pour une bière mais certainement pour manger un burger ou autre ! Je travaille dur mais je suis plutôt facile à propos de nourriture. J'essaie de faire assez de sport, pour ensuite pouvoir manger quand je veux, c'est ma mentalité !

Charles préfère ce genre de bars où il peut rigoler avec les amis que les ambiances de boîtes de nuit : « La Rascasse, c'est plus la fête pure. Il y a le coin des boîtes de nuit, comme le Jimmy'z, mais c'est moins mon truc. Avec les copains, on est souvent à la plage. Plus bas il y a celle où je vais chaque été. Et sur le port il y a quelques bateaux qui sont à mes amis. Un peu plus loin il y a mes restaurants préférés et voilà, le tour est fini. » « Finalement, je connais ce circuit par cœur », conclut-il, car c'est vrai qu'il en connaît sans doute mieux que quiconque chaque centimètre de goudron.

Et pourtant après sa première séance d'essais, il sera surpris d'avoir l'impression de seulement y découvrir véritablement la piste : « Même si j'ai passé toute mon enfance ici, la première fois que j'y ai roulé, je n'ai pas reconnu ma ville ! Parce que tout va si vite, tu es si bas, donc c'est un angle de vue différent et je considère que je n'ai découvert la piste que la première fois que j'y ai roulé. Je pensais que c'était quelque chose que je connaissais depuis longtemps. C'est vraiment assez étrange. Au volant, pour moi, c'était un circuit complètement nouveau. Parcourir ce circuit à pied ou en bus, ça n'aide absolument pas à connaître un virage que l'on va aborder à 320 km/h à la sortie du tunnel. »

— Connais-tu des raccourcis, pour faire la différence sur la piste ? demande avec humour le journaliste anglais.

— Oui ! Mais assez dur de les prendre avec une Formule 1 !

Effectivement, la Formule 1 n'est pas tout à fait comme Mario Kart… C'est donc sans prendre de raccourcis que Charles s'élance, le 26 mai 2017, pour les qualifications du Grand Prix de Monaco. « Ça va vraiment être spécial de conduire dans ces rues de Monaco où j'ai grandi. Ça va être vraiment quelque chose de cool. » Un exercice ultime, nous l'avons vu dans les rues de ce circuit, où il faut un gros cœur et de la précision. Et ce sera, devinez : une fantastique pole position ! « Je suis content de ma performance, pour la première fois que je pilote au milieu de ma ville, que je suis plutôt habitué à parcourir en autobus ! » plaisantera-t-il. Et il dira aussi avec humour : « En F2, pour ma toute première expérience dans les rues de la Principauté, ça avait été énorme. Ça m'a aussi permis de montrer à mes anciens professeurs, massés au bord de la piste, que je n'avais pas manqué les cours pour rien (rires). D'un coup, toutes mes absences ont trouvé une justification. »

Une qualification exceptionnelle qui peut laisser augurer d'une victoire, si tant est que le départ le lendemain soit suffisamment bon pour rester en tête au premier virage. C'est donc plein d'espoir que Charles s'endort chez lui, non loin du circuit. Le lendemain, coup de force : il parvient à garder la tête du départ de la course, et mène son Grand Prix tour après tour, la tête froide. Cela dure jusqu'au vingt-troisième tour – moment où son équipe choisit de l'arrêter aux stands. Hélas, ce sera pour Charles le début d'une catastrophe… Au vingt-quatrième tour, il se plaint à la radio que sa roue avant gauche bouge de façon anormale. Deux tours plus tard il est rappelé par l'équipe qui pense qu'elle n'est pas serrée. Il repart en avant-dernière position avant de rentrer aux stands pour abandonner… Les images de Charles assis par terre, la tête dans les mains, sont terribles. On apprendra plus tard que c'est une cale de carrossage qui a cédé et entraîné des vibrations dans la direction.

Le lendemain, il part dix-septième de la course 2 et abîme son aileron à la Rascasse en touchant son ami Norman Nato – qui devra abandonner. Sa mission est simplement de faire ce qu'il peut puisque remonter jusqu'à la huitième place qui lui offrirait un point est tout bonnement impossible. Il abandonne à huit tours de l'arrivée pour préserver la mécanique, alors qu'il était dans les profondeurs du classement… Les chaleureuses paroles de René Rosin, son directeur d'écurie, peuvent-elles lui faire du bien ? « Monaco a été très difficile pour lui surtout qu'il était devant ses amis, sa famille et ses fans. En plus, avec ses histoires familiales, il avait beaucoup de pression mais finalement il l'a vraiment formidablement bien gérée. On lui a demandé de faire la pole, il a fait la pole. On lui a demandé de faire un gap de 28 secondes, il l'a fait. Il ne connaissait même pas la piste ! OK, il habite là-bas, mais il n'a jamais roulé à 200 à l'heure dans les rues en monoplace donc il ne connaît pas la piste. Au final, c'est lui le vainqueur moral de Monaco. »

« J'espérais vraiment que le mauvais sort attende un autre circuit, dira Charles dont on peut imaginer le niveau de déception, même s'il conserve la tête du championnat. Mon rêve était si près de devenir réalité. Ne pas pouvoir finir la course m'a crevé le cœur. » Un moment dur nous le voyons, mais qui n'est pourtant rien comparé à ce que la vie va encore imposer comme épreuve à son âme.

« Papa, je t'aime. Merci pour tout. Tu vas tous nous manquer. Jules sera super content de te retrouver. 1963-2017. »

Moins d'un mois après ce Grand Prix de Monaco, le 20 juin 2017 à l'âge de 54 ans, Hervé Leclerc s'éteint après une lente dégradation de son état de santé. Voilà ce que poste Charles sur Twitter, suite à ce sombre événement.

Les obsèques d'Hervé ont lieu à l'église Sainte-Dévote, un lieu que Charles ne verra plus jamais de la même manière : « Cette chapelle au bout de l'échappatoire, c'est un souvenir très triste. C'est ici que nous avons célébré l'enterrement de mon papa. Ce jour-là, j'ai eu l'autorisation de conduire le corbillard et nous avions fait un tour avec le cercueil avant d'emmener mon père au cimetière. » Une déchirure si vive, on voudrait bien se révolter contre la mort, si on le pouvait. Notre méconnaissance de ce qu'il y a au-delà, sans doute, nous en empêche. On n'écrira pas de bêtises en disant qu'Hervé était unanimement apprécié pour une générosité et une sensibilité hors du commun, un homme attachant, authentique, entier, qui respirait la joie de vivre. « Dans le paddock, toutes les secondes il s'arrêtait pour dire bonjour à un mec, ou pour blaguer avec lui, se rappelle Franck Anfosso de la page charles-leclerc-fans.com. À Brignoles, c'était une rock-star ! C'est une tristesse infinie qu'il soit décédé, plus que n'importe quelle autre personne. »

Hervé Leclerc était à la fois fier et impressionné par les performances de son fils. Le lendemain du décès, Charles est censé se rendre à Bakou pour le championnat de F2. Mais il reste seul dans son coin : lorsqu'on lui demande s'il a eu besoin d'aide psychologique à ce moment-là, il répond : « Non, je suis resté assez seul dans mon coin. J'ai préféré réfléchir par moi-même et préparer ma course. » Ce qui est incroyable, c'est qu'il ne va demander qu'une seule chose à son équipe : la possibilité d'arriver un jour plus tard. « Il était évidemment très affecté, se remémore le patron de Prema. La seule chose qu'il nous a demandée, c'est d'arriver un jour plus tard. Derrière, il a été capable de passer outre ses émotions pour se concentrer sur la course. » « Je n'ai jamais envisagé de ne pas rouler à Bakou, assure Charles. Parce que mon père était mon supporter numéro un. Il voulait que je sois bon à chaque course, donc je n'ai jamais douté d'aller à Bakou, parce que je suis sûr qu'il aurait voulu que j'y sois et que je gagne pour lui. »

Charles aborde donc cette course dans un contexte terrible, qu'il qualifie de « pire préparation de toute ma carrière », et on peut le comprendre : il vit une déchirure sans avoir encore conscience de la portée qu'elle aura dans son âme. Finalement, avec une journée d'essais en moins comparé aux autres pilotes, comme s'il se servait de sa douleur et de sa tristesse pour se sublimer, il réalise quelque chose d'incroyable : « Il ne connaissait pas la piste et n'a quasiment pas réalisé de tours en essais libres à cause des drapeaux jaunes, rouges et de *virtual safety cars*, explique René Rosin. Derrière, il a signé la pole avec une demi-seconde d'avance ! » « Je ne dirais pas que ça fait du bien, dira Charles, parce qu'avec ce qui est arrivé, ça ne fait pas du tout du bien, mais c'est émouvant et je suis plutôt content pour lui là où il est. Je suis sûr que ça lui donnera le sourire. Je suis arrivé sans savoir vraiment à quoi m'attendre parce qu'évidemment, je n'avais pas l'esprit totalement tourné vers Bakou. Mais je suis très heureux de faire la pole aujourd'hui. C'est un week-end émouvant jusqu'à maintenant et j'espère pouvoir faire un bon résultat pour lui, pour le rendre fier et le remercier pour tout ce qu'il a fait pour moi. Si je suis ici aujourd'hui, en F2, c'est grâce à lui. Il m'a mis au karting et jusqu'à il y a trois jours, il était là pour m'aider et me donner un tas de conseils, particulièrement pour Monaco. »

« Il a gagné la course 1, poursuit René Rosin, et passé la ligne en tête de la course 2 avant d'être pénalisé de dix secondes pour non-respect d'un drapeau jaune (Norman Nato fut déclaré vainqueur. Sans cela, il réussissait le week-end parfait. »

« Mon père a fait beaucoup pour ma carrière », confie Charles en anglais après le podium, dans l'interview d'après-course, lui qui arborait sur l'aileron arrière de sa voiture un autocollant « Je t'aime papa ». « Si je suis là aujourd'hui, c'est grâce à lui. C'est un bon moyen de le remercier. Ça ne le ramènera pas, mais c'est une chose satisfaisante pour moi ce week-end. Je me suis dit que je serais heureux de décrocher la pole pour lui, je savais ce qu'était un bon tour sur cette piste, et je voulais le faire. Celui de Bakou était probablement l'un de mes meilleurs, sur une piste que je ne connaissais pas vraiment. Je pense que c'était l'un de mes meilleurs week-ends, peut-être le meilleur de l'année. Ce fut une période difficile sur le plan personnel. C'est arrivé trois jours avant Bakou et j'avais évidemment la tête autre part. J'ai disputé les essais libres, qui ne se sont pas bien déroulés et je n'étais pas plus avancé. Puis j'ai participé à la séance qualificative durant laquelle j'ai fait un bon tour, ce qui m'a redonné un peu d'énergie et de confiance pour poursuivre le meeting. Je me suis dit que, de là-haut, il ne voudrait sûrement pas que ça me détruise, il aimerait que je gagne les courses et, à partir de là, je me suis concentré sur ce que j'avais à faire. C'est comme ça que j'ai vécu ce week-end particulier : j'ai voulu tout donner pour l'honorer de la meilleure façon possible. » « La plus grande réussite de ma carrière, dira-t-il encore. Quand je finissais second, mon père n'était pas le plus heureux donc je me suis appliqué à gagner. Seulement gagner. Pour être sûr qu'il souriait encore. »

C'est comme si la perte de son père ainsi que celle de Jules avaient eu la magie de déclencher en lui la montée d'une nouvelle force, aux fondations plus solides et puissantes que celles qui habitent les autres pilotes. « Avec Jules, j'ai eu le premier choc, quelque chose de difficile à comprendre et à accepter. La perte de mon père, qui m'avait tant aidé dans ma carrière, a été un autre choc. C'était difficile parce que quoi qu'on fasse, rien ne vous prépare à perdre un père. Mais cela m'a beaucoup fait mûrir car ne pas l'avoir avec lui du jour au lendemain m'a donné beaucoup de responsabilités, me faisant grandir en tant que personne. Je change vraiment quand je passe de l'extérieur de la voiture et quand je monte à bord. Dans la voiture, c'est très bon d'avoir un instinct de tueur quand vous avez besoin d'être agressif. En dehors de la voiture je suis normal, calme. À l'intérieur, je donne le meilleur de moi. C'est de la passion. Quand vous êtes passionné à propos de quelque chose, vous donnez tout. Il y a des moments, j'aurais voulu qu'ils n'arrivent jamais, mais ils m'ont fait grandir [...] et m'ont aidé. Mentalement, je suis plus fort que je ne l'ai été. Malheureusement, j'ai perdu mon père tôt. C'est quelque chose qui vous change pour toujours. »

« Grâce ou à cause de la vie, Charles a acquis une grande maturité, témoignera Nicolas Todt. Là où d'autres s'effondreraient, Charles se sublime dans la peine, lorsqu'il abaisse sa visière. Il a une force de concentration qui m'a bluffé. »

À la suite de ce lourd événement, Charles continue d'impressionner, par des résultats mais aussi par ses réflexes dignes d'un vrai Jedi – ou plutôt d'un Padawan vu son âge ! Au départ du Grand Prix d'Autriche, un concurrent cale devant lui, ce qui peut s'avérer extrêmement dangereux. Charles – avec son casque toujours décoré d'un « Je t'aime papa » sur le dessus – ne le voit qu'au dernier moment, donne un coup de volant très sec en pneus froids : la voiture fait une embardée à droite, puis à gauche, rattrapée de manière impressionnante. Une séquence folle qu'on peut voir sur le Web en tapant « Crazy moment Austria F2 »... Après cela, il gagne. Puis à Silvertsone, à Spa, il se paie même le luxe de devancer Kimi Räikkönen lors d'un essai en Formule 1. « Le fait de rester dans les stands à côté d'un Kimi ou d'un Seb est très enrichissant pour moi. J'apprends énormément de choses notamment sur le *feedback* car je vois qu'ils font attention à plein de petites choses sur la voiture et ça me montre que tous les détails sont importants. » Il semble inarrêtable, et il le sera en effet jusqu'à la fin, avec un casque dont le design a évolué : avec une photo de Jules Bianchi, prise à Monaco en 2012 sur le bateau de Richard Mille – sponsor clé des deux pilotes. Les deux copains sourient à l'arrière du bateau en petits polos blancs. Il y a aussi un petit texte :

Gone but never forgotten
We'll never forget you Julio!
1989-2015

Avec, toujours comme une boussole, un « Je t'aime papa » au-dessus du casque. Dans le fond, Charles est un sentimental.

Le 17 juillet, date du décès de Jules, Lorenzo poste sur Instagram : « 2 ans. Tu nous manques vieux frère. #JB17 », avec une photo de lui et de Jules. Trois jours plus tard, le 20 juillet, Charles tweete, avec une photo de lui enfant en noir et blanc sur les épaules de son papa : « *1 month that feels like 10 years. I'll forever miss you. I'll push to make you the proudest father from up there <3.* »

Il est évident que cet enchaînement d'événements est terrible pour toute la famille. C'est en novembre que Lorenzo postera d'ailleurs sur Instagram : « Être heureux avant d'être vieux » après un repas entre amis organisé au Maya Jah, un restaurant oriental à Monaco. Rappelons que Lorenzo et Arthur ont arrêté leur carrière, laissant plus d'espace financièrement à Charles pour la sienne. « À 14 ans j'ai disputé mon premier championnat complet, raconte Arthur. Mais immédiatement, il a fallu arrêter pendant trois ans, car, pour mon père, c'était trop cher de supporter Charles et moi en même temps. Juste avant son décès en 2017, il m'avait promis de me faire rouler en Formule 4. » Ludovic Veve, préparateur moteur de Charles en Cadets, confirme « Le souhait du père c'était de faire rouler Arthur. Avant de mourir il m'a appelé, il m'a dit : "Il faut faire rouler Arthur." »

Après le drame, la famille tente alors de réaliser cette promesse. « Quand notre père décède, se souvient Lorenzo, notre oncle Thierry nous dit : "Arthur veut tellement courir que je ne veux pas qu'il soit frustré, surtout que ses deux frères ont eu leur chance." À 17 ans, il était trop tard pour reprendre en kart, donc on l'a dirigé vers la monoplace et le Championnat de France de Formule 4, qui est le plus abordable financièrement. » La carrière d'Arthur repartira donc en 2018 : « Avec l'aide de Charles, de mon oncle, et de sponsors, me voilà donc en F4 en 2018 », témoignera avec émotion l'adolescent. Il gagnera dès sa deuxième course dans l'Hexagone, avant de terminer troisième du championnat allemand en 2019. Repéré par Sauber, puis par l'académie de jeunes pilotes Ferrari, il disposera de soutiens financiers pour avancer dans sa carrière, notamment grâce à Lorenzo qui s'occupera de cet aspect et du management. Mais n'allons pas trop vite en besogne, et voyons comment Charles a fini sa saison 2017. « En course, il a été fantastique, témoignera René Rosin suite à la Hongrie. De dernier, il est remonté quatrième en doublant à des endroits où il était quasiment impossible de passer. » En fait, rien ne pouvait empêcher Charles d'être titré dès l'avant-dernière manche à Jerez, en octobre, au terme d'un nouveau combo « pole-victoire », puis se payer le luxe de gagner à Abou Dabi d'une manière encore une fois incroyable.

« C'est juste incroyable, s'aperçoit Charles après son titre. C'est le résultat de l'énorme travail effectué durant toute la saison avec Prema. Mon père m'a accompagné à chaque tour que j'ai accompli depuis mes débuts en karting et chaque fois que je gagnais une course, il était le plus heureux des papas.

Remporter le championnat est la meilleure manière d'honorer sa mémoire. » « Charles était vraiment fort, considérera Guillaume Capietto, directeur technique chez Prema. Il mettait beaucoup de vitesse dans les virages. Un peu comme Pierre Gasly qu'on a eu, mais Leclerc était capable de ça et d'être, en plus, vraiment toujours là sur les freins. Il a signé des poles avec une demi-seconde d'avance. Ce ne fut pas toujours le meilleur en course dans la gestion des pneus. Encore que… J'ai encore en mémoire sa course d'Abou Dhabi, où il double Alex Albon en tête alors que nous partions huitièmes, en se faufilant au virage 8 par un trou de souris. Cette saison, il a clairement montré qu'il était prêt pour la F1. »

On ne sait pas si Charles Leclerc sera un jour l'égal de Lewis Hamilton ou de Michael Schumacher en Formule 1, mais il reste à ce jour celui qui a fait le plus sensation en Formule 2 : en réalisant notamment le record du nombre de pole positions, chose qu'il doit peut-être quelque part à l'âme d'Ayrton Senna qui a toujours un peu fait partie de la sienne et de celle d'Hervé : « Les qualifications ont toujours été un de mes moments préférés du week-end et ça s'est toujours très bien passé pour moi d'ailleurs. »

Au terme de cette saison 2017, et sans l'aide de son père, là où tant d'autres auraient abandonné, Charles est soutenu et pressenti pour devenir, enfin, pilote de Formule 1. « Parmi les pilotes qui ont gagné en première année, le plus impressionnant, c'était lui », confiera encore plus tard Guillaume Capietto, vraiment impressionné par les performances de Charles. Des rumeurs l'annoncent chez Sauber F1 Team, chose à quoi il répond : « Chaque année il y a des rumeurs et il faut faire la nuance avec la réalité. Pour l'instant la réalité c'est qu'ils n'ont pas encore pris leur décision donc on attend et on verra. »

8

2018 : Sauber F1 Team #16

Charles sur les traces de Jules #17

« Charles chez Ferrari ? Il est encore très jeune, il peut attendre... »

Sauber C37

Suite à son double couronnement consécutif en GP3 et Formule 2, à force de devenir insistante, la rumeur qui planait autour de l'écurie d'Hinwil – en Suisse – a fini par devenir réalité... À force d'empiler des années d'apprentissage, des échecs et surtout des succès, un travail énorme, Charles a fini par être promu chez Alfa Romeo Sauber, en Formule 1 ! Ce sera avec Frédéric Vasseur qu'il travaillera, son ancien patron chez Art Grand Prix passé de la Formule 2 à la Formule 1 en 2017, quelqu'un que Charles apprécie beaucoup : « Je le connais très bien et j'adore la façon dont il travaille. » Fort de ces longues années d'apprentissage en karting puis en catégories de promotion, il peut aborder sereinement cette saison : « Vous savez, racontera Charles Manni, juste avant de monter dans sa F1 pour son premier GP, Charles m'avait téléphoné pour me demander si on lui avait bien livré sa TV. Il ne ressentait aucun stress. » Pourtant : « La F1 ne ressemble en rien aux catégories mineures. Passer du karting à la monoplace constitue déjà un sacré palier. Monter en Formule 1 représente sans aucun doute le deuxième plus gros *step* dans la vie d'un pilote. En F1, il y a beaucoup de différence de performances entre les autos. Mais si je me concentre sur mon travail et si je m'applique à bien le faire, alors je devrais pouvoir démontrer ce que je vaux. Je préfère ne pas me disperser en regardant les autres, c'est un enseignement que j'ai tiré de mes précédentes saisons en monoplace : je veille simplement à donner le meilleur de moi-même. On verra ensuite quels résultats je serai en mesure d'obtenir cette saison. » Après Louis Chiron, André Testut, Olivier Beretta, Charles devient le quatrième Monégasque à avoir l'honneur de rouler en catégorie reine. Bien sûr, ne nous attendons pas à des exploits démesurés, il s'agit d'une modeste écurie où passer en Q3 – c'est-à-dire dans les dix premiers en qualifications – sonne comme un véritable exploit. Charles y est pour faire ses classes, éventuellement quelques coups d'éclat s'il le peut, se familiariser à la complexité d'une Formule 1 : « Entre une Formule 2 et une Formule 1, le pilotage n'est évidemment pas le même. Pour moi, la plus grosse différence concerne tout ce qu'il y a sur le volant. Ce sont des éléments qui aident à la performance au tour lors des qualifications ou même pendant la course. Avec l'expérience, ce sont des réglages qui s'apprennent. Mais sans cette expérience, difficile d'être tout de suite à l'aise avec toutes ces procédures et tous ces boutons sur le volant, autrement plus nombreuses que dans les petites catégories. »

C'est donc presque en douceur et sans stress que Charles commence son championnat, remplit son objectif de terminer la course à Melbourne – la première de la saison – et ne tarde pas à mettre « la mer et les poissons » en qualifications à son équipier pourtant plus expérimenté : à la troisième course à Shanghai, il devance Marcus Ericsson de près de 5 dixièmes : « C'était vraiment chaud ! Je me sens de plus en plus confiant dans la voiture. Finir devant mon équipier est bon pour la confiance car personnellement, terminer derrière ne m'est pas très plaisant ! »

Charles ne tarde pas non plus à marquer ses premiers points, mais toujours de manière aussi détendue : dans les étroites rues de Bakou, un circuit qu'il affectionne – il a brillamment gagné en F2 suite au décès de son papa. Trois jours avant le Grand Prix, dans une interview, il marche sur les mains devant une caméra en disant : « Comme ça, je peux montrer mes talents d'artiste à la caméra au cas où ça ne marche pas en sport auto ! »

Avec Andrea Ferrari, son coach de toujours – depuis 2011 –, il s'entraîne au dernier étage d'un hôtel devant une baie vitrée panoramique et la vue sur les tours immenses de la ville, comme s'il était à New York – au passage une de ses destinations préférées, une ville où il aimerait vivre s'il n'habitait pas Monaco, comme il l'a dévoilé un jour en interview. Il fait un footing sur un tapis, puis un réveil mental avec un test de temps de réactions – grâce à une manette devant un écran : « C'est juste un feu, explique Charles en parlant de ce qui se passe à l'écran, dès qu'il y a la lumière qui s'allume, il faut appuyer le plus rapidement possible. Donc pas quelque chose de très complexe, mais ça permet de se réveiller le matin ! »

Efficace ou pas, il réalise trois jours plus tard quelque chose d'extraordinaire : profitant d'abandons comme Jules à Monaco, menant une course fantastique, il parvient à terminer sixième – ce qui restera son meilleur résultat de la saison : « Je crois que c'est la première fois de ma carrière que je suis aussi ému, dira-t-il après Bakou. La première image qui m'est arrivée quand j'ai passé la ligne, c'est la course de l'année dernière quand j'avais perdu mon papa. Et c'est la première personne à qui j'ai pensé quand j'ai passé la ligne encore une fois aujourd'hui avec Jules bien sûr. C'était comme dans un rêve, nous avons su profiter de chaque occasion et c'est vraiment super ! » Frédéric Vasseur est fier de son pilote qui pouvait avoir du mal à se canaliser mais qui a appris à travailler son mental, car selon ses propres dires il était « capable de s'énerver après une séance d'essais qui ne s'est pas bien passée, mais capable aussi de repartir dix minutes après en ayant tout oublié ». Charles est aussi capable de sortir à chaud dans la radio : « Magnussen est stupide et il sera toujours stupide. C'est une honte, mais c'est un fait ! » comme après une course à Suzuka, où ce dernier lui a coupé la trajectoire.

Pour autant, pour Frédéric Vasseur, « Charles a fait une course hyper-solide du premier au dernier tour ». « Le mental était clairement l'une de mes faiblesses en karting, reconnaît Charles qui pouvait avoir tendance à s'énerver, à s'inquiéter, à se mettre la pression. J'ai travaillé dur pour en faire une force et ça paie aujourd'hui. C'est difficile d'expliquer comment on bosse sur cet aspect, mais en gros vous vous entraînez avec des capteurs sur la tête qui analysent ce qu'il se passe dans votre cerveau. Vous essayez de comprendre les mécanismes de votre esprit. Je pensais être calé sur le sujet avant mais je me suis rendu compte que je ne comprenais absolument pas ce qu'il se produisait. Vous en apprenez beaucoup sur vous et cela vous aide à gérer vos émotions de manière plus efficace. »

« Un régal. Vivement Monaco. Allez j'ose : Ferrari ne devrait attendre trop longtemps .-) », poste Pascal, un fan sur charles-leclerc-fans.com, sous entendant que Ferrari ne devrait pas tarder à l'enrôler !

Si Charles travaille si dur, c'est qu'il n'est pas du genre à se contenter de la maxime de Coubertin, « l'important, c'est de participer ». Il veut plus que tout marquer les esprits : « Mon objectif final, ce n'est pas seulement de marquer des points : je veux vraiment marquer les esprits en F1. Et pouvoir, un jour, me battre pour le Championnat du monde. Donc j'essaie de voir plus loin. » Plus loin, c'est, pourquoi pas, briller à domicile, à Monaco, tandis que son petit frère, comme nous l'avons dit, tente de faire des étincelles en Formule 4. « Mon expérience en karting fut de courte durée, hélas, faute d'avoir trouvé le budget nécessaire pour persévérer », raconte Arthur au début de sa saison de F4. « Bien sûr, je n'avais qu'une envie : sortir le casque et la combinaison du placard ! *A fortiori* en voyant Charles gravir les échelons aussi vite… Grâce à mon oncle, Thierry Manni, patron de la société Stajvelo qui fabrique des e-bikes en composants avancés à Monaco, j'ai pu effectuer deux séances d'essais en F4 avec l'écurie italienne Prema Powerteam. Après un baptême positif à Adria, où je me suis vite adapté, les progrès enregistrés au Red Bull Ring nous ont incités à franchir le pas. Charles est toujours présent pour me guider quand je lui demande quelque chose, évidemment. Mais il veut d'abord que je grandisse tout seul, que je trace mon chemin moi-même, en apprenant de mes erreurs. Il a raison. Aligner des chronos très encourageants d'emblée, c'est une bonne surprise, d'accord. Cependant, il reste beaucoup de pain sur la planche. » Arthur peut bien évidemment compter, comme il l'a dit, sur l'entraide fraternelle, puisque

Charles le suit en effet avec passion : « Je suis ses résultats et sa saison. Ce n'est pas parce que c'est mon frère, mais ce qu'il fait est impressionnant. Car, cette saison, le niveau est particulièrement haut en F4 française. Beaucoup de pilotes internationaux de kartings, qui ont déjà gagné des titres internationaux, sont venus dans cette catégorie. Sur les trois dernières années, mon frère n'a absolument rien fait en sport automobile. Avant ça, il avait fait une année en kart, et c'est tout. Car, encore avant ça, il s'était arrêté et n'avait rien fait de spécial. Et pourtant, fin mars 2018, il a gagné une course sur le circuit de Nogaro (Gers). Ce qu'il est train de faire m'impressionne. Dès que j'en aurai l'occasion, j'essaierai de l'accompagner sur certaines courses. Il a toujours voulu être pilote automobile. Mais, malheureusement, mon père n'avait pas forcément les moyens pour le mettre, lui aussi, dans cette discipline. De mon côté, j'ai eu la chance que Nicolas Todt vienne me chercher en 2011, sinon j'aurais dû arrêter. Cette année, on a réussi à trouver le budget pour que mon petit frère réussisse à faire de la F4. Car on s'est dit que, lui aussi, devait avoir la chance de montrer ce qu'il vaut. Et, pour l'instant, il démontre qu'on a eu raison de croire en lui. »

Ce sont dans ces bonnes dispositions d'esprit et avec un bon mental que Charles aborde la course suivante, à Barcelone. Il y décroche encore un point, ce qui rend sa maman particulièrement fière : « Il a décroché des points dans les deux dernières courses qu'il a faites. Ça l'a rassuré. C'était important pour son mental : il est bien aujourd'hui mentalement. Je suis si fière de mon fils... Les épreuves de la vie, on en a connu. Si on les a traversées, elles nous ont rendus plus forts et nous permettent de progresser pour donner le meilleur. Charles, c'est quand il y a des moments très durs qu'il nous surprend le plus. » Pascale en profite pour rappeler que

Charles, depuis tout petit, avait quelque chose d'unique, cela la pousse à croire qu'il sera un jour un véritable champion : « Il y avait une légèreté dans sa manière de piloter son kart qu'il n'y avait pas chez les autres. Maintenant : il faut donner aux passionnés la possibilité de partager le rêve de Charles. Et pour cela il faut que Charles reste à la portée de tout le monde. Nous sommes des gens simples, il va découvrir un monde qui n'est pas si simple que cela, je pense. On leur en demande beaucoup, il n'a plus de temps à lui. Mais : je ferai tout pour qu'il reste lui-même. Tout s'est mis en place pour qu'il soit là où il est aujourd'hui. Il va continuer, il sera champion en F1. Son objectif, c'est le podium. Et il va y arriver. C'est certain : fonce, Charles ! »

Un podium est peut-être ambitieux, mais Charles, comme il l'a dit aimerait déjà marquer les esprits. Quel Grand Prix serait mieux pour cela que Monaco… ? Que va-t-il se passer cette fois, sur SON Grand Prix ? « C'est incroyable, déclare Charles avant cette course, le 21 mai 2018 : Ce sera bien d'avoir mes amis et ma famille ici pour m'encourager. J'ai déjà pas mal de pass réservés, et j'ai hâte de partager ce moment particulier avec le peuple monégasque. Une façon aussi de montrer que tous les sacrifices que j'ai faits, notamment à l'école, ont finalement payé. Mon premier objectif, c'était d'arriver en F1 et je l'ai atteint. Le deuxième, ce sera d'être champion du monde. Il faudra que je bosse énormément pour y parvenir. À Monaco, ce qui compte beaucoup, c'est le rythme que l'on parvient à prendre sur le circuit. On s'attend à une course difficile, car […] Monaco n'a pas beaucoup de lignes droites et il y a beaucoup de virages. C'est donc un circuit où il faut beaucoup d'appui aérodynamique. Or, pour le moment, c'est une qualité que n'a pas notre voiture […]. Bien sûr comme les dépassements sont délicats, il est toujours important de faire de bonnes qualifications, pour être bien placé sur la grille de départ le dimanche. »

Pour la troisième fois de suite, Charles parvient à se hisser en Q2 (les quinze meilleurs) : il réalise le quatorzième temps. Une position de laquelle Olivier Panis était parti pour s'imposer en 1996 ! Charles ne pourra peut-être pas en faire autant, mais on le voit au nombre d'affiches placardées partout à son effigie autour du circuit : depuis son exploit de Bakou, il commence à se faire véritablement connaître, à avoir des fans, des supporters. Retenons seulement le grand drapeau qui pend au balcon des Beretta, là où Charles jouait aux petites voitures, enfant, en écoutant le bruit assourdissant et ahurissant des Formule 1.

« Avec votre nouvelle notoriété, est-il moins facile de sortir anonymement dans les rues de la Principauté ? » lui demande-t-on dans une interview. « C'est vrai que depuis le Grand Prix de Bakou, fin avril, répond Charles, les choses ont changé. Après cette course, beaucoup de personnes sont venues me voir pour me féliciter. Ça m'a vraiment fait chaud au cœur. Après, je ne suis pas non plus devenu une star internationale, au point de ne plus pouvoir faire un mètre dans les rues de Monaco. »

Dimanche 27 mai 2018 à 13 h 45, l'hymne monégasque traditionnel est interprété par les gardes de la Principauté. « J'en connais deux ou trois », s'est amusé Charles dans une interview : on voit que l'expression « courir à domicile » prend tout son sens. Dieu sait s'il connaît aussi quelques *grid-girls* cette année-là – il n'y a d'ailleurs que sur ce circuit qu'elles sont présentes sur la grille de départ, les organisateurs ayant réussi à maintenir leur présence. Comme nous en avons déjà parlé, le groupe américain Liberty Media les a exclues, jugeant cette pratique « contraire aux normes sociétales modernes » et défavorables à l'image de la femme. « Les filles seront là, sans pancartes. Elles sont jolies et les caméras continueront de faire des gros plans sur elles », a ainsi expliqué Michel Boeri, le président de l'Automobile Club de Monaco – chargé de l'organisation du Grand Prix –, chose que Charles a saluée : « Je pense que c'est une bonne chose que les *grid girls* soient maintenues à Monaco. La F1, et surtout Monaco qui est un Grand Prix hyper-glamour, a toujours été associé aux *grid girls*. Donc, la présence de filles sur la grille de départ est importante. ». On le voit, plus encore que les *grid-girls*, la personne la plus observée ce week-end sera sans doute Charles Leclerc, avec forcément beaucoup de pression sur les épaules.

Sauf que la course ne va pas se passer comme prévu : au cinquante-quatrième tour, Alonso abandonne, boîte de vitesses cassée. Charles est douzième alors que devant lui, Sainz est à l'agonie avec ses pneus. À dix tours du but, si Charles veut marquer un point, il doit absolument dépasser Sainz, et surtout ne pas avoir de problème comme l'an passé en F2, où sa roue avant gauche a commencé à bouger de façon anormale : il a dû abandonner. Au soixante-huitième tour, Charles commence à sentir un problème au niveau de sa pédale de frein, ce qui peut s'avérer très inquiétant à Monaco… Il contacte son équipe par radio pour avertir du problème : cela va de mal en pis, il doit continuer de rouler ainsi. C'est alors qu'au soixante-douzième tour, soit à six tours de l'arrivée, le disque de frein avant gauche de sa voiture explose à la sortie du tunnel… Décidément… La Sauber heurte de plein fouet l'arrière de la monoplace de Hartley. Heureusement Charles s'en sort indemne ; malheureusement, il ne pouvait rien y faire. « C'est dommage parce que j'aurais bien voulu faire un beau résultat à la maison. L'équipe regardait les datas mais ne s'est pas vraiment rendu compte d'un éventuel problème de freins. Quatre tours avant mon accident, j'ai prévenu en disant que la course de la pédale devenait de plus en plus longue. C'était très difficile à gérer et ensuite je n'ai plus eu de freins du tout. C'est dommage que ça arrive à la maison mais je commence à en avoir l'habitude. C'est comme ça, c'est le sport automobile et j'espère qu'on aura une meilleure course au Canada. »

Ce sera le cas : à Montréal, Charles marque encore un point, puis au Castellet, un an jour pour jour après son formidable week-end à Bakou lors duquel il avait survolé le meeting tout en étant confronté à un moment très difficile de sa vie. Il réalise l'exploit de passer en Q3 avec l'une des voitures les moins performantes du plateau : il termine huitième des qualifs devant un public totalement acquis à sa cause !

« *Monaco City and circuit*, c'est magique. Charles comme attendu "envoûte" tout le monde de la F1 et au-delà. Monsieur Marchionne… dépêchez-vous… --)). » Voilà ce qu'avait posté le fan de tout à l'heure après le Grand Prix de Monaco, sentant que Ferrari à ce moment de la saison est à deux doigts de pousser Charles vers un rêve : celui du cheval cabré… « Je suis très surpris de voir autant de personnes me soutenir ici, c'est incroyable », lance Charles le 24 juin, au Castellet. Et quand on lui demande s'il pense à Ferrari, il répond : « Ne pas y penser, c'est impossible parce que c'est mon rêve depuis tout petit. Par contre, je pense que moins j'y pense et mieux c'est. À ce moment-là de la saison, je dois rester concentré et faire de bons résultats comme nous avons fait ces dernières courses. Ensuite, j'espère que ça suivra. »

Quelque chose est sur le point de suivre, d'éclore, on le sent, quelque chose se trame, mais dans ce monde mystérieux de la course automobile il y a des enjeux, des intérêts, des tensions. Il y a aussi toujours des rumeurs. Celle de la pause estivale concerne Charles. Elle ne vient pas d'« El Commandantore » – Enzo Ferrari – qu'on imagine toujours avec cette chaise sur le circuit de Fiorano, en train de regarder des pilotes de légende tels Gilles Villeneuve, Jean Alesi ou Alain Prost. Elle vient de Sergio Marchionne, le boss de Ferrari, son successeur : on dit qu'il aurait pensé à échanger les baquets de Charles et Kimi Räikkönen, équipier de Sebastian Vettel chez les Rouges. Il faut bien comprendre le contexte : depuis l'ère Schumacher-Todt où la Scuderia gagnait tout, c'est la disette : plus un titre à se mettre sous la dent. La Ferrari est certes toujours compétitive, mais ne gagne pas le titre. Pour mieux s'approprier la maison Ferrari et ce qui se trame, lisons des extraits d'un formidable article de Patrick Camus et Jean-Michel Desnoues, qui ont magnifiquement rapporté et relaté l'épisode.

L'interminable attente

Jeudi 6 septembre 2018. Quelque part dans Amsterdam, siège financier et administratif de Fiat, se déroule l'assemblée générale du conseil d'administration du groupe FCA (Fiat-Chrysler Automobiles), présidé par John Elkann, héritier de la dynastie Agnelli, lequel entérine Louis Camilleri au poste d'administrateur exécutif et directeur général délégué de Ferrari. Ce même jour, quelque part en Italie, un célèbre compte Instagram vend la mèche et prend tout le monde de court :
« Fier d'avoir cru en toi jusqu'à l'arrivée en @f1. Fier de t'avoir accompagné en piste, virage après virage. Heureux de te voir prochainement au volant de la Rouge @charles_leclerc. #GarageItaliaCustoms. »
Un message qui, à peine publié, se voit modifié quelques instants plus tard :

« Nous espérons que le rêve se réalisera ! Garage Italia a toujours cru en toi @charles_leclerc #GarageItaliaCustoms. »
Cela aurait pu passer pour une plaisanterie ou un coup journalistique si le titulaire de ce compte au pseudo « GarageItaliaCustoms » n'était autre que Lapo Elkann, frère cadet de John. Un garçon amusé de tout et amuseur certes [...]. Suite à quelques frasques dignes d'un minotier d'envergure (drogue, mœurs...), il fut contraint de couper les ponts avec le groupe Fiat. Il n'empêche que ses liens avec son frère et ses entrées dans l'empire Agnelli demeurent. A-t-il brûlé une politesse [...] ? A-t-il voulu la jouer à l'italienne ? Disposait-il de clés lui permettant pareille sortie publique avant de se faire rappeler à l'ordre ? S'il fut un élément déterminant dans cette *commedia dell'arte* comme seule la Scuderia en est capable, ce fut bel et bien le Grand Prix d'Italie. Mis au courant [...] par son employeur que son contrat ne serait pas reconduit, Kimi Räikkönen a disputé un week-end digne d'un pilote qui n'avait plus rien à perdre, en jouant les seules cartes à sa disposition. Celles de la vitesse, de la motivation, d'une détermination et d'une hargne que nous ne lui avions plus connues depuis longtemps. Une énergie déployée par la déception qu'il venait de vivre. Mais quelles belles promesses lui avait-on donc faites pour pareille réaction, alors qu'il savait son contrat en bout de course ? Le Finlandais avait senti le souffle chaud du jeune Charles Leclerc dès mai : à Monaco, Vettel [...] n'hésita pas à cautionner l'arrivée du jeune Monégasque. « Leclerc mon prochain équipier en 2019 ? Pourquoi pas ? Il a déjà démontré ce qu'il valait au volant d'une voiture qui ne devrait

pas prendre de points. » À tel point qu'une curieuse rumeur circulait entre les motorhomes du paddock : soucieux d'offrir à Vettel un pilote plus agressif, plus incisif, en mesure de le seconder plus efficacement dans sa lutte face à Hamilton, Sergio Marchionne (alors grand patron du groupe FCA et Président de Ferrari) aurait envisagé ni plus ni moins qu'un échange Räikkönen/Leclerc après la pause estivale. Brutal et curieux changement de ton fin juillet dans la bouche de Vettel. « Charles chez Ferrari ? Il est encore très jeune, il peut attendre... »
Entre les deux dates, l'hospitalisation et le décès inattendu, le 25 juillet 2018, de Sergio Marchionne. Cette disparition allait-elle remettre en cause l'engagement signé par Marchionne et Charles Leclerc, dont une clause du contrat stipulait une titularisation chez Ferrari dès 2019 ? [...] Le choix de Leclerc n'était-il pas trop risqué, car prématuré ?

Cet article nous le fait réaliser : entrer chez Ferrari comme pilote de Formule 1, avec tout le talent qu'on peut avoir, est loin d'être chose évidente et gagnée d'avance... Surtout après seulement une année en Formule 1 : certains pilotes ont dû attendre des années, d'autres n'ont jamais pu avoir d'opportunité. Un jour, alors qu'il est sur un bateau, Charles reçoit un appel, comme il le rapporte pour *Monaco Tribune* : « J'étais sur le bateau d'un ami. Le téléphone était en mode vibreur et je vois que Maurizio Arrivabene m'appelle. J'ai demandé à mon copain d'arrêter les moteurs. J'ai entendu que je partais chez Ferrari. Dès que j'ai raccroché, j'ai sauté à l'eau ! » « Ça a été un petit peu bizarre parce qu'au début on m'annonce que je n'ai pas été pris... précisera Charles dans l'émission *C à vous*. Pour moi déjà ça me semblait irréel de faire partie de cette Scuderia, donc au début ils m'ont dit : "Bon bah finalement on va reconduire Kimi Räikkönen" et donc j'étais très déçu mais en fait c'était une blague du patron de l'écurie ! [...] Il m'a dit quinze secondes après que j'étais pris ! Mais bon, ça a été une énorme surprise. »

« Et il a été viré ! » complète un invité, car Maurizio Arrivabene est effectivement débarqué de son poste peu après, suite à une saison 2018 tendue et décevante sur le plan des résultats. Ce sera John Elkann qui, à partir de janvier 2019, présidera Ferrari, et Mattia Binotto prendra la place de Maurizio en 2019 en tant que team principal de l'écurie de Maranello.

Ce jour-là, la carrière du Monégasque prend un tournant décisif. Chose remarquable : depuis l'inoubliable Gilles Villeneuve, c'est bien l'une des rares fois que la grande maison se tourne vers un pilote si inexpérimenté en Formule 1. Cela souligne le caractère exceptionnel de ce recrutement presque « contre-nature ». « La Scuderia Ferrari est un nom, un symbole tellement fort que le choix d'un jeune pilote venu de presque nulle part serait incompris par le grand public et les médias, confiait à *Auto Hebdo* Philippe Bianchi. Au moindre faux pas, ce serait un déluge de critiques. En son temps, Stefano Domenicali, le patron de Ferrari, m'avait clairement dit qu'il ne pouvait pas propulser Jules à Maranello sans la case Sauber car trop d'attentes, trop de pression, trop de risques de lui brûler les ailes. Bonne démarche ? Je ne pense pas, Red Bull a démontré le contraire avec Verstappen. Je suis persuadé que les pilotes d'un certain niveau sont en mesure de faire totale abstraction de leur environnement une fois dans l'action. N'oublions pas non plus, et ce fut une réflexion de Jules, [...] qu'une bonne voiture est beaucoup plus facile à exploiter qu'une mauvaise... » Le journaliste d'Auto Hebdo continue l'article en disant que : « Jules Bianchi était l'élu, celui que la Scuderia avait décidé de faire lentement mûrir dans des écuries de seconde zone pour, le moment venu, répondre à l'appel de la grande maison. Cet appel, pour les raisons que l'on sait, n'est jamais venu. Aujourd'hui, après bien des tergiversations, pour honorer la décision du regretté Marchionne, le nouvel ordre en place a décidé de parfaire la formation de Charles Leclerc sous son toit. Une belle récompense [...] et un beau geste en direction du ciel pour Sergio Marchionne [...] et Jules Bianchi sans qui la carrière de Charles n'aurait pas décollé ainsi. » Pour la mémoire de Jules, notons que le Halo[1] a peut-être sauvé la vie de Charles à Spa, en août, suite à un accident avec Alonso. Comme l'a déclaré Adam Baker, directeur sécurité de la FIA : « Non seulement le Halo est resté "structurellement intact et utilisable" suite à l'impact de 58 kN avec la roue avant droite de Fernando Alonso [...] mais il a dévié la trajectoire de la McLaren. À partir des données et des vidéos disponibles, nous sommes convaincus que la roue n'aurait pas percuté le casque de Leclerc. Mais [...] nous pensons que le bord de l'aileron avant d'Alonso serait [...] entré en contact avec la visière de Leclerc. »

C'est donc sain et sauf, en parfaite santé, que Charles va pouvoir terminer sa saison avant de quitter la combinaison blanche de Sauber F1 Team, bientôt vêtu de rouge, prêt à assumer son destin. « Rien n'est nouveau grâce ou à cause de Ferrari, a confié Charles. Je ne pense pas à ça en travaillant, je pense à ce que je peux apporter à l'équipe Sauber. Si je fais le job, tout le monde y gagnera et sera content. Le reste suivra. »

Le reste a suivi. Nous le voyons bien, à partir de cet instant, ce n'est pas la suite de la saison chez Sauber qui nous intéresse, mais bel et bien ce que va pouvoir accomplir Charles dans cette incroyable écurie Ferrari. Les amis de Charles l'ont bien compris : lors de son retour à la maison, une bonne surprise

1. Sorte d'arceau de sécurité instauré en catégories monoplace de manière obligatoire en 2018 par la FIA suite à l'accident de Jules, et donc en quelque sorte « grâce » à lui.

l'attend : Thierry Manni a concocté une petite soirée au Monte-Carlo Bay. Un cocktail très chaleureux auquel le prince Albert II a participé, heureux de féliciter Charles. Nicolas Noaro, ami d'enfance de Charles, rapporte dans le bruit de la soirée : « On est super heureux qu'il soit chez Ferrari maintenant. On a vu son évolution, on était persuadés qu'à un moment ou un autre ça allait arriver. On est super contents pour lui. » Arthur ne cache pas non plus son admiration pour son frère : « C'est sûr, c'est mon exemple. Il y avait Jules Bianchi aussi, qui était un de mes plus grands exemples. Maintenant mon frère est en train de prouver d'énormes choses. C'est sûr, c'est mon grand frère, donc je l'admire depuis tout petit. » Quant à Thierry Manni, les mots lui manquent pour décrire ce qu'il ressent alors qu'il est un peu alcoolisé : « Depuis son plus jeune âge, il est sur les pistes. Mon frère (Hervé, en fait demi-frère), qui malheureusement nous a quittés il y a une année aujourd'hui, l'a beaucoup accompagné, y croyait énormément. Il m'a toujours dit : "Tu verras, on va réussir" et aujourd'hui on en est là et c'est juste une joie intense. Comme tous les petits "enfants", on se dit : "Un jour, je serai pilote de Formule 1." J'ai moi-même […] deux enfants qui me disent : "Nous, on aimerait bien être pilotes de Formule 1." Voilà, on se dit tous que ce n'est juste pas possible. Aujourd'hui, c'est juste hallucinant de le voir là où il en est mais en même temps il a une telle force de caractère puis un tel talent qu'on est juste ravis de voir ça aujourd'hui. »

Alain Ducruet, parrain de Charles, est réjoui : « On est vraiment très fiers de lui. Moi je pense à son papa, c'était mon ami. Il a demandé que je sois le parrain de Charles et c'est magnifique. C'est magnifique pour lui : il a toujours rêvé de ça, toujours. Et sa carrière commence maintenant, vraiment commence : il a fait tout ce qu'il fallait pour arriver là, et maintenant on va voir de quoi il est capable. On est très confiants. Je pense que dès qu'il est monté sur un kart, tout le monde le savait. »

Entouré de ses plus proches amis, Charles confie simplement : « Cool d'être ici parmi vous. C'est très important d'être bien entouré par sa famille, ses amis. Je pense à mon père, j'ai ma mère près de moi, mes frères et toute ma famille. Je suis hyper-content. Rentrer chez Ferrari, c'est la réalisation d'un rêve. Un rêve que je caresse depuis tout petit. » Charles sait donner du bonheur à tous. Les félicitations fusent et toutes les conversations s'articulent autour des exploits récents et à venir. Car tout le monde en est sûr : « Il sera champion », à commencer par sa mère, nous l'avons vu. Thierry Manni lui rend hommage par ces mots : « Une personne dont on parle trop peu : sa maman. Une femme discrète, si fière de ses fils et qui a su leur offrir toute sa confiance et son amour pour qu'ils aillent jusqu'au bout de leur passion. »

De quoi rendre fier aussi son patron d'écurie, Frédéric Vasseur. Pour lui : « Charles a une grande capacité à motiver les gens autour de lui. Il arrive à tirer le meilleur parti de tout le monde et c'est ce qui fait sa force. En plus d'être rapide et d'être un très bon pilote, c'est quelqu'un de charismatique. » De quoi rendre fier également SAS Albert II de Monaco, qui de ses propres dires envoie des petits messages d'encouragement à Charles dès que l'occasion se présente, et à qui Charles a personnellement appris la chose : « On pouvait s'y attendre à moyenne échéance puisqu'il était déjà dans la mouvance Ferrari, mais peut-être pas dès sa deuxième saison de Grands Prix, explique sa majesté sérénissime. Aussi, j'ai été très touché que Charles tienne à me l'apprendre personnellement. C'est un très beau moment que j'ai partagé avec lui. » On peut le comprendre, surtout quand on sait que l'ambiance des Grands Prix a très tôt bercé le prince qui les a vus d'abord à la télé, puis en vrai : « Je savais ce qu'était le Grand Prix mais je voyais cela de loin, sur une télévision en noir et blanc à l'époque. Puis vinrent mes premières visites en bord de piste, mes premiers souvenirs qui sont aussi olfactifs avec les odeurs d'huile de ricin, de gomme brûlée. C'était en 1965. J'avais 7 ans. J'ai encore vivace dans mon esprit la stature de Graham Hill, le balcon de cet appartement au huitième étage où je regardais passer les voitures. Je n'ai que des souvenirs heureux du Grand Prix. » Le prince Albert s'est même essayé au pilotage, comme il le rapporte dans une interview de Jean-Michel Desnoues : « J'ai pris des cours de pilotage sur Formule Renault au Castellet, il y a très longtemps de cela. En 1985 me semble-t-il, bien avant la naissance de Charles (rires). Bien sûr que ça m'aurait tenté de courir, mais il y a tout un ensemble d'éléments qui auraient de toute manière rendu la chose difficile. Comme, en premier lieu, mes devoirs et responsabilités envers la Principauté. Déjà, ce fut un exploit de convaincre la famille de me laisser faire du bobsleigh [...]. Mais le bobsleigh est tout de même moins dangereux que le sport auto. [...] Où ces deux sports se rejoignent, c'est effectivement dans la nécessité d'adopter la bonne trajectoire pour réussir un bon chrono. Anticipation, préparation mentale, il y a d'autres similitudes. L'an passé, Charles m'a apporté un de ses casques en cadeau. Il m'a touché. Lui et moi avons une relation assez directe qui ne s'embarrasse pas de trop de protocole. »

Enfin, Charles n'oublie jamais ses amis de la « bande des huit » : « On dialogue tous les jours entre nous sur WhatsApp, raconte Joris Trouche, son ami, pour *L'Équipe*. Charles est un peu moins présent, forcément. On n'a pas la même vie. On lui pose des questions les week-ends de course. Dès le vendredi, il nous débriefe son ressenti avec la voiture. Il nous dit toujours la vérité. Et le dimanche après le Grand Prix, on reçoit très vite un message. Il nous éclaire sur la stratégie, sur ce qui s'est passé. Dès qu'il rentre à Monaco, Charles nous appelle et on file tous ensemble manger un truc. Des pâtes souvent. Ou des pizzas. Même s'il a une copine, Charles est toujours dispo pour ses potes. Il est hermétique aux faux amis, très prudent. Lucide. » « Vous vous rendez compte, dit Stéphane Valéri, président du Conseil national monégasque : un pays de 9 300 Monégasques, dont 7 500 adultes, qui a la chance d'avoir un pilote [...] de Grand Prix de F1. C'est incroyable. Bien sûr, il y a le football avec l'AS Monaco et notre équipe de Pro A en basket. Mais c'est encore plus fort avec Charles, c'est un enfant du pays. De la famille. Notre cœur bat plus fort. »

On le voit, Charles fait rêver tout le monde, toute la Principauté est derrière lui, les amis, les fans, mais il garde les pieds sur terre : « Dans la position qui est aujourd'hui la mienne, complète-t-il, [...] ça serait très facile de perdre les pédales, et c'est quelque chose que je garde à l'esprit ainsi que mon entourage. Tout s'est très bien passé pour moi au cours de ces dernières années et je me retrouve rapidement dans un top team, mais c'est absolument primordial de ne pas perdre la réalité des choses. Les événements qui m'ont malheureusement frappé au cours des dernières années m'ont aussi fait beaucoup grandir en tant que personne. Ça m'a endurci et fait prendre une certaine distance avec les choses. Je vais évoluer à côté d'un pilote d'exception, Sebastian Vettel, quadruple champion du monde, et mon premier souhait est d'apprendre et de grandir le plus vite possible. J'espère aussi être rapidement en mesure de faire fonctionner la voiture à son maximum. »

Ce sera le cas, comme nous avons pu le voir en racontant la course de Bahreïn 2019, où Charles est passé à deux doigts de s'imposer... Mais il n'a pas gagné. À Monaco non plus il n'a pas gagné cette année-là. Alors, Charles aura-t-il la chance de s'imposer chez les Rouges ? Après une dernière course en blanc à Abou Dabi où il termine septième, et treizième au championnat, voilà qu'il essaie sa nouvelle mouture, son nouveau jouet dans le cadre de journées d'essais : tee-shirt Ferrari et écouteurs sur les oreilles, il a déjà emmagasiné les enseignements tirés de son nouvel équipier Sebastian Vettel : « On se connaît assez bien, car nous nous sommes souvent vus quand j'étais dans le simulateur à Maranello. » Dernier geste de la main, Charles s'engouffre dans l'antre. Ferrari est un monstre qui dévore. Il le sait. Il est prêt. Et puis, c'est comme s'il était en famille. Il retrouvera son ami Pierre Gasly avec qui il a fait la route depuis l'aéroport d'Abou Dabi jusqu'à la piste : « C'est sûr qu'on est vraiment très proches, a raconté Pierre Gasly en début de week-end : on se connaît depuis de nombreuses années et c'est vrai que c'est assez incroyable ce qui est en train de nous arriver. On essaie de profiter à fond. Il est déjà venu à la maison, je suis allé pas mal de fois chez lui aussi à Monaco, on a passé les vacances ensemble et puis c'est vrai qu'au final on a la même vie, on a grandi ensemble et on a fait beaucoup de choses ensemble. Mais vous ne saurez pas tout ! Je n'attends aucun cadeau de la part de Charles et inversement c'est la même chose parce qu'on est tous les deux compétiteurs et ça a commencé déjà quand on avait 8 ans et qu'on jouait à la Play ensemble, et qu'il cassait les manettes ! » Charles confirme : « On s'est rencontrés en minikart en 2005 au championnat de France et je pense que jamais on aurait imaginé un jour se retrouver en Formule 1 tous les deux. En plus de ça dans deux top teams l'année prochaine. Dans le passé on est partis en vacances ensemble, en bateau, d'ailleurs c'était super cool, vraiment de bons souvenirs. Avec Pierre on s'est toujours très bien entendus, et malheureusement des fois lorsqu'il y a des pilotes qui ont des problèmes en piste, ça affecte aussi leur amitié hors piste. En tout cas moi j'ai su faire la différence de ça avec Pierre et c'est pour ça que ça s'est toujours bien passé. Avec

Max Verstappen, on s'est pas mal battus aussi, explique-t-il avant de préciser "sur la piste" avec un petit sourire. C'est marrant de le retrouver en Fl. »

Charles égrène des souvenirs. C'est une plongée rassurante dans des jours heureux et insouciants. Une bouffée d'oxygène avant de plonger chez Ferrari. Pour nager dans les eaux parfois troubles de Maranello, il faut savoir respirer, garder le contact avec la réalité, les pieds sur terre. Des tempêtes, il va en essuyer, c'est une certitude. Il le sait et s'y prépare. Mais quand le temps deviendra gros, il pourra toujours se réfugier chez lui, à Monaco. Les Italiens sont excités. Charles est jeune, et il va réveiller la vénérable institution, ils en sont persuadés. Paroles de Jean-Michel Desnoues. « J'essaie toujours de trouver la limite le plus rapidement possible dès que je suis dans une voiture de course, sourit Charles à celui qui lui demande s'il a cherché à taquiner le chrono lors de cet essai. Cette journée était très importante pour moi car chaque écurie a sa manière d'opérer. Aujourd'hui, j'ai pu voir et comprendre comment l'écurie fait les choses. »

Charles parle calmement, posément, comme s'il avait toujours été là, comme si la maison Ferrari était la sienne depuis longtemps. L'héritage de Jules, en quelque sorte. « Ces dernières heures ont été émotionnellement fortes parce que c'est le jour que j'ai [...] toujours attendu. Aujourd'hui, je suis là. Très heureux. Très heureux, oui ! Je voudrais déjà être au premier jour de la première course. »

Il répète ces mots comme pour finir de se persuader qu'il s'agit bien de la réalité. Les projecteurs s'éteignent sur Yas Marina. Ils se rallumeront dans un peu plus de cent jours, à Melbourne en Australie, à bord d'une Ferrari.

9

2019 : *Benvenuto in rosso* – bienvenue en rouge

« Voir ces milliers de gens applaudir, chanter... Ça m'a stupéfié ! »

Ferrari SF90

« Pour gagner, il faut appuyer quand les autres lèvent le pied... » Voici un air bien connu, à en croire le roman *Formule 1* de Jean Périlhon[1]. Bien sûr une première victoire est toujours difficile à obtenir, et toujours en quelque sorte un soulagement, une libération. Après avoir laissé passer celle de Bahreïn, trahi par sa mécanique, Charles a faim. Vêtu de rouge, il se laisse porter par l'esprit Ferrari, celui qui infuse à ses membres un sentiment d'appartenance fort, presque une obsession, avec en fil rouge pour l'âme l'envoûtante et célèbre

1. Jean Périlhon, *Formule 1*, Paris, Delahaye, coll. « Signe de piste ».

formule « *Essere Ferrari* – Être Ferrari. » Des mots qu'aime répéter comme un refrain le petit-fils de Gianni Agnelli, John Elkann, le président de Ferrari, en compagnie de qui Charles se retrouve fréquemment et avec beaucoup d'aise en photo sur les réseaux. Car pour John Elkann, Ferrari est une véritable façon d'être : « Je voudrais parler de la signification de porter Ferrari en soi. "*Essere Ferrari*", c'est quelque chose de très spécial, d'unique. C'est une aventure qui a commencé il y a quatre-vingt-dix ans – le 1er décembre 1929, avec deux associés, Enzo Ferrari a fondé à Modène la Societa anonima Scuderia Ferrari – grâce à la ténacité de notre père fondateur qui était conduit par sa passion pour la course et la victoire. Ses valeurs ont accompagné l'histoire de la marque, et sont toujours là. Elles nous invitent à repousser nos limites, à trouver de nouvelles solutions. Fondamentalement, "*Essere Ferrari*" veut dire être un team, une équipe, une âme. Mattia Binotto le sait mieux que quiconque, lui qui a passé vingt-cinq ans de sa vie à Maranello. Il sait ce que ça représente sur la piste et en dehors, durant l'hiver et la saison. Donner le meilleur de soi, et le faire ensemble, c'est ça, être Ferrari. » Mattia Binotto en parle en effet en ces termes : « La Scuderia, est une écurie unique, celle qui est là dès le départ, celle qui a gagné plus que toutes les autres. Nous sommes une famille. Il y a un sentiment d'appartenance très fort. Je vais vous donner un exemple. Gilles Villeneuve est la parfaite illustration de ce que je pense être l'esprit Ferrari. Il n'est sans doute pas le pilote qui a le plus gagné. Mais pour la discipline comme pour les tifosis, il est Ferrari, dans le comportement et l'envie de tout donner. L'envie d'alimenter le mythe. Il est une pierre importante de notre histoire, l'exemple de cette passion, de cette volonté de se battre. »

Rassurons-nous, la fougue du cheval cabré ne pousse pas encore dans l'âme de Charles comme les ailes poussent dans le dos de Natalie Portman, dans *Black Swan* : « Quand je suis dans la voiture, je suis concentré sur la manière de piloter la voiture, et non sur sa marque. Par contre, quand je sors de la voiture, c'est vrai que je me dis que le rouge, c'est quand même une belle couleur ! » Pour l'anecdote, Charles posera plus tard avec une autre magnifique Nathalie, en mai avant le Grand Prix de Monaco : une photo très glamour où il n'apparaîtra pas en combinaison mais vêtu d'un magnifique costume aux côtés de George Russell et Natalie Pinkham, journaliste pour *Sky*. Ce fut lors d'une soirée au profit de la fondation de Jackie Stewart, Race Against Dementia, à l'hôtel Beach Plaza à Monaco. Côté sentimental, il est toujours en couple avec Giada Gianni, il sera d'ailleurs avec elle un mois plus tard lors de la soirée de clôture du cinquante-neuvième Festival de télévision de Monte-Carlo.

En attendant, fort de ce sentiment d'appartenance qui sous un filtre rouge rayonne, illumine, inspire, fait rêver, Charles veut gagner. Pour cela, il faut impérativement mettre les émotions de côté : « J'ai ressenti beaucoup d'émotion quand on a présenté la voiture, ça a été un jour très spécial pour moi, confiait le jeune homme pendant la première semaine d'essais d'avant-saison mi-février. Mais depuis que je suis arrivé en piste, je suis vraiment passé en mode travail, j'essaye de mettre l'émotion de côté. » Et puis, l'Italie, c'est un peu une deuxième terre pour Charles, depuis le karting mais pas seulement : Jules n'avait-il pas des origines italiennes ? N'a-t-il pas essayé de lui faire visiter le berceau de la Scuderia avant l'heure : l'usine de Maranello ? « L'*Italie*, c'est peut-être le pays dans lequel j'ai passé le plus de mon temps, avec les courses de karting et les tests, expliquait Charles à l'*AFP*. Il y a même une année où j'ai presque habité là-bas pour être à côté de mon team. Donc ça représente beaucoup pour moi, ça me fait plaisir de représenter une équipe italienne, et je m'entends plutôt bien avec les Italiens. Ça rend les choses encore plus naturelles quand je rencontre, par exemple, mes futurs mécanos chez Ferrari […] Très honnêtement, la pression est là mais je ne la ressens pas. Personne ne m'a cru quand j'ai dit que rejoindre Ferrari ne créait pas chez moi un surcroît de pression […]. On verra ! Ça ne me ferait pas aller plus vite de toute manière. J'essaie d'évoluer en supprimant tout ce que la F1 espère de moi. Dès que vous pilotez une Ferrari, les attentes sont grandes car c'est l'écurie la plus prestigieuse mais, au bout du compte, je dois ne penser qu'à moi. Me mettre de la pression ne changerait rien, ne me ferait pas mieux piloter. Donc, je n'y pense pas. Je me suis entraîné fort jusqu'au dernier moment avant de prendre l'avion pour être certain d'être au top physiquement et mentalement. La SF90 n'est pas encore parfaite mais elle réagit bien, son équilibre est bon. Comme l'a dit Seb, elle réagit comme une voiture déjà bien évoluée alors qu'elle n'en est qu'au tout début. Maintenant […], la route est encore longue. Gagner un Grand Prix est une grosse étape et j'ai encore beaucoup de travail devant moi pour y parvenir. En vérité, le niveau de confiance que je montre n'est pas celui que j'ai à l'intérieur. Je me pose pas mal de questions, je me remets souvent en cause. […] J'ai aussi la conviction que si je fais le job, comme il faut dans la voiture, je serai où je mérite d'être. »

Nous sommes le 28 avril 2019, à Bakou. Le circuit où Charles a tout donné pour son père en F2, le circuit où il a fait son meilleur résultat l'an passé sur sa Sauber – sixième. Un circuit où il est décidément redoutable et où il peut légitimement fonder de bons espoirs de victoire, d'autant qu'en cette année 2019, sa Ferrari marche fort. Peut-être pas autant que la Mercedes de Lewis Hamilton, mais elle marche, autrement il n'aurait pas signé sa première pole position en Formule 1 à Bahreïn, quelques jours avant. Déterminé à réitérer cet exploit, il donne tout dans les rues étroites du circuit. Trop, peut-être : à l'approche de la section étroite du château, il bloque les roues, perd la voiture sur son dernier tour de Q2 et placarde tout bonnement et simplement sa SF90 dans le mur, voyant ses espoirs s'envoler dans la ville des vents – étymologie de Bakou, merci au journaliste qui a trouvé cela. « Ô saisons, ô châteaux, quelle âme est sans défaut ? » a dit Rimbaud.

— Je suis tellement stupide ! lance Charles dans sa radio.

Le lendemain, il remonte tout de même jusqu'au cinquième rang, avec le point du meilleur tour en course. Il est élu « pilote du jour » mais clairement, ce n'est pas le résultat espéré. Cela dit cet incident a le mérite de révéler sa vraie nature aux yeux de tous : faite d'une maturité exceptionnelle et d'une pure honnêteté – voici ses mots après les qualifications, des mots presque durs envers lui-même : « Je le mérite complètement. J'ai fait une bêtise, je crois que c'est très clair à la télé. Mon tour était bon, et il n'y avait pas de risque à prendre. [...] Je n'ai pas d'excuse, je vais tout faire pour apprendre de ça pour revenir plus fort, et tout faire pour... pas pour oublier, car je ne l'oublierai pas celle-là, elle fait mal. La pole était possible. J'ai freiné autant que sur les softs mais j'étais en mediums et j'ai bloqué une roue. Là je réalise que j'ai fait une grosse connerie, désolé du mot mais c'est comme ça que je l'appelle. »

Après ce week-end qui lui a fait mal, il faut surtout que Charles se concentre sur les prochaines courses pour tout mettre bout à bout. Et on peut compter sur lui pour continuer de réagir avec cette honnêteté intellectuelle qui l'honore et le caractérise, ainsi qu'il l'explique en anglais dans une interview : « Être honnête avec moi-même est quelque chose que j'apprécie. Je suis bien avec moi-même de ne pas me trouver d'excuses quand je fais une erreur. Cela arrive quand vous êtes à la limite, mais vous pouvez apprendre de ces expériences. C'est une bonne façon de s'améliorer de la manière la plus rapide. »

Malheureusement, cette bonne philosophie n'agit ni comme un bouclier ni comme un talisman contre les erreurs, que ce soit du côté de l'écurie ou du côté de Charles : nous l'avons vu à Monaco lors de la course que nous avons racontée : fin mai, après avoir posé avec Natalie Pinkham, Charles est oublié par sa propre équipe en qualifications : il manque la Q2 car on ne le fait tout simplement pas sortir en piste ! C'est comme marquer en foot un but contre son camp… ! Une erreur qu'on pourrait juger assez indigne d'une équipe comme Ferrari, et que Mattia Binotto fut bien obligé d'assumer. Devant partir quinzième, n'ayant rien à perdre, il s'attelle à une fantastique et fougueuse remontée jusqu'à s'accrocher avec Hülkenberg à la Rascasse, il doit abandonner… Cela tandis que le même week-end, en lever de rideau de la course de Formule 1, son ami Anthoine Hubert – grand ami aussi de Pierre Gasly – signe sa première victoire en Formule 2 dans les rues de la Principauté, levant les poings en se mettant debout sur le museau de sa monoplace à l'arrivée, faisant éclater une joie sans pareille.

« Honnêtement, sans être prétentieux, Monaco, c'est spécial, dit ce dernier en interview après la course, alors que Charles comme Pierre admirent avec émotion cette victoire de leur ami. Déjà, rien que le fait de pouvoir rouler à Monaco, c'est un rêve. C'est un circuit en ville, et tout le monde n'a pas la chance d'y rouler durant sa carrière. C'est un mythe, ça fait partie de la triple couronne – avec Le Mans et Indianapolis. Déjà, rien qu'aux qualifs, c'était l'un des tours où j'ai pris le plus de plaisir durant toute ma carrière. Après, gagner, c'est évidemment un cran au-dessus. Certes, ce n'est pas de la F1, ça n'est qu'une course de F2, mais ça marque bien les esprits, et c'est plus sympa pour faire la fête ! En plus ma copine est monégasque. »

Quelques semaines plus tard, les dieux du sport automobile vont malheureusement réserver une surprise à la fois tragique et incroyable à Charles… Mais avant de raconter cela, il y a le Grand Prix d'Allemagne le 28 juillet. Un Grand Prix qui se déroule sous la pluie. Une course où Charles révèle au grand jour son talent. Cela se produit au lendemain d'un samedi désastreux qui a vu les Ferrari essuyer deux problèmes mécaniques en moins de cinquante minutes : Charles s'est retrouvé cloué aux stands en Q3, sa voiture ne voulant pas démarrer… Il s'est donc élancé seulement dixième avec cependant une bonne nouvelle en tête puisque son petit frère Arthur a signé devant ses yeux sa première victoire en F4 Allemande – Charles est venu lui faire une accolade, un moment émouvant pour les deux.

Durant la course, Charles profite d'une *virtual safety car* pour chausser de nouvelles gommes avec lesquelles il va tout simplement voler et réaliser un véritable festival… Seulement, il y a un virage dans le secteur 3 où il se fait peur plusieurs fois, et il n'est pas le seul ; un virage où le niveau d'adhérence de l'asphalte semble précaire, et pour cause : cette zone est utilisée par des dragsters pour des courses spécifiques. Au vingt-cinquième tour, alors qu'il est remonté cinquième, il tire tout droit, essayant sans succès d'éviter le bac à gravier vers lequel il fonce, braquant comme il le peut et jouant avec les pédales. La voiture tressaute dans les graviers, jusqu'à taper de côté un mur de pneus. Charles ouvre la visière, gesticule, se rentre les poings dans les yeux et le front. La vitesse a disparu, il fait étouffant sans le flux d'air censé frapper son casque comme c'est le cas des autres concurrents encore en piste. Ses tempes battent, confinées dans leur prison en mousse. L'adrénaline excite encore inutilement son cœur et fait de la brusque platitude de cet impardonnable arrêt un moment endiablé.

— *NOO !* lance Charles à la radio avec colère, continuant de prendre son casque dans ses mains.

« J'ai tout jeté à la poubelle, dira-t-il encore avec l'honnêteté qu'on lui connaît. J'ai fait une erreur, tout simplement. Ça n'enlève pas mon erreur, mais je trouve que l'asphalte dans les deux derniers virages, c'est juste une honte qu'ils laissent ça pour une course de F1. La stratégie était bonne, j'ai tout jeté à la poubelle. C'est vraiment dommage. »

Oui, c'est dommage, mais cela n'enlèvera rien à la saveur de la victoire, si celle-ci survient… Au contraire, on savoure mieux les choses attendues longtemps.

Nous arrivons donc au Grand Prix de Spa-Francorchamps, le 1er septembre 2019. S'il y a un virage mythique dans le calendrier de la Formule 1, on peut dire que c'est celui du raidillon de l'Eau-Rouge. Qui n'en a jamais entendu parler… ? Un esse en montée tellement rapide que dans certaines catégories, il y a ceux qui ont les *** de le prendre à fond, ceux qui ne les ont pas. « Ça fait un petit peu bizarre quand on passe pour la première fois le raidillon à Spa, avait avoué Charles en 2014, alors qu'il était encore en Formule Renault 2.0. C'est vrai que la compression est énorme, ça ne se voit pas de l'extérieur mais c'est énorme et ça monte énormément donc ça impressionne beaucoup. »

Cet enchaînement est perçu de l'intérieur d'une voiture comme un véritable mur ! Il faut y faire la différence, car la sortie conditionne une longue ligne droite dans laquelle il est possible de dépasser. Un enchaînement à l'aveugle extrêmement rapide où les monoplaces sont à fond, les pneus à la limite. Le samedi 31 août 2019, quelques minutes après la qualif des F1, se déroule la course longue de Formule 2. Au deuxième tour, Giuliano Alesi, le fils de Jean, part en tête-à-queue à cet endroit. Anthoine Hubert, dans son sillage, s'accroche alors avec Ralph Boschung, qui a ralenti pour tenter d'éviter Giuliano. La voiture d'Anthoine tape un mur de pneus, rebondit dans une zone de dégagement, puis se voit percutée à pleine vitesse par l'Américain Juan Manuel Correa. Sous la violence du choc, la monoplace se désintègre et est coupée en deux au niveau même du baquet. Le halo est arraché en plusieurs morceaux : cette fois, Jules n'a rien pu faire pour sauver un membre de la grande famille des pilotes de course. Malgré l'intervention des secours, Anthoine Hubert, l'un des grands espoirs tricolores, meurt des suites de ses blessures à 18 h 35. Le monde de la Formule 1 est sous le choc, sachant que beaucoup étaient en train de regarder la course en direct depuis les paddocks, tandis que les premières séances médias des pilotes F1 étaient en train d'avoir lieu.

Charles, Pierre, les directeurs d'écurie, les mécaniciens, oui tout le monde est sous le choc. L'Eau-Rouge… Un lieu où Pierre prendra l'habitude de déposer, chaque année, des fleurs pour son ami. « Durant la trêve estivale, relatera ce dernier, j'ai parlé de sécurité à des gens qui ne sont pas pilotes. Et l'on me disait : “Oh ! la F1 est tellement sûre de nos jours, surtout si l'on compare avec le passé.” Et j'étais assez d'accord avec eux. Quand on est dans la voiture, on se sent vraiment en sécurité et on a l'impression que presque rien ne peut vous arriver. Mais à ce genre de vitesses, la réalité vous rattrape. Si quelque chose se produit à plus de 200 km/h, vous pouvez faire ce que vous voulez, les risques de blessures mortelles sont élevés. Nous l'acceptons en tant que pilote. C'est un rappel terrible quant à la dangerosité du sport automobile et je suis très triste qu'il implique l'un de mes amis proches. C'était mon meilleur ami. » Très triste, le mot est faible, tant on sait à quel point Pierre a été affecté. Et pourtant, une course aura bel et bien lieu le lendemain. Comment se préparer à courir après une telle nouvelle ? Qui peut bien vivre un tel moment, si bizarre et mentalement si dur ? C'est sûr, on ne peut pas être dans le même état d'esprit que s'il ne s'était rien passé, l'âme est comme vidée. Pourtant, aussi incroyable que cela puisse paraître, la course continue. Et Charles, sans trop savoir comment, se retrouve le lendemain sur la ligne de départ, en pole position, avec en tête des paroles que son ami Pierre lui a dites à l'oreille la veille : « S'il te plaît, gagne la course pour lui ! » « La nuit du samedi fut très difficile. Je me souviens de parler avec Pierre, Esteban. Pierre m'a dit : "Tu dois gagner pour Anthoine dimanche" et je voulais bien sûr le faire. Pour moi, c'est la première fois où je me retrouve dans la situation où on perd quelqu'un et il faut ensuite courir le lendemain. Mais vous abaissez votre visière et vous y allez. »

Le cœur est gros mais les nerfs tiennent, et le talent fait le reste. La promesse est tenue : Charles gagne.

— *Feels good but... Yeah, difficult to enjoy a week-end like this*, soupire-t-il à la radio.

C'est quelque chose qui vous affecte au plus profond de vous-même. « Fermer la visière et passer à la même vitesse devant l'endroit où Anthoine s'est tué : c'est le boulot. » Voici ce que Charles expliquera en conférence de presse. Pas de cris de joie au moment d'immobiliser sa voiture, juste une petite phrase : « Ça fait du bien après un week-end difficile comme celui-là », lâche-t-il à ses mécaniciens avant de les remercier. Son premier geste est de tendre le doigt vers le ciel. À David Coulthard qui l'attend pour recueillir ses premiers mots, il déclare : « C'est un rêve de gosse que je viens de réaliser au terme de ce qui restera comme un week-end de cauchemar. Hier, nous avons perdu un ami et je voudrais lui dédier cette victoire. Elle est pour toi, Anthoine. Nous avons grandi ensemble. J'ai disputé ma première course avec lui, et Esteban était là aussi[1]. C'est juste terrible ce qui est arrivé hier. Je ne peux pas pleinement savourer cette victoire mais je vais en chérir le souvenir à jamais. Pour Anthoine. »

Dans une interview avec Charlotte Casiraghi, il explique qu'il n'a pas peur même après un incident violent comme celui qu'il a vécu : « On essaie de faire le *reset*, d'oublier tout ce qui s'est passé avant et de partir sur de nouvelles bases. C'est vrai que c'est toujours difficile de rentrer dans la voiture sachant qu'on a perdu un ami ou un collègue sur la piste, mais bon voilà, il faut essayer d'oublier tout ça et d'aller de l'avant pour se concentrer sur le boulot qu'il y a à faire dans la voiture. Ce n'est pas facile, mais en tout cas la peur, je ne l'ai jamais ressentie. Les drames qu'on a eu ces dernières courses… Il faut savoir rentrer dans la voiture, se mettre dans une bulle et essayer d'enlever tout ce qui est "mauvaises pensées", les laisser derrière, se concentrer sur le job qu'il y a à faire dans la voiture et c'est tout. Dans ces moments-là, c'est quand même difficile. D'ailleurs j'ai utilisé pas mal la respiration pour essayer de me calmer le plus possible. La peur n'était jamais là mais c'est sûr que quand on repasse dans le même virage ce n'est pas facile et il faut savoir enlever ces pensées sinon forcément on va aller moins rapide dans ce virage et ce n'est pas ce qu'on veut […]. Quand on est dans la voiture les émotions doivent rester à part. Il faut se concentrer sur le job et laisser place aux émotions seulement après la course. »

Des paroles qui peuvent sembler quelque peu dépourvues d'empathie mais ce n'est pas le cas : dans les actes, Charles pense toujours à souhaiter les anniversaires de ces moments douloureux, que ce soient pour Anthoine, Jules ou pour son père, en témoignent les tweets qu'il publie aux dates anniversaires de ces décès, et celui qu'il a publié au soir de sa victoire,

1. Voir le chapitre « Les années karting ».

le 1er septembre 2019 : « *A week-end I'll forever remember for 2 different reasons. 1st Formula 1 Win dedicated to you my friend. @AnthoineH #Foreverinourhearts.* »

« Cette journée restera comme l'une des meilleures et des pires de ma carrière, de ma vie même », dira Charles pour expliquer un peu ce sentiment ambivalent qu'il ressent au moment où il gagne. « Avec Pierre [...] nous n'arrivions pas à y croire. Nous avons commencé ensemble en 2005, Pierre, Esteban, Anthoine et moi. On a grandi ensemble, on a gravi les échelons ensemble, spécialement en karting avant de prendre des routes différentes en monoplace. Nous rêvions tous les quatre de F1. Il y avait beaucoup d'émotion sur la grille avant la course, mais une fois installé dans la voiture, comme je l'ai fait après le décès de mon père il y a deux ans, j'ai baissé la visière et mis mes émotions de côté. Une fois passé la ligne d'arrivée, elles sont toutes revenues d'un coup. Je suis très heureux d'avoir gagné pour Anthoine, de l'honorer de la manière dont il le mérite. »

Pour la prochaine course au temple de la vitesse, à Monza, Charles roulera avec un autocollant « RIP TONIO » sur son volant. Sur l'autodrome marqué par l'histoire de la course automobile, Anthoine sera dans les esprits. « C'est une victoire à forte charge émotionnelle, estime Nicolas Todt. Je suis ravi pour Charles, mais on ne peut pas fêter cette première victoire comme nous aurions dû le faire. [...] La fierté d'un manager est de choisir un pilote le plus jeune possible et de l'emmener le plus haut possible. Si nous sommes là, c'est d'abord grâce au talent de Charles, à sa pugnacité, sa persévérance et un petit peu son entourage. Malgré le fait qu'il soit très affecté par ce drame, il a réussi un week-end parfait, c'est fort. Comme Charles, j'ai évidemment une pensée pour Anthoine et pour Jules. La journée d'hier a ravivé en moi de terribles souvenirs. Ce que vit la famille d'Anthoine, je l'ai vécu il y a quelques années, mais j'ai aussi une pensée pour ce que Jules a fait pour Charles. Maintenant, nous regardons déjà en direction de Monza. Ce qui est certain, c'est que cette première victoire est un poids en moins. Charles est quelqu'un d'ambitieux. Il l'attendait et maintenant qu'elle est acquise, il pense à la deuxième. » Cela n'a pas été si simple, même si « j'étais persuadé qu'elle allait arriver, déclarera Frédéric Vasseur. Je pensais même qu'elle arriverait avant. À Bahreïn, j'y ai cru. À Bakou, j'y ai cru. Peu importe en fait que ça arrive ici ou à Monza la semaine prochaine, l'important est qu'elle est là et que personne ne lui posera plus la question de son arrivée. » Jean Alesi, son meilleur tifosi, a aussi un mot pour lui : « Voilà, c'est fait ! Tout ce que représente vraiment cette première victoire, c'est en entrant à Monza qu'il va le comprendre – et c'est bien peu de le dire nous allons le voir. Aujourd'hui, ses premiers mots furent pour Anthoine, la première chose qu'il a fait quand il a reçu le trophée fut de le dresser vers le ciel. Je ne crois pas que l'on peut parler de plaisir pour lui aujourd'hui. C'est à Monza qu'il va réaliser. » Réaliser que, comme il le confiera plus tard : « Spa-Francorchamps, un circuit où les vitesses sont hyper-hautes, les G énormes, très éprouvant physiquement, d'avoir gagné mon premier Grand Prix là-bas c'était vraiment quelque chose d'incroyable. » Alors Charles va essayer de bien dormir, avec cette première victoire dans la besace, car : « La nuit dernière j'ai eu du mal à m'endormir après la journée émotionnellement difficile que j'ai vécue. Je suis tellement crevé ce soir… »

Il est impatient de se retrouver à Monza, comme il le dit lui-même : « L'an passé, aller à Monza fut certainement l'une des plus fortes émotions de toute ma vie. Le support que j'ai reçu fut juste incroyable et j'ai du mal à imaginer comment ça va être maintenant que je suis en rouge et que je viens juste de remporter ma première course en F1. Je suis certain que ça va être dément. J'ai hâte d'y être. » Charles a raison, car il va s'agir d'une course folle ! Mais il faut être prêt à résister à la pression : « C'est la première fois de ma carrière que je subissais autant de pression, dira-t-il. Il y a énormément d'attentes de la part des médias italiens, surtout après ma première victoire. Le week-end a débuté le lundi avec beaucoup d'activités. Mardi et mercredi nous étions à Milan, il y avait tellement de monde. Il y avait en effet 25 000 fans sur la Piazza del Duomo pour fêter le quatre-vingt-dixième anniversaire de Ferrari. Vous pouviez vraiment sentir que tout le pays, toute l'Italie, est avec vous et derrière Ferrari en général. Vous pouvez sentir qu'ils veulent absolument que vous gagnez. »

— Ferrari tu peux le sentir profondément dans ton cœur, dit un supporter avant la course.

— *Forza Ferrari!* s'exclame une autre supportrice.

Et d'autres spectateurs interviewés lancent :

— Nous devons gagner parce que c'est la vie, l'amour et la passion.

— Pour moi, Ferrari est comme une religion, quelque chose que je suis depuis tout petit. Je ne quitterai jamais ça, même pour une femme !

— Il est appelé le « Cannibal », explique une dernière personne en parlant de Charles : quand il baisse la visière il devient immédiatement « L'homme de la course », il devient un avec la voiture. Il est immense.

Mais gagner ne s'annonce pas facile : Charles se retrouve en tête et va devoir cravacher pour se défaire de Lewis Hamilton et de Valtteri Bottas, les trois hommes ne se faisant pas de cadeaux en piste. Sur toute la première partie de la course, Hamilton essaie de doubler Charles par tous les moyens, mais celui-ci ne se laisse pas faire : il freine le plus tard possible à chaque virage, force Lewis à mettre deux roues dans la terre : celui-ci part tout droit dans un virage, ce qui vaut au pilote Ferrari un drapeau noir et blanc – un avertissement pour conduite dangereuse… Charles s'en tire pour ainsi dire sans frais, il est sauvé… Momentanément : Hamilton reprend la piste… Charles fait une erreur qui l'oblige à couper la chicane, Lewis se retrouve derrière encore une fois… dans la parabolique, il est à l'aspiration tel un guépard après sa proie… Charles zigzague, il est sans doute à la limite de ce que peuvent tolérer les commissaires, mais ça passe… Hamilton déboîte finalement mais trop tard : à la chicane, il reste derrière. Dans les lignes droites, Charles parvient à tenir tête aux Mercedes grâce à une bonne vitesse de pointe de sa Ferrari, mais il n'a pas droit à la moindre erreur. En fin de course, c'est Hamilton qui finit par craquer : il bloque les roues et tire tout droit dans un virage. De nouveau Charles croit être sauvé, mais c'est compter sans Valtteri Bottas, toujours dans le coup et à ses trousses. « C'est passé très près une fois, à la Variante Ascari. Ce fut une course absolument dingue, et ce n'est que dans les deux derniers tours que j'ai commencé à croire en la victoire. Valtteri a perdu un peu de temps dans le trafic et ça m'a donné un peu d'air. » Charles oublie de dire qu'il a manqué de se sortir à la parabolique, quand sa voiture a fait une embardée du diable sur un vibreur alors qu'il n'avait plus de pneus arrière. Finalement, dans le dernier tour il sent la clameur de la foule, les gens qui se lèvent, qui applaudissent, qui crient : « Il y a eu des émotions positives dans la voiture, dira-t-il à Charlotte Casiraghi, sans compter que toute sa famille est venue l'encourager. Voir toute la foule qui était là pour Ferrari, voir qu'à chaque fois qu'on faisait quelque chose de bien en piste il y avait toutes les tribunes qui se levaient, qui applaudissaient, qui criaient :

de la voiture on voit ça quand même ! Donc oui il y a des émotions mais très rapidement on se dit de revenir à la réalité des choses : que là pour l'instant la course n'est pas finie. »

Il peut entendre la foule en délire l'applaudir dans la ligne droite à la sortie de cette fameuse parabolique, c'est de la folie ! Des spectateurs brûlent des fumigènes rouges, agitent des drapeaux… Quel feu ! Quelle chaleur humaine ! Quelle explosion de joie de la part de chaque cœur présent qui bat au rythme de chaque explosion dans les cylindres du moteur Ferrari, celui de la voiture de Charles ! « Puis est arrivée la ligne, et j'ai laissé parler mes émotions. »

— Le patron de la Scuderia, tout le monde se masse sur les grillages avant la parabolique, il lui reste une ultime accélération, la légende de Monza, la légende d'un jeune garçon qui s'impose à Monza ! Victoire de Charles en Italie, victoire de Ferrari ! Voilà neuf ans que cela n'était plus arrivé !

Julien Febreau à l'antenne de Canal+ est ému.

— *WOUH! YES YES YES!* crie Charles à la radio. *Grazie mille, Gracia tutti. Mamma mia! Mamma mia!*

Lorenzo, immergé dans les paddocks avec Arthur pendant « la course la plus longue de ma vie », ressent la « fierté de toute l'équipe Ferrari » tandis que le drapeau à damier est agité. Non loin, installée au cœur d'une tribune de tifosis avec deux amis de Charles – Charles a trouvé ces places au dernier moment –, Pascale ressent de plein fouet l'amour des fans de la Scuderia pour son fils. « C'était émouvant toute cette ferveur », dira-t-elle. Lorenzo aussi a été ému : « Je n'étais jamais allé à Monza pour un Grand Prix de F1 et c'est assez surprenant. Il n'y a pas d'autres équipes que Ferrari dans le monde à avoir des tifosis aussi présents sur un circuit. On sent une adoption de Charles par les fans. » « On était en famille on était dans le stand chez Ferrari, complète Arthur qui a le sourire pour son frère. Tout le monde tremblait donc c'est juste énorme tout ce qui se passe en ce moment. Tous les gens qu'il y a ici je n'y crois toujours pas, c'est vraiment top. » « La course le dimanche a été folle ! dira Charles. J'avais Bottas à moins d'une seconde derrière moi pendant toute la course, puis Lewis est arrivé vers la fin et a commencé à me pousser aussi. C'était très difficile de rester concentré et je pouvais voir les fans italiens applaudir dans les tribunes. J'essayais de me forcer à ne pas les regarder et à continuer de regarder la piste. Mais quand j'ai finalement gagné, c'était un soulagement, un sentiment vraiment spécial. Je n'ai pas de mots pour décrire ce que j'ai ressenti, c'est au-dessus de tout ce que j'ai rêvé jusque-là. »

Pour reprendre les mots de Jean-Michel Desnoues pour Auto Hebdo : « Il y avait bien longtemps que l'autodrome n'avait pas autant tremblé. » Lui qui a traversé les âges, qui fut le théâtre de confrontations de titans, de victoires de Ferrari avec Alberto Ascari, n'avait plus vibré à ce point depuis Alonso en rouge en 2010. Michael Schumacher aussi fit craquer les structures du temple de la vitesse à plusieurs reprises. Mais pas autant peut-être qu'un Charles Leclerc passé en l'espace de cinquante-trois tours du statut de champion en devenir à celui d'icône dans le cœur des tifosis. Pour venir célébrer cette victoire au pied du podium, ils ont déferlé de Roggia, de Lesmo, de la variante Ascari, de la Parabolica, par vagues pour donner naissance à une véritable marée rouge au pied du podium où se meuvent d'innombrables drapeaux au cheval cabré, une chaleur humaine et une ferveur dignes d'une Coupe du monde de football. Même au Vatican on ne voit pas autant de pèlerins ! Ceux-ci, noyés dans des fumigènes rouges ont pour Dieu Enzo et vénèrent d'autres saints ! « Je pense que ça va au-delà de mes rêves, fait Charles avec un sourire espiègle, alors qu'il reprend ses esprits dans une salle avant le podium. C'est un incroyable jour. » Avant d'emprunter la passerelle menant à l'avancée sur le podium, comme saisi par une peur, il a un mouvement de recul. Craint-il d'être submergé ? Il se lance enfin, sans bouée de sauvetage. Elle est à perte de vue, cette mer rouge qui l'attire. Gagné par une certaine forme d'ivresse, il se laisse porter, emporter, doucher au champagne. Il appartient désormais à la légende Ferrari. « Je suis sorti de la voiture totalement abasourdi, avouera-t-il, et je l'étais encore sur le podium. Voir ces milliers de gens applaudir, chanter, manifester leur joie... Ça m'a stupéfié ! Je n'avais jamais expérimenté un podium avec autant de personnes au-dessous, toute la ligne droite était rouge de monde. C'est la première fois que la victoire n'a pas quitté mon esprit de tout le week-end. Durant la course, je n'ai cessé d'y penser et ce qu'elle représenterait pour chaque tifosi dans la tribune. Mais j'ai tenu le coup ! Cela me donne encore des frissons à chaque fois que je vois la fin de la course, c'est toujours très spécial de la regarder en arrière. Voir autant de personnes qui chantent la même chose, la ligne droite remplie de monde et tous habillés en rouge. Très honnêtement, je n'ai jamais vécu une course avec autant de pression dans ma carrière, je ne crois pas avoir eu un tour avec plus d'une seconde et demie d'avance sur le deuxième. Quand on voit à quel point les fans sont contents et enthousiastes pendant tout le week-end, on monte dans la voiture on n'a qu'une envie, c'est de gagner. Je pense que si vous devez gagner un Grand Prix avec Ferrari, c'est bien le Grand Prix d'Italie. Merci ! Merci à Ferrari, merci à tous les tifosis pour leur soutien sans faille. Ce fut le plus beau jour de ma vie, sans aucun doute. Lorsque j'étais sur le podium, il y avait des centaines de milliers de personnes et 99 % d'entre elles portaient du rouge... Ils ont commencé à chanter l'hymne national. »

Il passe la langue à la fin de la cérémonie du podium, devant une caméra qui le filme ! « Même en rêve, je n'aurais pu imaginer que ça aille si vite pour Charles, avouera plus tard Nicolas Todt. La manière dont il a géré la course avec les deux Mercedes à ses trousses, c'est exceptionnel. Bottas qui revenait, l'Italie sur ses épaules, les célébrations des 90 ans, les tifosis, il avait toute la pression possible. Il y a deux Grands Prix que nous espérions gagner, et il a gagné les deux. Mission accomplie. » « Le but, c'est de revivre les succès des années 2000 avec Jean Todt et Michael Schumacher ? » demande-t-on à Mattia Binotto. « Ce que je raconte à ma jeune équipe, répond ce dernier – car nous sommes jeunes même si l'écurie, elle, est vieille –, c'est d'incarner Ferrari. Et le succès vient de vivre cette passion. C'est pour ça qu'on a le #essereferrari sur la voiture. »

Reste à voir si Charles ne va pas écoper d'une pénalité pour avoir forcé Lewis à mettre deux roues dans la terre : Toto Wolff, le patron de l'écurie Mercedes, en réclame une. Mais c'est plus pour la forme, car il sait que « donner une pénalité de 5 secondes à la Ferrari de tête à Monza ? Hors de question (rires). Parce qu'alors il vous faut une escorte policière pour sortir d'ici ! » Ainsi plaisante-t-il après la course, et Jean Alesi sera sans doute d'accord, lui qui a dit un jour : « Tous les Italiens ont Ferrari dans leur cœur, et cette passion se ressent peut-être un peu plus qu'ailleurs mais, aujourd'hui, Ferrari a une telle base de fans à travers le monde qu'il n'y a plus de frontières à l'adoration que la marque peut générer. Le soutien est sans bornes. En Italie, moi qui suis un ancien pilote Ferrari, quand tu te fais arrêter par la police, tu repars aussitôt ! » De manière plus sérieuse, Toto Wolff plaide pour son pilote, toujours avec humour : « Charles a poussé Lewis hors de la piste, ça ne fait aucun doute. Il aurait dû recevoir une pénalité, mais nous sommes à Monza… personne ne voulait créer une émeute ! Une autre fois, ailleurs, on montrera à nouveau ce qui s'est passé ici, et les gens comprendront que

Charles méritait une pénalité. Cela dit, j'ai déjà bien assez de problèmes dans ma vie pour en rajouter avec ça ! » Michael Masi, le directeur de course, expliquera pour sa part que si les deux voitures s'étaient touchées, les commissaires auraient certainement regardé les responsabilités avec plus d'attention. « Mais nous avons choisi une approche "laissez-les courir" en parfait accord avec les écuries, nous essayons de nous y tenir », a-t-il justifié. C'est ainsi que personne ne pourra retirer cette belle victoire à Charles, qui restera inscrite en lettres rouges dans les annales du sport automobile.

Ferrari sait prendre soin de ses pilotes : plus tard, en avril 2021, il recevra même en cadeau de la part de la Scuderia la SF90 avec laquelle il a gagné cette course, une voiture qu'il confiera à la collection automobile de SAS Albert II de Monaco en personne, pour le musée. En attendant, Laurent Mekies, directeur sportif chez Ferrari, ne tarit pas d'éloges sur son pilote : « Ce qui est le plus frappant, c'est qu'il est en train d'exploser dans tous les départements qui font un pilote. Aussi bien au niveau des sensations au volant que de l'interaction avec l'équipe. En termes de vitesse pure, nous avions constaté en début de saison qu'il progressait par paliers, toutes les deux ou trois courses en moyenne. Idem en ce qui concerne la compréhension de l'auto et de ce qu'il veut. Il me fait penser à Sebastian Vettel à ses débuts chez Toro Rosso. C'est la même explosion. Dimanche, il a passé cinquante-trois tours sous pression gigantesque et s'est juste concentré sur ce qu'il avait besoin de savoir pour aller plus vite. Pas une question en plus, pas une question en moins. Rares sont les pilotes à avoir mis Monza dans un tel état de liesse. Charles a un gros mental et une capacité innée à résister aux pressions en tout genre mais, plus encore, il a des valeurs humaines. Sur un week-end, il y a la partie public, supporteurs, médias, et il y a la partie travail avec l'équipe. Il est très à l'aise dans son environnement. Très décontracté. »

Et Charles, sans le vouloir, repart de Monza avec une anecdote plutôt cocasse : « Je suis monté dans un taxi, derrière le chauffeur. Donc il ne m'a pas vu. Il m'a demandé si j'étais allé au Grand Prix. Et j'ai dit : "Oui, c'était vraiment bien." Il m'a alors dit que "ce jeune gars était vraiment fort". À la fin de la course il m'a demandé qui j'étais et je lui ai répondu que j'étais ce jeune dont il avait parlé. C'était assez drôle ! »

À son retour, dans la matinée du 11 septembre, SAS le prince Albert II l'accueille en son palais, une invitation à la suite de ses deux superbes victoires consécutives où toute la famille se présentera élégamment vêtue : Pascale, Lorenzo, Arthur, ainsi que Thierry et Stéphanie Manni. Charles va finir cette saison 2019 avec sept pole positions et deux victoires, la bonne impression qu'il a faite va lui permettre de renouveler son contrat pour cinq ans. Un quinquennat, beaucoup en rêvent ! Charles l'obtient, il sera donc chez Ferrari jusqu'en 2024 : « J'ai eu un contrat de deux ans je crois, et à la fin de l'année qui s'est très bien passée j'ai resigné pour contrat plus long qui se terminera fin 2024 ». « Chaque week-end de compétition qui passait en 2019 nous confortait dans notre envie de reconduire Charles, commentera Mattia Binotto. La décision s'est imposée d'elle-même » De quoi voir sereinement l'avenir et espérer, durant ces années à venir, un titre de champion du monde, n'est-ce pas… ? Mais qu'en sera-t-il ?

10

2020 2021 : Ronger son frein…

Deux saisons noires pour les Rouges

« Je n'ai pas donné 100 %, j'ai donné 200 % ! »

Ferrari SF1000 et SF21

C'est dur à dire car Ferrari est toujours, année après année, une équipe digne et performante, mais 2020 et 2021 vont être comme deux années « poubelle », où Mercedes et Red Bull rafleront la quasi-totalité des victoires, ne laissant que des miettes à leurs adversaires… Sachant que les voitures rouges ne seront pas les mieux nées et que l'équipe courra toujours après le championnat, elle dont l'intégrité a quelque peu été entachée en fin d'année 2019 après à des soupçons de tricherie liés à un débitmètre d'essence : la FIA a analysé le groupe motopropulseur de l'écurie, puis des sanctions ont été prises, mais un accord a été trouvé entre la FIA et Ferrari pour que la nature exacte des sanctions reste secrète : « Si vous me demandez, a annoncé Jean Todt, le président de la FIA, j'aimerais vous donner tous les détails de la situation, mais ils [Ferrari] étaient contre. Ils ont été sanctionnés, mais nous ne pouvons pas vous donner les détails de la sanction. Malheureusement, c'est un fait accompli de nature technique, car nos techniciens disent : "Nous ne pouvons pas démontrer aussi clairement que nous le devrions qu'ils [Ferrari] n'étaient pas dans la légalité." »

Une histoire qui fera polémique mais dont les sanctions seront sans doute lourdes de conséquences, puisque la FIA avait décidé de figer les évolutions moteurs jusqu'à fin 2021… Impossible donc pour Ferrari de rectifier le tir suite à la sanction, et c'est avec un moteur peu performant que Charles va devoir composer deux années durant… Comme bon nombre d'équipes, de ce fait, Ferrari mange son pain noir et essaie de se préparer pour 2022, où un changement de règlement majeur devrait permettre de redistribuer les cartes. Bien sûr il y aura des coups d'éclat, mais ces saisons resteront décevantes, de surcroît marquées par une pandémie mondiale, un virus nommé Covid. Cette simple citation de Charles nous permet de voir à quel point cette atmosphère morose qui règne globalement avec cette pandémie pouvait entamer le moral des troupes : « Si un jour donné je me sens fatigué ou triste, ou peut-être que quelque chose ne va pas chez moi, si je suis de mauvaise humeur et je ne sais pas pourquoi… Merde, je suis un pilote Ferrari, je suis à Maranello ! » Voilà ce qu'il a partagé, un jour où il fut nostalgique sans doute, pensant peut-être à son père ou à Jules. Ainsi a-t-il tweeté, le 7 mars 2020 : « Aujourd'hui, c'est ton anniversaire. J'aurais aimé que tu sois là pour que nous le fêtions ensemble. Toutes les leçons que tu m'as enseignées continuent d'être appliquées et je te promets que je continuerai de faire de mon mieux pour que tu sois le plus fier des papas. Je t'aime, tu me manques, et joyeux anniversaire au paradis. »

2020 est une année où le Grand Prix de Monaco n'a même pas lieu, et qui commence seulement en juillet avec un calendrier restreint, Covid oblige. Un moment difficile à vivre avant les courses réelles en juillet, fait de confinement et de SIM Racing, entre autres, ces jeux vidéos qui simulent des courses : de nombreux pilotes s'y sont essayés pour passer le temps, dont Charles qui a acheté un matériel impressionnant et un bon casque de gamer. Bien sûr, s'entraîner en simulateur ou en réel n'a rien à voir, à cause des G : « Bien sûr quand tu fais les choses dans ta chambre, c'est quand même différent, explique Charles... Quand tu prends les G dans la tête, faire les mêmes gestes avec les G est plus compliqué. C'est pour ça que ça va être très chaud quand ça va reprendre après le coronavirus, parce que ça fait trois mois qu'on est à l'arrêt complet. »

Charles est aussi capable de se filmer en *streaming* sur la plateforme Twitch, ou en train de jouer à *Call of Duty* en ligne avec son ami Pierre Gasly. Voilà ce qu'il raconte à propos de la Formule 1 ce jour-là : « On est limités à cent personnes sur le circuit, explique-t-il en parlant de n'importe quelle course de Formule 1. Moi c'est là que j'ai galéré quand je suis arrivé en F1 parce que tu as un nombre de personnes avec qui il faut que tu parles et tout ça. Tu mets vraiment beaucoup de temps pour savoir quelle est exactement la bonne personne à voir à chaque fois que tu as un problème. Cent personnes, c'est beaucoup. » Peut-être ces temps de Covid auront alors au moins un avantage, puisque les équipes seront réduites, ainsi que l'expliquera Laurent Mekies : « Pas de spectateurs, d'invités, des équipes réduites, il a fallu imposer beaucoup de restrictions : quatre-vingts personnes par écurie, pilotes inclus, et pas de motorhomes. » Voilà les conditions qu'il faudra réunir pour pouvoir reprendre des courses réelles.

En attendant, faire du *streaming* est quelque chose qui plaît à Charles durant ces temps ennuyeux : « Il n'y avait pas grand-chose à faire pendant le confinement et pas mal de personnes me demandaient sur les réseaux : “Qu’est-ce que tu fais ?” donc je me suis dit que c’était peut-être une bonne idée. J’ai l’exemple de ma mère et de mon frère qui s’ennuyaient. Comme j’avais la possibilité de courir d’une autre manière et, ce faisant, de mettre des sourires sur les visages des fans, je me suis dit que nous, pilotes de F1, pouvions aider les gens à oublier quelques instants leur confinement. Aussi, ça m’a permis d’être plus proche de tous ceux qui me supportent. C’est une manière différente de leur parler. Très honnêtement je pensais que ça n’allait pas me plaire mais je prends énormément de plaisir à streamer, à parler avec les gens qui me suivent et à la fin je peux être beaucoup plus naturel. Je vais continuer, c’est sûr et certain parce que les gens ça, les intéresse énormément de voir la personne plus que le pilote. Et dans le paddock je ne suis pas aussi à l’aise que [...] dans mes *lives*. La personne que je suis dans les paddocks n’est pas le vrai Charles. »

Mais qui est le vrai Charles... ? Est-ce celui qui part faire du surf en mars pour déconnecter un peu du confinement, disant après sa session : « C’était plus de la nage que du surf, mais c’était très fun ! » Ou celui qui se met à jouer du piano, quand l’envie lui en prend ? Il a profité de ces temps creux pour s’y remettre, et a même posté quelques vidéos sur YouTube. Quand le journaliste Tom Clarkson lui demande si les doigts qu’on voit dans les vidéos sont vraiment les siens, il répond avec humour : « La prochaine fois, ramène un piano au circuit et je te montrerai que c’est vraiment moi ! J’avais pris quelques cours quand j’étais enfant, après j’ai abandonné. Mais grâce au [...] confinement, je me suis calé et j’ai recommencé à jouer. Je suis devenu obsédé, j’ai pris trois-quatre mois de cours. Maintenant je n’ai pas trop de temps mais chaque fois que j’ai dix-quinze minutes, je m’entraîne. Il me relaxe. Je pense toujours aux courses alors que là, devant le piano, c'est la seule occasion où je peux penser à quelque chose d'autre. »

Charles semble nostalgique, pourtant il a officialisé depuis peu une relation avec la ravissante Charlotte Siné – dont le père dirige la Société des bains de mer de Monaco. L'étudiante en école d'architecture a posté une photo d'eux sur une piste de ski italienne en guise d'officialisation. Charles a même essayé de jouer du piano avec elle mais les résultats ne furent pas satisfaisants : « Il vaut mieux avoir deux pianos différents ! » a-t-il plaisanté à ce propos. Charles est-il celui qui, sans manque de galanterie de sa part, est capable de ne pas entendre sa petite amie sonner chez lui, alors qu'il est absorbé et concentré sur une course de rallye virtuel en direct sur Twitch ? Ayant oublié ses clefs, elle est restée bloquée pendant vingt-cinq minutes devant la porte close... Pour s'en sortir, elle a trouvé comme astucieux moyen de s'inscrire sur Twitch afin de communiquer avec Charles et de lui demander d'ouvrir. « Elle a dû attendre vingt-cinq minutes en bas, confirme Charles amusé durant son *live*, parce que je n'entendais pas mon téléphone. J'avais mes écouteurs sur les oreilles et j'étais très concentré sur ma course de rallye. » Heureusement qu'il existe des moments comme celui-ci pour rire un peu. Ou comme celui où Charles a reçu un costume de banane, en avril : « J'ai des fans qui m'ont vu jouer à *Fortnite*, donc j'ai reçu un costume de banane, annonce Charles un jour tout en enfilant ledit costume avec son casque de gamer sur la tête et son bandeau noué autour du crâne. Et là je vais le mettre pour la partie je pense. » Il ne peut pas s'empêcher de rire en voyant sa tête dans ce costume tout jaune : « *Oh my god, I ve never looked so good!* »

À propos de déguisements, Joris et Hugo, les deux copains de Charles, relatent une anecdote amusante : « Charles, c'est le premier de la bande à aimer faire des petites conneries. Pour rire. Jamais méchamment. Il n'y a pas longtemps, on se baladait dans les rues de Monaco et on a croisé une mascotte qui distribuait des bonbons. Charles est arrivé par-derrière, a soulevé la tête de souris de la mascotte et s'est enfui avec… avant de la rendre en lui faisant un big hug. On avait filmé la scène pour rire. C'est aussi ça, Charles. » Un chapardeur de tête de souris qui se déguise en banane et vient, entre deux Grands Prix, saluer le prince Albert en ami, vêtu du plus chic et élégant costume.

À part cela, il prend l'habitude de jouer à un jeu de raquettes qui s'appelle le paddle, souvent de bon matin : « Il est plus facile de jouer au paddle qu'au tennis. On fait moins d'erreurs, les raquettes sont plus simples à utiliser. Il y a quelque chose sur le fait de jouer avec le mur qui le rend plus intéressant. En plus ça m'aide indirectement pour mon sport. J'améliore les réflexes, mes capacités d'anticipation. Je le fais car je l'aime mais je pense que ça m'aide aussi pour mes courses. Le joueur le plus fort est Caco, le cousin de Carlos Sainz. Une fois j'ai fait un double avec Carlos contre le père de Carlos et son cousin. On a perdu ! » (l'interview date de 2021, alors que Charles a effectivement Carlos Sainz comme nouvel équipier).

Une autre chose qui doit le réjouir est sans doute de voir l'arrivée de son frère Arthur en F3 régionale, une catégorie presque aux portes de la F1. L'annonce fut officialisée en janvier 2020, Arthur roulera avec Prema, l'ancienne équipe de F2 de Charles. Il est aussi devenu membre dans le même temps de la fameuse Ferrari Driver Academy. Évidemment, les deux frères vont s'entraider mais Charles a aussi à cœur de laisser Arthur voler de ses propres ailes : « J'essaie de ne pas lui mettre trop de pression. Je pense que c'est important qu'il grandisse seul dans son sport. J'espère vraiment le retrouver un jour en Formule 1. Malheureusement, avec le Covid, il ne peut pas venir directement dans mon paddock mais en tout cas il sait que je suis joignable dès qu'il en aura besoin. »

Tout le monde est content de voir la fin de ce confinement poindre à l'horizon... Charles le premier, qui se promet alors de faire « Certainement un bon resto car je commence à en avoir marre des pâtes au beurre et puis, surtout, voir des gens. Je vais fêter la fin du confinement si, évidemment, c'est sans risque... » À sa décharge, il ne cuisine pas que des pâtes au beurre, il a justement profité de ce confinement pour se lancer dans la cuisine – n'oublions pas qu'il est un spécialiste des sushis ! Mais ce ne sera pas toujours végane : « J'ai essayé de manger végane mais je ne me sentais pas parfaitement à l'aise. La nutrition est une chose très personnelle. »

Côté championnat, en 2020, il réalise son meilleur résultat en terminant quatrième du Grand Prix du Portugal. Aucune victoire donc, aucun podium en cette année à oublier, la faute en partie à un moteur qui n'avance pas... Et une huitième position finale au championnat. Il aura tout de même fait vibrer les fans à Istanbul, en novembre, en réalisant une course magnifique sous la pluie. Parti de loin, il effectue des remontées spectaculaires et semble totalement déchaîné. Il dépasse un Verstappen groggy par un tête-à-queue, puis revient comme un obus sur Pérez à sept tours du but. Malheureusement, un petit écart de trajectoire met un terme à ses espoirs de deuxième place, tandis qu'Hamilton caracole en tête et franchit le drapeau à damier avec une bonne avance. Derrière le champion, la course n'est pas finie puisque Pérez fait une erreur qui profite à Charles : il remonte deuxième à quatre virages de l'arrivée ! La joie est immense dans le cœur de nombreux spectateurs, mais de courte durée puisqu'au freinage suivant, il bloque ses roues et tire tout droit. Trop tard, Pérez et Vettel sont déjà passés…

Charles ne termine finalement « que » quatrième mais sa course a été géniale. « À la fin, seuls les résultats comptent. J'ai été bon pendant une partie de la course mais nul quand ça comptait vraiment. C'est tout. Je suis très déçu. En revanche, je suis heureux pour Seb. La saison a été très difficile pour lui et il mérite tellement de monter sur le podium. » C'est bien peu de dire que la saison fut difficile pour Sebastian Vettel : surclassé par Charles, ce dernier verra son contrat avec la Scuderia s'arrêter à la fin de l'année en profit d'un jeune Espagnol méritant… nommé Carlos Sainz.

Jean-Louis Moncet, le célèbre ex-consultant de TF1, explique ainsi les déboires de Ferrari cette saison : « Ils se sont retrouvés avec une voiture avec beaucoup de chevaux en moins et c'est pour ça qu'ils étaient perdus en 2020. » Impossible de rétablir le tir en cours de saison, la FIA exigeant que les moteurs soient figés dans leur évolution jusqu'à fin 2021 – pour une histoire de limitation de coûts. Jean-Louis Moncet fait en tout cas l'éloge de l'honnêteté habituelle de Charles, lui qui reconnaît toujours ses erreurs et ne se trouve jamais d'excuses : « Charles, je pense que c'est une personne à deux facettes. C'est un peu le gendre idéal. Quelqu'un de très gentil, avec qui on peut discuter et qui est très ouvert, très intelligent et très sensible. Je pense qu'au volant il peut faire de très belles choses mais c'est surtout quelqu'un qui ne se trouve aucune excuse quand il fait des bêtises. Pour moi, c'est très important car beaucoup de pilotes disent que c'est la faute de telle ou telle chose. Lui, il dit "non, j'ai fait le con". »

Quoi qu'il en soit, Charles et tout le monde qui connaît la Formule 1 sait très bien qu'il va repartir en 2021 avec un moteur tout aussi peu performant, ce qui peut avoir un côté assez désespérant… Aussi jeune soit-il et même s'il n'aime pas qu'on dise cela, il va naturellement endosser un rôle tacite de leader puisqu'il aura plus d'expérience que le jeune Carlos, fraîchement débarqué et en train de découvrir cet univers Ferrari si particulier... « Très honnêtement je n'aime pas quand on m'appelle comme ça (leader) parce que oui, j'ai plus d'années que Carlos dans le team, mais à la fin il est lui aussi très jeune, il a énormément d'expérience en F1, il est très rapide, et je pense qu'on va se pousser mutuellement. »

Un jour, un journaliste pose une bonne question à Charles : « Vous adorez gagner ou vous détestez perdre ? » « Je pense les deux, répond Charles. Mais je pense que je déteste plus perdre que je n'aime gagner, parce que vraiment dès que ça se passe mal je suis tellement énervé. » Il est vrai qu'on a pu quelquefois entendre un Charles très énervé à la radio, par exemple après Istanbul :

— *P4, p4, You did a good job.* P4, p4, tu as fait du bon travail, dit Jock Clear, p4 signifiant que Charles est arrivé 4ème.

— *No I did a shit job, I did a shit job, I did a fucking shit job!* a rétorqué Charles en guise de réponse. Non j'ai fait un boulot de merde, un boulot de merde, un putain de boulot de merde !

Heureusement, ça se passe mieux pour le frangin qui a notamment fait un somptueux triplé au Mugello en F3 régionale, lui faisant dire : « On a pu gagner les trois courses, je ne l'oublierai pas ! »

Arthur se voit même engagé en FIA Formule 3 l'année suivante, toujours chez Prema. « Avec Charles, on est frères. Il me soutient énormément en F3 régionale et je le soutiens énormément en Formule 1 : il me demande souvent comment se passent les week-ends mais on est vraiment une famille puis on souhaite le meilleur pour l'autre. » Si l'esprit de la compétition reste bien sûr toujours présent, titille les ego, c'est honnêtement que Charles avoue, lorsqu'on lui demande qui est le meilleur des deux sur simulateur : « Eh bien, c'est lui ! Ouais, il est vraiment très rapide sur simulateur. Bon il n'a pas eu la même chance que moi. Moi j'ai eu la chance que, à partir de 10-11 ans, nous ayons fait un choix de famille, à savoir qui continuerait dans le sport automobile réel. Et moi j'étais un petit peu plus avancé dans ma carrière. Donc j'ai pu continuer et lui, il a dû arrêter. Du coup il passait pas mal d'heures sur le simulateur, puisque ça a toujours été sa grande passion. Et voilà il a pris une avance que je n'arrive pas à rattraper. Donc il est bien plus rapide que moi et il va aussi très vite dans les courses réelles. Car il a recommencé sa carrière, maintenant, et j'essaye de l'aider. Et j'espère vraiment qu'il me rejoindra un jour en Formule 1. »

Arthur aussi l'espère, surtout quand il se retrouve avec son propre frère sur les Grands Prix, en train de le regarder courir avec, au fond de lui-même, l'envie de faire la même chose. Le 23 mai 2021, voici venu le jour tant attendu, le Grand Prix ultime pour Charles, celui de toute une vie, vous avez deviné : Monaco… Bien qu'il n'espère rien de magique avec sa voiture, sait-on jamais, il est bien décidé à tout donner comme chaque fois qu'il roulera dans ces rues. Avant d'espérer un podium qui motiverait l'équipe, il doit d'abord conjurer le mauvais sort et éloigner le chat noir qui semble l'accompagner ici depuis 2017. En effet, il n'y a jamais eu la moindre chance : trois abandons en trois courses. L'enfant du Rocher n'a jamais vu le drapeau à damier chez lui. En 2017, une mauvaise stratégie de Prema Racing (Formule 2) puis un problème mécanique l'ont privé d'une victoire qui lui tendait les bras. Passé en F1, une rupture du disque de freins l'a fait abandonner en 2018 (Sauber) tandis que la stratégie médiocre de Ferrari en 2019 l'a éliminé dès la Q1. La suite, on s'en souvient : un festival de beaux dépassements pour compenser sa frustration et satisfaire son public, jusqu'à celui sur Hülkenberg qui se termine contre le rail et provoque son abandon. Mais en cette année 2021, s'il doit y avoir un circuit sur lequel Ferrari peut vraiment espérer un podium, c'est bien celui-là ! Le châssis de la SF21 est bien meilleur que celui de la SF1000, surtout dans les virages lents comme ceux du Rocher et la puissance du moteur a moins d'importance puisque les lignes droites sont courtes.

Lors des qualifications, au premier run de la Q3, Charles donne tout : il signe un temps qui le propulse en pole position provisoire, c'est-à-dire tout en haut de la feuille des temps, en tête du classement. Dans la deuxième tentative, Max Verstappen bloque sa roue et se loupe légèrement. Il ne peut donc pas améliorer. Derrière le Néerlandais, Charles n'améliore pas non plus mais continue de tout donner. C'est alors qu'un incident qui va prêter à polémique survient : arrivé à la corde de la deuxième chicane de la piscine, il touche légèrement le rail, suffisamment tout de même pour casser sa direction : sa voiture tire tout droit et vient s'écraser dans le rail en face... Le drapeau rouge est tout de suite déployé... Plus personne ne peut améliorer. C'est de cette façon un peu bizarre que Charles sécurise sa huitième pole en Formule 1, ce qui n'est pas sans rappeler la fois où Michael Schumacher en 2006 avait fait exprès de sortir dans un rail pour sécuriser lui aussi une pole position en Principauté... Un fait qu'il avait mis plus d'un an à avouer. Certains ont tenté d'accuser Charles de la même chose, mais les images lui donneront raison : il s'agit véritablement d'un fait de course...

Évidemment, lorsqu'il sort de sa monoplace, on le voit clairement déçu. Déçu pour le travail inutile infligé à ses mécaniciens et surtout déçu de ne pas pouvoir crier sa joie à la radio en plus de ne pas pouvoir saluer un public entièrement acquis à sa cause. Cette pole un peu étrange le mènera-t-elle à sa troisième victoire en Formule 1, et surtout à sa première à Monaco ?

Les mécaniciens auront-ils le temps de réparer la voiture à temps ? Car les dégâts sont importants, cela ne paraît pas mais la voiture a méchamment tapé de côté. « Je suis inquiet pour l'état de ma boîte de vitesses, explique d'ailleurs Charles en interview après la qualification, parce que ça n'avait pas l'air joli quand je suis sorti de la voiture. J'en saurai plus avant le début de la soirée et si c'est cassé, j'accepterai mes cinq places de pénalité et je me concentrerai sur demain. »

À 14 h 20 le lendemain, Charles n'a pas reçu de pénalité et a donc sauvé sa pole position. Il prend la piste pour un tour de mise en grille. Après un demi-tour de circuit, la Ferrari est au ralenti. Helmut Marko qui observe cela sur la pit-lane, se rapproche de Christian Horner pour lui annoncer :

— Je crois que Leclerc a cassé sa boîte de vitesses.

— Ça sentait quand il est passé, établit Christian Horner.

— OH NON, OH NON, la boîte de vitesses…

Voici ce que peuvent entendre Jock Clear et toute l'équipe Ferrari à la radio d'un Charles Leclerc qu'on peut imaginer désabusé à un point indescriptible, lui qui, de désespoir, met ses gants sur sa visière.

— Rentre aux stands ; on retire la voiture, doit dire Jock Clear à contrecœur.

— Putain…

En rentrant aux stands à petite vitesse, Charles comprend qu'il ne pourra pas repartir. En fait, l'arbre de transmission arrière gauche a cédé après quelques virages. Ayant tapé sur la droite, cette partie de la voiture n'a logiquement pas été changée par les mécaniciens. Ils ne pouvaient pas savoir que l'onde de choc provoquée par l'accident allait fragiliser puis casser cette pièce-là. Ferrari n'est pas à blâmer. À 14 h 40, Charles descend de sa monoplace pour abandonner. Les spectateurs et les fans sont sans voix. Quand conjurera-t-il ce mauvais sort qui semble s'acharner sur lui à domicile… ?

« J'ai été très émotif dans la voiture mais c'est très difficile de ne pas pouvoir finir la course surtout que je ne l'ai même pas commencée. Je remercie vraiment les mécaniciens parce qu'ils ont fait un travail de fou ! Le public a été très gentil avec moi, ça va passer et j'espère qu'on se rattrapera à Bakou. »

Accepter l'échec est dur... Et cela prendra du temps à Charles, qui dira plus tard : « Je ne vais pas mentir, la pilule a été très difficile à avaler en 2021 avec mon abandon dans le tour de mise en grille. » Mais il se rattrape en effet à Bakou où il signe une pole position un peu chanceuse, grâce à un drapeau rouge : « C'était un mauvais tour, c'était un tour de merde ! Il y a deux ou trois virages où j'ai fait des erreurs, mais je ne m'attendais pas à être aussi compétitif aujourd'hui. Pour la course demain, la voiture est plutôt pas mal mais les Red Bull ont quelque chose de plus. Là on n'est pas à Monaco, donc ça va pouvoir doubler mais je vais faire mon maximum pour conserver cette première place. »

Des pilotes vont effectivement le doubler et cette course sera un peu à l'image de la saison : on y verra un Charles Leclerc faisant de son mieux et devant se donner à 200 % mais disposant d'une voiture incapable de rivaliser dans les lignes droites : avant même la fin de la première boucle, Lewis Hamilton le dépasse avec facilité dans la ligne droite, puis ce sera au tour de Verstappen et de Pérez. Charles livre une belle bataille en fin de course avec son ami Pierre Gasly, à l'avantage de ce dernier, il termine encore quatrième. Il fait un peu mieux qu'en 2020 en terminant septième du championnat avec tout de même un podium qui fait du bien : une deuxième position fantastique à Silverstone où il s'est fait prendre la victoire dans l'avant-dernier tour par Lewis Hamilton : « C'était une course incroyable. Je n'ai pas donné 100 %, j'ai donné 200 % ! J'ai donné toute ma personne mais ce n'était pas assez dans les deux derniers tours. Félicitations à Lewis, il a fait un travail incroyable. L'équipe a très bien travaillé, je suis incroyablement fier d'eux. On ne s'attendait clairement pas à ça. On s'est battus pour la victoire, ce qui est incroyable [...]. Quelle journée ! »

Après avoir régalé les fans en Angleterre, Charles éblouit à Sotchi en gagnant sept places dans un premier tour magnifique, sûrement son meilleur depuis qu'il est en Formule 1. Il affiche un excellent rythme mais la pluie s'abat sur le circuit à quelques tours de l'arrivée. Après quelques tergiversations avec son équipe il décide de ne pas rentrer :

— Si tu penses que tu peux rester en piste, c'est mieux de ne pas rentrer, sinon rentre, lui dit son ingénieur piste, ce qui montre bien le niveau de confusion qu'il y a pu y avoir au moment où la pluie est venue.

Charles ne rentre pas, reste en pneus slicks, tire tout droit dans un virage... Il ne finira que quinzième, forcément encore déçu... Malgré quelques moments d'enthousiasme, on le comprend, l'horizon 2022 est dans tous les esprits comme l'année attendue, celle où l'on espère voir le Messie de rouge vêtu... ! On ne va pas se mentir, cette année 2021 aura été un grand cru, le théâtre d'une bataille acharnée au Championnat du monde mais dans lequel Charles n'aura joué qu'un second rôle. Les premiers furent pour Lewis Hamilton et Max Verstappen, ils se sont livré une bataille comme on n'en avait peut-être plus vu en Formule 1 depuis l'époque Prost-Senna. Une année qui donna de l'émotion à tous bien que la fin fût controversée avec les événements que l'on sait : la *safety car* qui s'est retirée dans le dernier tour du dernier Grand Prix, à Abou Dabi, laissant la victoire à Max Verstappen et faisant dire à certains qu'il ne méritait pas son titre. Charles lui-même a apprécié : « Ils ont évolué à un niveau incroyable. Ça a été super à voir. C'était une opposition de deux styles de pilotage différents. Je connais celui de Lewis depuis quelques années, mais moins celui de Max évidemment, avec qui j'ai grandi sur les pistes de kart. On a reconnu ses caractéristiques, notamment l'agressivité, mais c'est ce qui permet le spectacle que l'on a vu et ça a donné encore plus d'intérêt au Championnat du monde. Donc clairement, ça me donne envie de les rejoindre et de me battre pour le titre. La seule chose que j'ai en tête en ce moment, c'est de remettre Ferrari tout en haut. »

Pour retrouver les premiers rôles, Ferrari se munit en fin d'année 2021 d'un nouveau simulateur dernier cri, installé sur la piste d'essais de Fiorano : un outil « ultra-perfectionné » d'après les rouges, à la « pointe absolue de la technologie » dont Gianmaria Fulgenzi, directeur de la *supply chain*, parle en ces termes : « La simulation et la technologie numérique vont jouer un rôle de plus en plus important dans le développement d'une voiture de Formule 1 et nous pensons avoir fait le meilleur choix possible en nous concentrant sur la création d'un outil qui nous permettra de faire un saut générationnel dans ce secteur. […] Il a fallu deux ans pour mener à bien ce projet et nous sommes maintenant prêts à commencer à l'utiliser […] sur la base des nouvelles règles techniques qui entreront en vigueur en 2022. »

Un jour d'octobre, Charles va même profiter d'être à Fiorano pour offrir une belle surprise à sa mère et à sa petite amie : en les faisant monter à bord d'une Formule 1 triplace. Charlotte Siné s'est tournée vers les réseaux sociaux pour décrire l'expérience comme l'une des meilleures de sa vie. « Merci pour cette expérience unique & magique♡ @charles_leclerc♡ Et bien sûr, devinez qui a fait le meilleur temps 😉 J'ai hâte de recevoir la vidéo de mon visage bientôt », a-t-elle écrit.

De quoi faire du bien à Charles, sachant que Carlos Sainz a tout de même terminé, mine de rien, devant lui au championnat de quelques points. Cela a d'ailleurs valu à Charles une petite pique du célèbre « docteur » Marko de chez Red Bull, Carlos Sainz venant de la filière de la marque au taureau : « Carlos a cassé le “mythe Charles Leclerc”, si je peux dire ainsi. » Ainsi s’est-il exprimé. Quant à Charles, cela ne lui fait bien sûr pas vraiment plaisir : « Au bout du compte, le coéquipier est la première personne à battre, même s’il faut bien sûr trouver un bon équilibre entre la compétition interne et le fait de bien travailler ensemble pour l’équipe. Forcément, quand je regarde le classement à la fin de l’année, il est certain que je ne vais pas dire que cela me fait plaisir de voir Carlos devant moi. Je mentirais si je disais le contraire ! Après, quand je regarde l’analyse complète de la saison, cela me rassure. Et tant qu’à faire, je préfère la malchance dans une année comme celle-ci, quand on se bat pour la cinquième place, plutôt qu’en 2022 si l’on a la chance de se battre pour le championnat. Là, ce serait plus frustrant ! »

Charles ne croit pas si bien dire… Mais 2022, nous verrons cela plus tard. Quoi qu’il en soit, il reste pour les Italiens « Il Predestinato » – le « Prédestiné » –, c’est le surnom qu’ils lui ont donné. Pas de quoi en tout cas inquiéter un Jean-Louis Moncet totalement acquis à la cause du Monégasque. Lorsqu’on lui demande si Charles ne subit pas trop de pression, il répond : « Charles est quelqu’un de très mature. La pression, c’est bon pour tout le monde. Pour lui comme pour l’équipe. On ne peut pas vivre une saison de Formule 1 sans penser à son métier à chaque minute qui passe. Bien sûr, il faut se détendre mais certains sont capables de supporter la pression, d’autres non. Prenez l’exemple de Nico Rosberg. Il a battu Hamilton en ayant pensé à son métier vingt-quatre heures sur vingt-quatre, tous les jours de l’année et il a dit qu’il ne voulait plus revivre ça donc il a arrêté. Il faut toujours être à la limite de la pression mais surtout, il faut toujours la supporter. » Une chose est sûre : si Charles ne supportait pas bien la pression, il ne serait pas aussi performant en qualifications, lui qui a toujours devancé ses équipiers dans cet exercice : 12-8 face à Ericsson en 2018 ; 10-10 face à Vettel en 2019 ; 10-5 de nouveau face à Vettel en 2020 ; 14-8 face à Sainz en 2021.

Ce n'est quand même pas négligeable ! « Premièrement si Sainz a terminé devant lui au championnat, ça ne tient qu'à 4-5 points, poursuit Jean-Louis Moncet. Il ne lui a pas mis 30 points dans la tête non plus. Deuxièmement, je pense que Charles a pour lui ses qualités humaines qui font qu'il est très aimé. C'est comme ça qu'il sera le catalyseur de l'équipe. Des qualités que Prost ou Schumacher avaient, par exemple ils étaient capables de dire “il faut ça, ça et ça”. Catalyser, c'est réunir, réunir tout le monde pour avancer dans la même direction. Je pense que Charles peut le faire, non pas avec des coups d'éclat, non pas en criant sur tout le monde mais en étant très cool, très gentil et en même temps très précis sur ce qu'il veut. Je le vois plus comme le garçon calme, pas autoritaire mais sachant très bien ce qu'il veut. Il est charmant, il est même désarmant par sa gentillesse, ça doit aider beaucoup au sein de l'équipe mais attention, être gentil et cool, ça ne veut pas dire se balader et qu'il va rouler quand il en a envie, non ce n'est pas ça. Il veut toujours aller le plus haut possible et donner le meilleur de lui-même. On ne peut pas dire autre chose. »

Une chose est sûre, la saison 2022 s'annonce palpitante... Charles y jouera-t-il un premier rôle ? Sera-t-il en effet capable de devenir le catalyseur de son équipe ? Cela reste à découvrir.

II

2022, ou le retour du « Jedi »

« On a tout foutu à la poubelle. »

Ferrari F1-75

Nous sommes le 20 mars 2022, à Bahreïn, dans le désert de Sakhir…

— Il y a quelque chose d'étrange avec le moteur ! lance Charles dans le dernier tour de course, alors qu'il caracole en tête.

Un air de déjà-vu, non… ? Un air de Bahreïn 2019, de Multifunction Turbo 6 et d'abandon… Silence radio dans le box Ferrari durant quelques secondes… Avant de se débarrasser d'un vaillant Max Verstappen, Charles a dû livrer une rude bataille, un *mano a mano* intense, somptueux, au cours duquel les deux protagonistes se sont échangé leur position deux fois par tour. Normalement, ce type d'action ne dure que l'espace de quelques virages, mais jamais durant trois tours. Du grand art, un duel que Charles finit par remporter, lui ouvrant la voie du succès. Après cela, comment imaginer abandonner dans l'ultime boucle… ?

— Je plaisante !

Il s'agit là d'une blague, ce que comprend Xavier Marcos Padros, ingénieur de course du Monégasque, suite à ce : « Je plaisante » de Charles.

— Reçu ! finit par répondre l'ingénieur en riant.

En janvier, Charles avait fait un saut en parachute à Dubaï sans l'autorisation de Ferrari, puis avoué sa faute auprès de son employeur, qui tient évidemment à l'intégrité physique de son pilote. « Normalement, si j'ai quelque chose d'un peu hors du commun en tête, je demande toujours à Ferrari l'autorisation. Mais dans le cas du saut en parachute, j'ai fait une exception, parce que je me suis dit qu'au cas où ça tournerait mal, je ne serais pas là pour me faire engueuler ! Alors, oui, j'ai juste foncé. Quand ils ont découvert ça, ils étaient un peu en colère, je ne le ferai pas une deuxième fois. » Un épisode qui lui a valu une magnifique photo de lui en l'air, au-dessus de l'île artificielle en forme de palmier qu'on ne peut voir qu'à Dubaï. Après ce saut, Charles voulait même tester une MotoGP : « J'adorerais essayer parce que j'aime les motos en général. Mais je ne sais pas si Ferrari pense la même chose. En tout cas, je dois d'abord demander la permission… et je ne sais pas si je l'obtiendrai ! » Un pilote a déjà obtenu l'autorisation de tester un de ces monstres de puissance, il s'agit de Lewis Hamilton. Fin 2019, le Britannique et Valentino Rossi se sont en effet retrouvés sur le circuit de Valence afin d'échanger leurs montures sans qu'aucun des deux se fasse mal, ce qui pourrait servir d'argument à Charles… « Mais si je devais choisir, poursuit Charles, le rallye est probablement quelque chose que j'aimerais vivre un jour. C'est très différent de mon habitude de tourner en rond du matin à l'après-midi, donc le rallye est quelque chose d'excitant que j'aimerais essayer. »

Rappelons-nous, Charles était d'ailleurs tellement absorbé un jour sur un jeu vidéo de rallye, qu'il n'a pas entendu sa petite amie sonner à l'appartement… !

Quoi qu'il en soit, comment lui en vouloir après cela… ? Comment mieux commencer une saison que par une victoire… ? « Je deviens folle, je ne peux pas le croire ! » a écrit Charlotte Siné dans sa *story* Instagram lorsque Charles a passé la ligne d'arrivée en première position, elle qui s'est rendue sur le circuit de Sakhir pour soutenir son petit ami. « Je me suis beaucoup entraîné, a expliqué Charles en début de saison, je suis plus prêt que je ne l'ai jamais été. J'ai d'abord fait mes vacances au Mexique. Puis je suis allé à la montagne. C'était magnifique. J'en ai profité pour faire des vacances mais aussi la préparation physique. » Charles s'est aventuré au sommet des Dolomites pour faire du ski et de l'escalade sur des parois de glace, vivant quelques moments d'insouciance. Il s'est même attaqué à la montagne de nuit en utilisant une lampe de poche sur son casque, des crampons et des piolets. « J'avais un peu tout mon team là-bas : mon préparateur physique (Andrea Ferrari), mon diététicien et on a fait différents tests. Ça s'est passé super bien. »

Le travail a payé… Une course qui fera dire à Philippe Alliot, ex-pilote de Formule 1 : « Quel spectacle avec Charles Leclerc et sa Ferrari ! On s'est vraiment régalés », une course qui fera écrire à Romain Bernard, dans un édito pour *Auto Hebdo* : « Plus que la démonstration technique de Ferrari, ce premier Grand Prix 2022 m'a interpellé sur la capacité de Charles Leclerc à se battre férocement pour la victoire. Voilà deux années pleines que le Monégasque rongeait son frein […], et pour son retour sous les sunlights artificiels de Bahreïn, il n'a pas tremblé. C'était propre, net, sans bavure. Lorsque vous n'avez plus boxé dans cette ligue depuis si longtemps, apprivoisé le stress, le poids de l'enjeu, de l'attente, de l'institution qu'est la Scuderia, comment ne pas applaudir au-delà du simple résultat brut ? [...] J'aime à dire qu'un bon pilote, on le repère tout de suite. Il a ce supplément d'âme, d'audace, de vitesse qui vous alerte sur son état d'esprit face au danger. » Sur ce dernier point, remarquons que Charles a une notion du risque bien à lui, comme il l'avait dit en interview avec Charlotte Casiraghi : « Très honnêtement, le risque, on n'y réfléchit pas du tout. La seule chose que j'ai en tête quand je suis dans la voiture c'est "Comment je peux faire ce virage d'une meilleure façon ?". Tour après tour j'essaie d'analyser la façon dont je l'ai fait le tour d'avant pour essayer de l'améliorer, [...] c'est tout ce que j'ai dans la tête : je ne pense surtout pas au risque de se planter dans un virage ! »

« J'ai fait une petite blague à la radio dans le dernier tour, s'est encore amusé à raconter Charles *a posteriori*, ce qui, j'en suis sûr, a fait frôler la crise cardiaque à certains ingénieurs. C'est vrai que ça fait vraiment beaucoup de bien parce que ces deux dernières années ça n'a pas été un cauchemar mais ça a été très difficile. » Après cette interview de la RTBF, Max pose la main sur l'épaule de Charles pour le féliciter, un moment très sympa. C'est une saison avec une nouvelle réglementation technique dont nous sommes en train de parler, et une Ferrari bien née qui laisse à Charles et à la Scuderia de grands espoirs de remporter un titre, constructeur ou pilote. D'ailleurs, après trois courses, il se retrouve en tête du championnat avec 46 points d'avance sur Max Verstappen, son grand rival de l'année. À ce moment, il n'imagine pas être à l'apogée de la saison et qu'une suite d'événements va lentement dégrader la bonne avance qui est la sienne, au point qu'il perdra, à mi-saison, presque tout espoir de titre. La course de Monaco est bien à l'image de cette année : une véritable catastrophe, un naufrage... Mais un naufrage qui aura révélé des possibilités, soulevé des espoirs, fait grandir une étoile qui ne brille pas encore, qu'on attend, celle d'un titre de champion du monde de Formule 1 pour Charles.

De même qu'une victoire au Brésil a longtemps échappé à Ayrton Senna, une victoire à domicile semble toujours échapper à Charles, comme frappé d'une malédiction sur ses terres. Dans un bar au port de Fontvieille, non loin du salon de coiffure de la mère de Charles et des différents yachts amarrés là, tel le *Poker Face* tout noir, un duo d'habitués du Gerhard's Café converse autour d'un café aussi noir que ce yacht, ainsi que le rapporte un article d'Erik Bielderman pour *L'Équipe*. Nous sommes le 28 mai 2022.

— *Ristretto, grazie*, dit l'un des habitués, recevant son café.

— La panne de Barcelone, c'est dommage mais ça arrive, dit l'autre (après avoir réalisé la pole position, tel un toréador, Charles était parti pour un grand chelem, il avait tout pour gagner la course avec une avance royale de douze secondes à un moment de la course, jusqu'à ce que le turbo du moteur décide de céder… Charles a abandonné). En revanche, son erreur à Imola… Celle-là, tu vas voir, il va la payer en fin de saison. Et Max va ramasser la mise…

À la poursuite de Sergio Pérez à Imola, Charles a mordu un vibreur et est parti en tête-à-queue lors de cette course, passant de la troisième place à la sixième et perdant une poignée de points précieux au championnat. Le client, au coude adossé au comptoir, enchaîne :

— Charles manque encore de maturité. Et ici, il n'a jamais eu de chance en plus. Ou alors c'est la pression.

Nous voilà blindés de réflexions : à 2,20 euros l'expresso, analyse F1 et vue sur mer incluses, franchement, c'est cadeau, note avec humour le journaliste de *L'Équipe* dans son article, lui qui a rendez-vous avec Thierry Manni dans le même bar.

Il prend un café avec ce dernier. « Charles est parti pour un championnat d'exception avec une nouvelle génération de pilotes surdoués, explique le "tonton". Max, tout le monde le connaît désormais. Vu de l'extérieur, ce que l'on vit est sympa. Les gars se battent, mais proprement. Ils se respectent. »

Pour « oncle Manni », comment décrypter l'âme profonde des adversaires du « neveu » ? Peut-être est-ce plus simple de parler de celui qu'il connaît si bien, le « Pin's à roulettes », celui pour qui il a conçu un vélo électrique Stajvelo pour qu'il puisse rejoindre rapidement chaque soir l'appartement familial au-dessus du Jardin exotique. Stajvelo, c'est la société qu'il a montée dans la Principauté, avec son bureau qui jouxte le stade Louis-II. Des vélos de luxe avec des composants de haute technologie. « Charles est une bonne personne, poursuit-il. Il est bien construit. Il a la chance d'être beau gosse en prime. Il est sociable. Franchement, avec tout ce qui lui tombe dessus depuis quelques années, son salaire de fou, Ferrari, sa vie d'exception, il aurait pu péter un câble. Moi, j'aurais craqué. Tout le monde l'attend comme le Messie. Ça m'inquiète un peu. Il est ressenti comme une mégastar et toute l'Italie débarque ce week-end pour venir voir le bébé de Monaco. Il n'a sans doute jamais été aussi près de pouvoir gagner son Grand Prix national. Mais il ne fera pas n'importe quoi ce week-end, il sait bien qu'il joue le titre, bien au-delà du Grand Prix de Monaco. Et bon, c'est un roc, ce gosse. »

Joris Trouche, l'un de ses amis d'enfance, n'est pas si inquiet pour sa part : « Charles a une faculté exceptionnelle pour résister à la pression. Cette année, il a franchi un cap. Il sent que ça peut être la bonne saison. Alors il se concentre sur sa vie de pilote et point final. Il se repose, ne se disperse plus. À Melbourne, cette année, j'étais avec lui et après la course on s'est fait un resto et dodo. Pas de tournée festive post-GP. Il se souvient de ses erreurs ici comme ailleurs bien sûr, il sait que les fautes font partie de la vie d'un pilote. Il sait aussi parfaitement zapper ce type d'information encombrante au moment de mettre son casque. » Charles a même un cahier sur lequel il note tout ce qui peut l'aider à progresser, jusque dans les moindres détails : « J'essaye toujours de me remettre en cause. C'est aussi pour cela que j'ai mon cahier. J'y note tout ce que je ressens, tout ce que je dis à mes ingénieurs. Je grandis et je m'améliore grâce à ces petits détails. »

Le week-end après Barcelone, Charles est allé évacuer sa déception en allant voir jouer le « Barça » avec ses potes, ce qui fut l'unique micro-entorse au protocole de récupération. Ensuite, il a rejoint l'Italie pour récupérer un nouveau bateau, qu'il va amarrer face au ponton Riva du port Hercule, à Monaco. On doit bien l'avouer, la vie du pilote a changé, il est devenu une star, presque même un « produit » : il ne parle plus sans l'*imprimatur* Ferrari, qui tamponne presque tout ce qu'il peut faire ou ne pas faire. « Ma vie a forcément changé et je dois un peu préparer mes sorties, quand j'en fais. Car je suis beaucoup plus à la maison qu'avant, totalement concentré sur le boulot. Ma vie, c'est maison, salle, repos et avion. Je me mets une discipline pour être à 100 % ! » Mais sa personnalité solaire et chaleureuse ne change pas, au contraire la timidité qui pouvait être la sienne plus jeune semble ne plus l'habiter.

« On va peut-être, ce dimanche, entendre retentir l'hymne monégasque à deux reprises, se laisse aller à penser le prince Albert II. Une fois lors de la cérémonie d'ouverture et une autre s'il gagne. » Le souverain maîtrise bien le sujet Leclerc, qu'il tutoie avec affection : « À Imola, il a péché par impatience. Il a encore des progrès à faire de ce côté-là. Quand je le vois je lui dis : "Charles, prends ton temps." C'est paradoxal pour moi de lui dire ça, alors qu'il roule à 300 km/h ! » En attendant, le pilote se donne les moyens d'enfin gagner à domicile. Comme en 2021 mais de manière moins controversée – c'est-à-dire sans rentrer dans un rail pour la valider –, il signe une redoutable pole position sur ses terres. On peut imaginer la pression qu'il doit ressentir au moment de son hymne national… Les organisateurs ont même pris le soin de le placer une bonne dizaine de mètres devant les autres pilotes. À cette distance, il peut presque toucher le trophée du vainqueur qui est sorti de sa boîte sécurisée. Puis, comme à son habitude, il s'assied contre le muret de la pit-lane pour faire le vide tandis qu'un journaliste s'agenouille près de lui pour recueillir quelques impressions avant le départ. Évidemment, pour ajouter au stress, des gouttes de pluie retardent le départ. Comment rester solide, ne pas gamberger ? Thierry Manni reçoit un SMS d'Alain Prost : « Quel stress ! »

Mais Charles reste dans sa bulle. Pascale, sa mère, s'est isolée avec son smartphone et a mis des oreillettes pour suivre la course. Lorenzo, l'aîné, est venu avec des copains. Arthur, avec sa petite amie. Il a le nez collé devant la télé au sommet de la tour HU2 réservée aux invités de l'Automobile Club de Monaco. Thierry Manni quant à lui ne tient pas en place. Grand écran, smartphone, allers-retours sans but, coups d'œil sur la piste, rien ne semble l'apaiser. Le tour de formation commence avec un quart d'heure de retard derrière la *safety car*, car une grosse averse a fait son apparition. Tout le monde a évidemment des pneus pluie, mais après deux tours, les organisateurs agitent le drapeau rouge : il y a trop d'eau sur la piste… Finalement, la course est lancée derrière la *safety car*, avec une heure de retard. Au drapeau vert, Charles ne prend aucun risque et profite de la bonne visibilité que lui offre la tête de course. Apparemment rien à signaler donc, lors de ce Grand Prix : sans surprise, parti de la pole, il reste en tête. Il a un bon rythme, il maîtrise son univers, possède sa course ou plutôt elle le possède. Il y a les chronos à réaliser et la perspective, pourquoi pas, de la victoire. Il sent la foule, elle le soutient : tout le monde le voit passer en tête tour après tour. À Sainte-Dévote, à travers sa visière fumée Richard Mille et Ray Ban qui donne au monde extérieur une couleur brune, une présence pourrait se faire sentir lorsque le harnais comprime ses poumons au freinage : l'esprit de son père, à chaque passage. Il inspire fort, bloque sa respiration, serre les dents en freinant au panneau 100 mètres accroché à un grillage qu'il voit du coin de l'œil, braque, s'engage dans la montée vers le Casino. Dans les tribunes, des enfants regardent-ils sa voiture comme lui-même regardait celle de Schumacher, enfant ? Feuillettent-ils le magazine du meeting, y voient-ils les photos des Formule 1, les visages des pilotes, leurs biographies, leurs palmarès ?

Consciemment ou inconsciemment, tout cela lui donne de la force, celle de donner le meilleur de lui-même, d'arracher les pneus sur le bitume, de manger les vibreurs. Et une obsession : faire mieux, tour après tour, prendre le grip à chaque tour de roue sans faire fumer les pneus, il faut les préserver. « Je me pousse personnellement à la limite, en plus de ça il y a aussi la voiture à prendre en compte, qui a ses limites aussi, et ce qui est aussi excitant pour nous dans ce sport c'est que les limites de la voiture changent tour après tour parce qu'on va avoir moins d'essence, donc moins de poids, les pneus vont s'user donc ça va être un peu plus difficile dans les virages, il y a pas mal de choses à prendre en compte et c'est ça qui est bien dans ce sport : jamais un tour ne sera le même que l'autre. Il y a toujours des situations différentes, des conditions différentes. » Tourner après le tunnel quand ça change de luminosité dans les yeux, freiner au moment d'une bosse : c'est son repère. Maintenant ! Le corps encaisse les vibrations, le regard devance la trajectoire, la voiture se déporte, dérive : braquer le volant, accélérer, à fond après la chicane du vieux port. Ça ressort au bord du vibreur. Le pied droit enfoncé, le pied gauche relâché. Retenir son souffle avant l'enchaînement le plus rapide du circuit, à la piscine. C'est vraiment physique : « C'est très rapide, très léger, nous dit Charles, les vitesses en virages sont très importantes mais après finalement on s'y habitue : le corps s'y habitue, on sait à quoi s'attendre. On le ressent quand même à la fin d'une course : à la fin d'une course on se sent très fatigué physiquement, et c'est là qu'on comprend à quel point c'était difficile physiquement pendant la course. »

La détermination est un aigle au-dessus de la piste, sa proie est au prochain point de corde, et celui-ci grossit. En moins d'une seconde, il faut freiner, contrôler les tressautements au virage du tabac, puis braquer, c'est un réflexe. Aux commandes : l'envie de tout donner. Et cette envie demande toujours plus de finesse. La voiture dérape, Charles débraque légèrement, la piste défile en montée, l'adhérence est légère. Contrôler, contrôler, tenir le fil du gaz comme un soprano tient sa voix, ne pas le perdre. Les lignes et les drapeaux, les barrières, les repères, où sont-ils ? L'horizon, c'est le ciel. Puis ça redescend après le Casino, le goudron apparaît comme dans un avion. Il va falloir contourner la bosse, freiner, mettre du gaz pour équilibrer la voiture. Les caméras du circuit filment les manœuvres du pilote, les retransmettent dans des maisons du monde entier. Des téléspectateurs regardent cela plus ou moins fiévreusement, avec plus ou moins de détachement ou de passion. Certains sont complètement dedans, à l'image de Thierry Manni. Possédé par le bruit du moteur. La musique du V6, installée dans la tête de Charles, lui appartient comme à un chef d'orchestre. Il est possédé par la voix qui lui dit : « Braque, tourne, accélère, appuie sur le champignon, à fond. » Les couleurs des diodes, les tours par minute, la pression de frein, il faut que le sang de la course lui remplisse les membres, les muscles, comme s'il se noyait. Après un moment, les sensations ne lui appartiennent plus, ni son esprit : toutes ces choses forment un tout. Et lui, immobile comme le soleil, la tête brûlante, n'avance plus : il domine son univers, c'est la piste qui avance, qui défile. Un sentiment de liberté et de pouvoir, comme si rien ne pouvait l'atteindre. Sauf à Sainte-Dévote peut-être : à travers la visière fumée qui donne aux tribunes une couleur brune, une présence lui comprime-t-elle les poumons : l'esprit de son père apparaît-il dans ses pensées, comme s'il le frôlait à chaque passage ? « Tu n'es plus là où tu étais, mais tu es partout là où je suis », a joliment écrit Victor Hugo.

Le circuit tourne, monte, descend. Les vibreurs défilent. Une force supérieure contrôle le présent, le déroule comme si cela avait déjà été déterminé. L'âme ne peut pas se libérer du corps, s'envoler comme un oiseau. Si la voiture était un corps et que vous étiez harnaché à l'intérieur, vous seriez emprisonné dans la voiture sans pouvoir la faire voler. Dans ce cas, votre corps deviendrait-il l'âme de la voiture ? C'est ça, être pilote, peut-être : donner vie à la voiture, être son âme et essayer à tout prix de la faire voler. Mais rester conscient de ses limites, ne pas partir trop loin dans cette sensation proche d'un rêve, ne pas commettre d'erreur stupide comme le fit Ayrton Senna. Depuis toutes ces années de course, Charles a appris à gérer ce genre de situations.

Il était inscrit qu'au dix-septième tour Sergio Pérez allait s'arrêter. Qu'était-il écrit après ? Que Ferrari, sans raison apparente, déciderait d'arrêter Charles au tour suivant. Il était écrit qu'il resterait bloqué un tour complet derrière Albon à qui il prenait un tour, qu'il ressortirait deuxième à 5 secondes. Que la stratégie de son équipe le ferait terminer quatrième et non premier, derrière Sergio Pérez, Carlos Sainz et Max

Verstappen. Que dire… ? « Je suis dégoûté, dégoûté ! lance Charles après la course. J'ai fait tout ce qu'il fallait depuis le début de la course, on m'avait demandé quatre tours avant si je voulais passer directement aux slicks et j'ai dit que je préférais attendre car c'était trop tôt. Du coup on a fait deux arrêts, bref… c'est comme ça. Il ne faut pas que ça arrive trop souvent au cours de la saison parce que clairement, on avait tout pour gagner et on a tout foutu à la poubelle. Encore une fois c'est à la maison, donc ça fait mal. On a la performance pour récupérer mais on ne peut pas se permettre de faire des choses comme ça. De mon côté, je me contentais de rouler et de donner l'état de la piste. L'équipe pensait que c'était la meilleure stratégie, mais ça ne l'était clairement pas. Je ne sais pas trop quoi dire. C'est très difficile à accepter car je ne pouvais rien faire de plus. J'espère qu'on apprendra de cette erreur parce qu'on ne peut pas se permettre de faire des choses comme ça. Tout était super brouillon aujourd'hui. On m'a demandé de m'arrêter et une fois que j'étais dans les stands on m'a dit de rester dehors… Il faut que nous soyons aussi bons ici qu'ailleurs mais nous ne l'avons pas été. Donc ça ne va pas. »

Thierry Manni n'arrive pas à cacher sa tristesse. Reste cette petite lumière qui, un peu plus tôt, est venue éclairer son visage lorsqu'il reçut une photo tout sourire de son fils Andrea, 9 ans, avec Nicolas Moni, l'instructeur qui a également formé Charles. Andrea a remporté à Soucy, dans l'Yonne, une manche en karting minimes, un circuit où Charles a déjà gagné lui aussi, enfant, comme nous l'avons raconté précédemment.

Thierry Manni est à cent lieues d'imaginer que le cauchemar est loin d'être fini. À Bakou, alors leader de la course,

Charles voit son moteur partir en fumée au vingtième tour… Nouveau coup dur… Il en semble particulièrement marqué :

— Là, les mots sont difficiles à trouver…, articule-t-il au micro de Canal+ après la course. Ça fait mal, ça fait trois week-ends d'affilée (Barcelone, Monaco, Bakou), donc ça fait mal.

— Quels ont été les mots de l'équipe ?

— Euh… je n'ai parlé à personne. Je suis juste allé voir les mécanos bien sûr.

— Comment on se relève de tout ça ?

— En gagnant, la prochaine. Encore une fois la mentalité restera la même. À partir de demain je vais essayer d'effacer ce qui s'est passé mais bon, là, ça fait trois coups durs. La motivation est toujours là mais là ça fait mal.

On le sent, Charles est assommé. Des coups desquels il ne se relèvera pas malgré les bonnes performances de sa voiture : trop d'erreurs stratégiques vont ruiner son championnat, tandis que Red Bull va être capable de progresser. Ferrari va se noyer… Bien sûr il y aura des coups d'éclat, comme à Silverstone où Charles va faire un dépassement impressionnant sur Lewis Hamilton à Copse, mais cela après que son équipe lui a encore fait perdre la victoire, en ne le faisant pas rentrer aux stands pour mettre des pneus neufs après une safety car dans les derniers tours… « J'ai rarement vu des pilotes capables de faire ce que Charles a fait », commentera Jean Alesi, vraiment ébloui par Charles qui s'est battu comme un lion en fin de course avec des pneus usés, dans un combat inéquitable au possible. « Une course monstrueuse, complétée par un dépassement extérieur sur Hamilton à Copse, en utilisant des pneus durs et moins performants. Un dépassement qui vaut une saison. J'aurais donné n'importe quoi pour quelque chose comme ça. Pourtant, il y a pensé et l'a fait. Il a piloté avec une conviction impressionnante et cela signifie une extrême confiance. Il m'a vraiment conquis, conclut Jean Alesi, et ces jours-ci, tout le monde autour de moi, ami ou fan, parle de lui, exalté par ses manœuvres avec une voiture qui avait perdu son adhérence peu après le départ. Je pense que Leclerc est Leclerc : un monstre absolu. Cela correspond à un autre monstre rouge, la voiture. Le reste, les controverses qui s'ensuivent sont inévitables autour de Ferrari. Leclerc a gagné en termes de popularité et de notoriété, même s'il n'a pas gagné les points qu'il méritait. Il va nous enthousiasmer à nouveau, également grâce à la voiture qu'il conduit : une Ferrari gagnante. »

Le coup de grâce est donné à Suzuka, au lendemain d'une course organisée par des influenceurs que Charles a regardée depuis un hôtel nippon, à près de minuit. Il a même demandé à regarder le *onboard* – la caméra embarquée – du tour de pole réalisé par l'influenceur Depielo. Il faut dire que Botaga, avec qui il avait déjà joué en ligne à *Call of Duty*, participait à la course, et d'autres qu'il connaissait du e-sport (*Simracing*). Un vrai succès pour ce Grand Prix de Formule 4 couru sur le circuit Bugatti du Mans : avec près de 40 000 spectateurs et un record d'audience absolu de plus d'1 million de téléspectateurs pour Twitch, la chaîne sur laquelle Charles fait des *live*. Lucas Hauchard – « Squeezie » –, prince du Web et organisateur de la course, a fondu en larmes tant l'émotion était grande pour lui de voir autant de personnes réunies pour son événement. Le succès n'était pas aussi grand pour Charles au Japon le lendemain : sous la pluie, il n'a pas pu lutter contre un Max Verstappen impérial, perdant le titre au pays du Soleil levant.

Il termine cette saison 2022 avec une deuxième place au championnat acquise aux forceps à Abou Dabi, le dernier Grand Prix de la saison, face au pilote mexicain Sergio Pérez qui lui a donné du fil à retordre sur sa Red Bull…

Une deuxième place frustrante sûrement, mais tout de même belle : il est vice-champion du monde de Formule 1 2022… ! De ceux qu'il a plongés dans la ferveur des circuits, l'adrénaline des courses, la passion de Ferrari, qui n'a-t-il pas conquis ?

Ces quelques commentaires tirés de groupes Facebook après sa course de Silverstone, communiqueront peut-être le goût des sentiments ambivalents qu'aura laissé cette saison.

Étienne Guénard : « Charles est plus vite. C'est tout donc […] rembauchez Todt lui savait faire gagner le meilleur. À bon entendeur. » (Étienne Guénard vise Mattia Binotto, qui aura été très critiqué cette saison.)

Christian Hillairaud : « Ferrari a sans doute merdé, mais ce que je retiens est que Charles Leclerc s'est battu avec la rage du lion blessé, avec ses gommes dures et usées, face à Verstappen et Hamilton. Il a largement montré, pendant cette fin de course dantesque, qu'il fait partie des meilleurs. »

Maxime Ty : « Bizarre, cette décision : soit il y a un enjeu commercial/politique avec Sainz. Soit ils ont voulu punir Charles (Santander ?) » (Santander est le sponsor de Carlos Sainz, Maxime Ty soupçonne ici une pression de la banque espagnole auprès de Ferrari.)

Patrick Tringali : « Oui. Monaco et Silverstone vont laisser des traces chez Leclerc. Ce pilote est une pépite très mal mise en valeur. »

Alain Rossat : « Pour moi les grands vainqueurs de cette course sont : nous, les spectateurs qui avons eu droit à une fin de course d'anthologie ! »

Fortement critiqué par la presse à cause d'erreurs de stratégies répétées durant cette année 2022, Mattia Binotto a finalement démissionné, remercié par le PDG de Ferrari,

Benedetto Vigna : « pour ses nombreuses et grandes contributions au cours de ses vingt-huit années passées chez Ferrari et en particulier pour avoir ramené l'équipe à une position de compétitivité au cours de cette dernière année. En conséquence, nous sommes dans une position forte pour renouveler notre défi, surtout pour nos incroyables fans à travers le monde, pour gagner le prix ultime du sport automobile. » L'objectif pour 2023 est donc très clair : gagner le prix ultime, le Championnat du monde de Formule 1 ! Mais avec quel directeur d'équipe ? Ce sera avec Frédéric Vasseur, que Charles connaît déjà très bien depuis ses années en monoplace… Il s'est d'ailleurs exprimé à ce sujet : « Je ne peux que commenter mon expérience avec #FredVasseur, qui a été bonne. J'ai travaillé avec Fred depuis les catégories junior, où il a cru en moi. Nous avons toujours eu une bonne relation. […] Il a toujours été très honnête, direct, et c'est quelque chose que j'aime chez Fred. »

Le moins que l'on puisse dire est que cette fin d'année 2022 annonce un changement, peut-être un renouveau, pas seulement sur le plan sportif mais aussi sur le plan sentimental : fin décembre, Charles annonce sur les réseaux, sans faire de commentaires sur les états d'âme qui sont les siens : « Charlotte et moi avons décidé de mettre fin à notre relation et de rester bons amis. Nous avons partagé tant de bons moments et elle sera toujours une personne très spéciale pour moi. Elle est extraordinaire et mérite le meilleur. S'il vous plaît, respectez notre décision et respectez son intimité dans un tel moment. Merci. » Un message très sobre et plein de respect, sur fond noir, comme s'il s'agissait d'un deuil. Le son de cloche est similaire du côté de Charlotte Siné, qui emploie en partie les mêmes mots : « Charles et moi avons décidé de mettre fin à notre relation et de rester de bons amis. Ce furent trois années formidables avec de beaux souvenirs. Il est extraordinaire et mérite le meilleur. S'il vous plaît, respectez notre décision et notre vie privée ».

Une rupture n'est jamais facile et bien souvent il faut des forces, la famille et des amis pour la surmonter. Mais tant de choses sont encore à vivre ! Moins d'une semaine après cette annonce a lieu un événement important pour lequel Charles sera très pris, il n'aura donc peut-être pas trop le temps de cogiter et c'est sûrement mieux ainsi. Il s'agit du gala de la FIA, qui se tient à Bologne en Italie. Charles y commentera sa semaine en disant : « Cette semaine a été un peu une catastrophe. Je suis dans toute l'Italie depuis lundi. Assez fatigué mais ce soir je suis juste là pour prendre le prix, ce qui est toujours agréable. » Cela est agréable aussi pour Christian Horner de recevoir les honneurs, il s'est quant à lui exprimé au sujet du départ de Mattia Binotto, dont il a salué le travail : « Je pense qu'en toute honnêteté pour Mattia, il a fait un très bon travail en produisant une voiture et un moteur très compétitifs pour Ferrari [...] Je suis sûr que ça doit être très difficile pour lui de quitter cette équipe après tout ce temps. [...] Bien sûr il y a une pression énorme dans cette équipe parce que c'est une équipe nationale, ainsi qu'un constructeur. Et je pense que ce sera maintenant le sixième directeur d'équipe à côté duquel je m'assiérai en face de la table depuis que je suis chez Red Bull. » Il y aura effectivement eu Jean Todt, Stefano Domenicali, Maurizio Arrivabene, Marco Mattiacci et donc Mattia Binotto comme patrons des Rouges depuis son arrivée à la tête de l'équipe autrichienne en 2005. On peut alors se poser la question : les déboires de Ferrari en cette année 2022 viennent-ils réellement du directeur d'équipe, ou ont-ils des sources plus complexes et profondes ? « Évidemment, il y a beaucoup de pression sur cette fonction, a poursuivi Christian Horner. Je pense qu'ils avaient une voiture plus rapide que nous en début de saison. [...] Et pour moi, l'un des week-ends cruciaux a été Imola [...], réaliser le doublé et battre Ferrari sur leurs terres était, je pense, psychologiquement une grande chose pour nous en tant qu'équipe. [...] Et je pense que [...] nous avons développé la voiture et l'avons améliorée. [...] Puis la vitesse est venue. » C'est ainsi que Max Verstappen a reçu le trophée de champion du monde de Formule 1 – son deuxième titre. C'est ainsi que les espoirs pour Charles de remporter ce titre ont été brisés mais, vêtu d'un élégant costume Ferrari, ému, il a reçu celui de vice-champion !

Épilogue

« C'est pour ça que je fais de la course,
parce que j'aime ça plus que tout. »

Il y a chez Charles du calme, de la folie quand il faut, et un côté très humain avec toujours un fond de nostalgie qui plane… « J'adore jouer du piano, dévoile-t-il. Je peux complètement déconnecter, ne plus penser à la course et j'apprécie ça énormément. » Ils ne sont pas nombreux à être capables d'en jouer et de manier le volant… Il y a eu François Cevert, Elio De Angelis. À un certain stade d'appropriation de la musique, l'instrument devient prolongement du corps comme l'est la voiture de course : homme et machine ne font qu'un. Charles écoute Adele, joue *Passacaglia* d'Evan Alixandre, compose même ses propres musiques comme ce fut le cas le 14 juillet 2022, une musique aux accords graves et aux notes claires comme une source, qui s'égrène et se renouvelle sur une tonalité presque mélancolique, perpétuelle comme l'est la musique de Bach. « C'est vrai que si tu écoutes ça, tu pleures ! avoue Charles un jour à propos d'Adele pour un clip Ferrari, en rigolant avec Carlos Sainz. Mais j'aime ça, j'aime l'humeur des musiques dépressives ! » Charles est bien sûr capable aussi d'apprécier des musiques moins tristes comme *Despacito.* « Je joue du piano plutôt dans les mauvais moments que dans les bons. Quand les choses vont bien, tu veux vraiment retourner sur la piste très vite et ne penser qu'à la course. Mais quand ça ne va pas, je joue du piano et j'essaie d'oublier tout ce qu'il y a autour de moi. »

Charles est capable de se rappeler à chaque instant que le monde est cosmos : nous sommes perdus dans un univers, nous ne sommes rien et à la fois nous sommes quelque chose : un corps et une âme. La vie peut sembler ne pas avoir de sens, et à la fois nous pouvons choisir de lui en donner un. Avoir un projet, un objectif, ce sera pour cela qu'on vivra. Pour piloter. « C'est pour ça que je fais de la course, parce que j'aime ça plus que tout. » C'est sans doute un don de savoir le faire bien, tout comme l'est celui d'avoir reçu de Dieu une nature riche et complexe, qui lui permet d'apprécier beaucoup de choses, y compris les plus subtiles. Apprécier des sentiments tels que la mélancolie, sans être pour autant perdu dans la rêverie : il a cette capacité d'avoir toujours une idée claire de la réalité, il ne vit pas dans le rêve mais il sait rêver et faire rêver, à commencer par sa petite amie : durant les trois années où ils furent ensemble, ne l'a-t-il pas emmenée en bateau sur les côtes monégasques ou en vadrouille en Italie ? N'a-t-elle pas essayé avec lui une formule 1 triplace à Fiorano ? Mais le piano, est-ce que cela se partage ? Et la sensation qu'on ressent aux commandes de la voiture la plus fragile et la plus rapide du monde ?

L'histoire du sport automobile est ponctuée de drames. Ainsi le tragique accident de la Mercedes de Pierre Levegh au Mans en 1955, dont le moteur, disloqué après une sortie de piste, faucha près de soixante spectateurs dans les tribunes. La voiture prit feu et plus de quatre-vingts personnes trouvèrent la mort lors de cet événement qui marqua probablement Mauro, le grand-père de Jules. Hervé est né après cet accident. Il aimait comparer l'avance qu'avait Charles sur ses adversaires à un océan. On peut dire que le sport automobile est tout aussi cruel que l'océan : comme lui, il donne et il prend. Il a pris Luciano Bianchi, François Cevert, Elio De Angelis, Ayrton Senna, Jules Bianchi, Anthoine Hubert, et combien d'autres ?

« Je leur dois tout et je leur dédie chaque course et chaque victoire », a coutume de dire Charles en parlant de Jules et de son papa. Quand il les remercie ainsi, ne remercie-t-il pas aussi, quelque part, toutes les âmes qui lui ont permis d'en arriver là ? Elles sont nombreuses. Il y a d'abord ses mécaniciens qu'il considère comme membres à part entière de sa famille. Il y a les ingénieurs, les commissaires de course, les spectateurs et, de manière générale, tous ceux qui, de près ou de loin, ont contribué à cette fabuleuse épopée humaine qu'a été l'invention de l'automobile, avec ses lots d'échecs, de douleurs, de remises en question mais aussi ses incroyables succès qui ont permis, après le charbon et les machines à vapeur, à un moteur à combustion d'exploser. Les prouesses de la technologie ont rendu possible, en moins d'un siècle, d'évoluer à 50 km/h, puis 100, 200, 300, 400… et maintenant à presque 500 km/h ! 490,48 exactement à l'heure où sont écrites ces lignes, avec la Bugatti Chiron.

Charles ne remercie-t-il pas quelque part Luciano Bianchi, mort au volant un an après avoir gagné les 24 Heures du Mans, en pulvérisant sa voiture contre un poteau télégraphique, tandis que son frère Mauro souffrait encore des brûlures d'un terrible accident où sa voiture prit feu ? Car sans eux, sans cette passion qui a animé les aïeux de Jules tout au long de leur vie, qui aurait transmis une part de cet amour à Philippe, qui lui-même trouva sa propre voie en gérant des circuits de karting, et qui à son tour transmit le flambeau à son fils Jules et le partagea avec son ami Hervé ? Cette chaîne formidable et magnifique est la chaîne de la vie, c'est l'histoire des êtres humains, des peuples qui ont façonné chacun d'entre nous et qui nous donnent à la fois la vie et notre identité. « N'oublie pas qui tu es, et d'où tu viens. » Notre espèce se perpétue et chacun de nous reçoit un héritage unique, de son père et de sa mère. Finalement, la chose la plus importante n'est-elle pas de donner la vie pour pouvoir la redonner, et encore la redonner ? Oui, mais entre le moment où on naît et le moment où on meurt il y a notre vie qui peut être faite d'amour et de passion. À qui pourrait-on reprocher de ne pas vivre sa vie à fond ?

Charles ne remercie-t-il pas Luigi Bianchi, le grand-père de Mauro, digne inventeur d'un moteur à cylindres en étoile et ses formidables compétences en aéronautique? Ne remercie-t-il pas Roberto, le père de Philippe, tout aussi brillant mécanicien qui émigra d'Italie pour la Belgique avant d'atterrir dans le sud de la France ? Ne remercie-t-il pas son père, ancien pilote de F3 et véritable rock-star des paddocks à Brignoles ? Faut-il croire en Dieu ? Faut-il croire à un cosmos où les âmes existent, sont encore présentes même après la mort du corps et nous destinent à quelque chose ? Peut-être vivons-nous dans le monde comme dans le ventre d'une mère, d'où nous entendons parfois des voix depuis l'extérieur. Celles d'autres âmes ? Celle de Dieu ? C'est un mystère mais, depuis l'autre côté de la vie, nous recevons des signes parfois. Cela peut être des rêves, des visions, des coïncidences – qui n'a jamais vécu cela, qui n'a jamais eu la sensation de ne pas être seul mais d'être aidé ou malmené par quelque chose d'inexplicable ? À l'intérieur de sa mère le fœtus peut la toucher, entendre sa voix, commencer à l'aimer. Si la mort est une naissance, alors l'âme de Jules est là, quelque part dans un monde auquel nous n'avons pas encore accès. On peut le voir en rêve, aussi clairement que s'il était réel, de même qu'on peut voir Hervé, assis sur un rocher au bord de la mer, si belle, si vaste. La belle Méditerranée qu'il aimait, sur son voilier.

« Je me dis souvent qu'il arrive à Charles ce qu'on imaginait dans nos rêves les plus fous pour Jules, a avoué Nicolas Todt. Je ne suis pas un grand croyant, mais il se passe des choses un peu folles quand vous regardez l'histoire. » Charles y croit, il croit qu'Hervé, son papa, est toujours là, que la passion qui l'animait et se reflétait dans ses yeux, son état enfiévré à chaque exploit de son fils sont toujours présents, tout comme est présent ce qui animait Philippe et Mauro Bianchi à chaque exploit de Jules. Malgré les douleurs, Mauro n'a pas abandonné. Il a tenu, il s'en est sorti, puis il était là pour Jules qui lui-même était là pour Charles. Ce n'était pas facile pourtant quand, durant sa convalescence, ses mains brûlées, sa propre chair, le faisaient souffrir chaque matin. Ce n'était pas facile quand il vit, au volant de son Alpine de course, dans la grande ligne droite des Hunaudières, au loin, une colonne de fumée, puis qu'il découvrit sur place, en larmes et plein d'angoisses, l'incendie autour des débris qui restaient de l'Alfa Romeo de son frère. Ce n'était pas facile quand Charles gagna sa magnifique course de Formule 2 à Bakou, quatre jours seulement après la mort de son père, deux ans après celle de Jules… Ce n'était pas facile lorsqu'il gagna à Spa, après la mort de son ami Anthoine dans le terrible raidillon de l'Eau-Rouge… Mais comme c'était beau lorsqu'il gagna à Monza !

Alors voilà l'histoire des Bianchi, l'histoire d'Hervé, et voilà certainement ce qui est quelque part l'héritage de Charles et de sa force mentale. Charles est un peu l'héritier de la grande famille du sport automobile dans son sens le plus large, et nous avons donc tous le droit de rêver, de nous immerger dans sa vie et peut-être, par procuration, de vivre ces incroyables sensations qui sont celles de la course automobile, celles que l'on ressent lorsque l'on pilote un bolide, une Formule 1, une Ferrari. Nous avons tous le droit, enfants, de nous prendre pour des pilotes, de crier WHIIIIN, WHIIIIN, de monter les rapports d'un bolide et de nous imaginer en train de frôler des rails à plus de 200 km/h, comme Charles à Monaco, oui nous en avons tous légitimement le droit et Charles, grâce à son humilité, sa façon toujours cool et honnête de dire les choses, a l'honneur et le plaisir de fédérer autour de lui des milliers de personnes qui le suivent et le suivront car, à n'en pas douter, une belle histoire est encore à écrire…

La plus belle de toutes, espérons-le : une victoire à Monaco et un Championnat du monde de Formule 1… « Le titre, je le veux ! »

★

Palmarès de Charles

Karting

- **2005 :** Minikart : champion PACA.
- **2006 :** Minikart : champion PACA.
- **2007 :** Minimes : vice-champion PACA et vainqueur du trophée Claude-Secq.
- **2008 :** Minimes : vice-champion de France.
- **2009 :** Cadets : champion de France et vainqueur de la Bridgestone Cup.
- **2010** : KF3 : vice-champion de France, cinquième du Championnat du monde des moins de 18 ans.
- Trophée Academy et vainqueur de la Monaco Kart Cup.
- **2011 :** KF3 : champion du monde junior (moins de 15 ans) à Sarno, vainqueur du Trophée Academy, deuxième de la WSK Final Cup, vainqueur de l'ERDF Master Kart Junior.
- **2012 :** KF2 (Art Grand Prix) : champion WSK Euro Series, vice-champion d'Europe et vice-champion du monde U18.
- **2013 :** KZ1 (Art Grand Prix) : vice-champion du monde à Varennes-sur-Allier, vainqueur de la Winter Cup.

Auto

- **2014 :** Formule Renault 2.0 ALPS (Fortec Motorsport) : vice-champion.
- **2015** : Formule 3 Europe (Van Amersfoort Racing) : quatrième et deuxième du Grand Prix de Macao.
- **2016 :** GP3 Series (Art Grand Prix) : champion.
- **2017 :** Formule 2 (Prema Racing) : champion.
- **2018 :** Formule 1 (Alfa Romeo Sauber F1 Team) : troisième.
- **2019 :** Formule 1 (Scuderia Ferrari Mission Winnow) : quatrième.
- **2020 :** Formule 1 (Scuderia Ferrari Mission Winnow) : huitième.
- **2021 :** Formule 1 (Scuderia Ferrari Mission Winnow) : septième.
- **2022 :** Formule 1 (Scuderia Ferrari) : vice-champion.

Sources

- Documentaires sur Ayrton Senna : *La Course dans le sang* ; *Le Droit de gagner.*
- charles-leclerc-fans.com (fan page de Franck Anfosso et Frédéric Dumont. Un très grand merci à Franck pour sa gentillesse et sa disponibilité).
- Charlotte Casiraghi, Atelier des Rencontres philosophiques de Monaco du jeudi 14 novembre 2019.
- *Auto Hebdo.*
- *Autonews Racing.*
- *Kartmag.*
- Canal+.
- *Auto Plus.*
- *L'Équipe.*
- *Le Parisien .*
- *Le Figaro.*
- *Ouest France.*
- Europe 1.
- RMC.
- AFP.
- *Var Matin.*

- *Nice Matin.*
- *Monaco Matin.*
- *Monaco Tribune.*
- *La Gazette de Monaco.*
- Nextgen-Auto.com.
- *La Gazetta dello sport.*
- Motorsport.com.
- Le Mag Sport Auto.
- Vidéos et interviews Prema.
- France Racing.
- Blog de Sylvie Bourgeois.
- RTBF.
- Top Gear.
- *Autosport.*
- Eurosport.

Achevé d'imprimer en janvier 2023
sur les presses de la Nouvelle Imprimerie Laballery
58500 Clamecy
Numéro d'impression : 301540

Imprimé en France

La Nouvelle Imprimerie Laballery est titulaire de la marque Imprim'Vert®